3천만 원으로 부동산 재벌 되기

최수길 · 이숙 · 조연희 지음

가림출판사

3·30 부동산대책 후속입법 통과에 따른 대응전략

　세제강화와 공급확대, 서민주거안정 등을 담은 8·31 부동산종합대책 이후 집값이 하향세로 돌아섰지만 서울시와 시의회가 재건축 단지에 대한 용적률 및 층고완화 움직임을 보이자 다시 상승세로 돌아섰다. 강남 재건축 주도의 집값 상승세는 강남과 분당, 목동 등 주거요건이 좋은 주변지역으로 확산되었다. 8·31대책에서 미흡했던 주택, 토지 공공비축강화 방안, 전세시장 안정화 방안 등을 검토하고, 재건축시장 안정 없이는 집값 불안을 해소할 수 없다는 결론을 내리게 되었다. 6억 원 이상의 고가 아파트 담보대출규제 등 3·30대책과 재건축 개발이익 환수와 안전진단 강화라는 3·30부동산대책 후속입법이 5월 2일 국회를 통과했다. 대책의 내용과 대응방법에 대해 알아보자.

9월부터 실시되는 재건축 개발이익 환수

　전국이 부과지역이고, 부과대상은 조합이며, 조합이 해산된 경우 관리처분계획에 따라 해산당시 조합원에게 부과한다. 부담금은 종료시점의 주택가격에서 착수시점의 주택가격과 기반시설부담금, 임대주택건설에 따른 지분 감소액, 건축비 등 각종 개발비용, 집값 상승분을 뺀 후 0~50%의 부담률(조합원 평균개발이익 기준)을 곱해 산정된다.

　부과대상 단지는 관리처분계획 인가신청 이전 단계의 사업장으로, 사업이 진행 중인 단지는 착수에서 종료시점까지 전 사업기간에 대해 부담금을 계산한다. 그 후 제도시행일을 기준으로 단계별로 안분, 시행일 이후 기간에 해당하는 금액만 부과한다. 부담금 부과율은 초과이익이 3,000만 원 미만일 때까지는 0%이다. 그러나 3,000만 원 이상부터 2,000만 원씩 증가할 때마다 10%씩 누진 부과된다. 다만 재건축 사업이 지연되면 부담금이 지나치게 커질 수 있으므로 준공시점부터 최장 10년까지만 부과하도록 했다.

재건축제도 합리화

오는 8월 초부터는 안전진단 등 재건축 관련 절차도 한층 엄격해진다. 재건축 추진위원회의 권한 남용을 막기 위해 제도적 통제장치를 마련해 시행키로 했다.

재건축 안전진단 실시 여부를 결정할 때 시설안전기술공단 또는 건설기술연구원 등 공적기관의 의견청취를 거쳐야 한다. 또 안전진단 결과 보고서에 대한 적정성 여부가 의심될 때는 시·도지사(현행 시장·군수)가 재검토를 의뢰할 수 있도록 상향조정하고, 건교부 장관도 재검토를 요청할 수 있도록 하였다. 또한 시·도지사가 도시 주거환경정비기본계획의 수립 과정 시 건교부 장관과 사전에 협의하도록 했다. 시공사 선정 과정의 투명성을 높이기 위해 조합설립인가 후 경쟁 입찰방법으로 시공사를 선정하도록 했다.

주택거래 신고제 강화

주택가격 급등지역에 대해 적용되는 주택거래신고제가 강화된다. 그 동안 실거래 신고만 해오던 것을 자금조달계획과 해당지역 내 주택입주 여부 등을 추가로 신고토록 한다. 건교부는 투기수요 유입을 차단하기 위해 이를 적극 도입키로 하고 주택거래신고제 실시의 모법인 주택법시행령을 개정하여 시행할 방침이다.

기존도심 광역적 재정비

오는 7월 시행되는 '도시재정비촉진을위한특별법'을 통해 비강남권 지역의 교육, 문화, 교통 등도 획기적으로 개선하는 방안이 추진된다. 재정비촉진구역 지정요건을 20% 범위에서 완화해주고 용도지역, 용적률, 층수제한도 완화하기로 했다. 또 생활권시설에는 취·등록세가 감면되고, 과밀부담금 감면 혜택 등도 주어진다. 다만 특별법에 의한 인센티브로 증가된 용적률만큼은 일정비율의 임대주택을 지어 투기를 방지하기로 했다.

분양가 인하

건교부는 분양가를 낮추기 위해 공공택지 개발 시 감정평가 기준을 강화하고, 행위제한시점을 지구지정일에서 공람공고일로 앞당겨 용지 보상을 합리화하기로 했다.

6억 원 이상의 주택 담보대출 규제

주택투기지역에서 시가 6억 원이 넘는 아파트를 사면서(소유권등기일로부터 3개월 이내) 대출받는 경우 금융회사가 아파트가격뿐 아니라 개인의 소득(채무상환 능력)도 고려해 대출한도를 정한다. 현재 담보대출액을 산정하는 기준인 담보인정비율(LTV)과 함께 적용될 새 기준은 총부채 상환비율(DTI)이다. DTI는 연소득에서 '해당 아파트를 담보로 한 대출의 원리금 상환액과 기타 부채의 이자 상환액이 차지하는 비율'로 대출액이 DTI의 40% 이내로 제한된다. 이 담보대출 규제는 투기지역에서 6억 원 이상의 주택에만 해당하며, 비투기지역에서는 종전의 대출기준이 적용된다.

대출 규제에 따른 대응 전략

★ 현재 사용하지 않는 마이너스 통장을 없애라 _ 마이너스 통장은 통장에서 사용하지 않더라도 통장 한도만큼 부채로 잡혀 대출가능금액에서 차감된다. DTI는 '주택담보대출 원리금 상환액 + 기타 부채의 이자 상환액'을 고객의 총소득으로 나눠 계산하므로 불필요한 기타 부채와 이자를 줄여야 한도를 늘릴 수 있다.

★ 최장기로 주택담보 대출을 받아라 _ 연소득 5,000만 원의 A가 현재 대출을 받을 경우 3년 만기로 5,000만 원만 가능하지만 장기대출로 받으면 15년은 2억 원, 20년은 2억 4,000만 원 까지 가능하다. 또한 소유권 이전등기 3개월 이후에는 주택담보대출로 대체할 수 있기 때문에 현 규정상으로는 본인의 집으로 대출을 받은 후 3개월 후 새 주택에서 대출을 받아 상환할 수 있다.

★ 매도자의 기존 주택담보대출을 승계하라 _ DTI의 적용도 매수자가 기존 담보대출을 승계할 경우에는 이번 대책에서 자유롭기 때문에 자금이 부족한 이들은 대출이 들어있는 주택을 구입하는 것도 좋은 선택이다. DTI는 4월 5일 이후 새로 구입하는 주택에만 적용되고 그 전의 대출에 대해서는 원래 금액으로 만기를 연장할 수 있다.

★ 자영업자들은 소득신고를 현실화해라 _ 소득이 불분명한 자영업자들의 경우 자율적인 신고관계로 인해 매출신고 누락분과 소득신고 현실화율의 득실을 비교해 이익이 되는 쪽으로 하여야 한다. 세금을 줄일 목적으로 소득을 줄여 신고하면 현금흐름이 적은 것으로 판단되어 DTI가 적용되므로 대출한도가 상당히 줄어들게 된다.

★ 비투기지역 내의 주택이나 투기지역 내 6억 원 이하의 주택을 선택하라 _ 3·30 부동산대책의 대출규제는 투기지역 내의 6억 원 이상의 고가주택에만 적용되기 때문에 비투기지역이나 투기지역일 경우 6억 원 이하의 주택을 선택하는 것도 한 방법이 될 수 있다.

책머리에

　●●● IMF 구제금융의 시련속에서 한때 폭락했던 부동
산 시장이 다시 회복되면서 가격의 폭등으로 인해 부동산 투자에
대한 사회적인 관심이 높아지고 있다.

　1998년 2월은 최악의 경제대란 IMF 구제금융 시대가 시작되어
일반 국민들에게 절망감을 안겨준 시기였다. 부동산 가격은 3개
월여 만에 반값으로 폭락하고 일부 전문가들은 60~70년대로 다
시 되돌아간다고 크게 우려하였다. IMF 구제금융 직전만 해도 중
산층이었던 사람들이 사업부진과 채무로 인하여 주택을 반값에
팔아 채무상환 후 간신히 전세금만 건지는 처지에 이르게 되었다.
1년도 채 되지 않아 부동산 가격은 다시 회복되었고 한 번 넘어지
면 일어나기 힘든 경제적 중산층만 소멸되고 말았다.

　부동산의 특성과 흐름을 조금이라도 이해하고 소형 주택을 한
채라도 유지하였다면 지금은 큰 재화로 변해 있을 것이다. 우리나
라의 부동산 투자 개념은 바뀌고 있다. 투기적 가수요에 의존했던
개발에서 실수요를 대상으로 하는 합리적 개발이 필요한 시점이
다. 부동산 컨설팅을 하는 컨설턴트나 부동산 시장의 일선에서 중
개업을 영위하는 중개업자 등의 전문가들도 체계적인 재테크 상
품을 개발하고 세밀한 투자분석을 통하여 실수요자에게 최적의
상품을 공급할 수 있어야 할 것이다.

　일반적으로 부동산 투자라 하면 1억원 대에서 수억원 대의 큰
자금이 확보되어야만 가능하다고 여겼다. 그만큼 큰 자금이 소요
된다고 생각하므로 투자에 대한 경계심이 생기고 소극적일 수밖

에 없다. 부동산 투자는 반드시 큰 자금이 필요한 것만은 아니다. 아파트, 연립주택, 단독주택, 상가, 나대지, 임야 등 다양한 투자처가 있다. 여기에 부동산 재테크 1순위인 재건축, 재개발의 가능성 예측으로 미래의 잠재적 가치를 가늠할 수 있고 사업단계별 추진 상황에 따른 부가가치와 향후 결산시점의 수익률과 환금성을 예측할 수 있다면 더 없이 좋을 것이다.

필자는 20여 년 동안 중개업무를 하면서 부동산에 대한 전문적인 컨설팅을 실시해 왔다. 다양한 종목에 대한 사이클 분석으로 미래가치를 예측·비교하여 투자가치가 높은 우량물건을 중개하여 고객에게 큰 가치를 얻게 함으로써 고정 고객을 확보할 수 있었다. 중개사의 기본 업무로 삶의 보금자리인 주택을 중개할 때에도 고객이 미처 생각하지 못하는 부분까지 상담을 해 주었다. 임대차로 만족하는 고정 고객에게 소형 평수라도 장기적인 비전을 가지고 미래 투자가치가 있는 주택을 구입하라고 권유한 결과, 전세에서 탈출해 내 집 마련을 하고 만족해하는 모습을 보며 부동산중개 전문인으로서 보람을 느끼기도 했다. 이러한 실전 경험들을 체계적으로 정리하는 것도 필요한 일이라 여겨 한 권의 책으로 엮어보게 되었다.

이 책에서는 1억 원대 이상의 금액으로 전세에 머물고 있는 임차인들에게 가정의 보금자리인 내 집 마련의 길을 안내하고, 여유자금을 가지고 소액으로도 투자할 수 있는 알짜 재테크 상품을 소개하였다. 일반적으로 소액으로는 높은 투자가치를 가진 지역을 찾기 힘들지만 필자는 20여 년 중개의 최일선 현장에서 보고 느낀

직·간접의 경험과 분석으로 컨설팅하여 많은 가능성을 확인했다. 그 결과로 얻은 노하우가 이 책에 정리되어 있다. 특히 독자들이 이해하기 쉽게 소액으로 가능한 3,000만 원~1억 원대 재테크 요령으로 집중 구성했다. 각 금액대별로 가능한 알짜상품을 투자가치가 높은 지역을 우선으로 안내하였고 그때마다 실제 투자구입 시 필요한 노하우를 별도로 설명하였다. 또 소액으로 가능한 토지의 활용방안을 상세히 다뤘으며 부동산 취득·보유 시 발생하는 세금 문제 그리고 부동산 투자 시에 꼭 알아야 할 정보와 주의점을 서술하였다.

아직도 부동산 상품이라는 말이 다소 낯설지 모르지만 누구라도 부동산 투자에 관심을 갖고 있다면 "나도 투자할 수 있다"는 자신감을 얻을 수 있을 것이다. 또한 실천으로 이어진다면 독자 여러분의 재테크에 큰 도움이 될 것을 자신한다.

이 책은 이론 뿐만 아니라 많은 현장 경험을 토대로 정리하였으므로 부동산 투자경험이 없는 사람들도 현장에서 바로 활용할 수 있다. 개업한 공인중개사들에게도 고객을 위한 부동산 투자의 상품 개발에 도움을 줄 것이다. 마케팅 기법 중에서 중요한 요소인 생애가치를 높일 수 있는 방법을 제시해 주는 길라잡이 역할도 충분히 할 것으로 본다.

지금까지 중개업 현장의 파트너로 활동하면서 쌓은 토지 분야에 대한 경험을 토대로 '땅에 대한 글'을 제공한 이숙씨와 '세무 분야'를 다룬 조연희씨에게 무한한 감사를 드린다. 그리고 이 책에 나오는 재테크에 유망한 지역별 분석에 도움을 주신 각 지역 공인중개사 사무소 대표들께도 다시 한 번 감사드리며, 책을 출판하는 데 협조하여 주신 가림출판사 강선희 사장님과 이선희 편집부장님을 비롯한 직원 분들에게도 감사의 뜻을 전한다.

2006년 4월
저자 대표 최 수 길

CONTENTS

제 1 장

부자들만 부동산
투자를 하는 것은 아니다

부자들만 부동산 투자를 하는 것은 아니다

21세기의 시작과 더불어 세계로 도약하는 첨단 정보화 시대에도 불구하고 부동산시장만큼은 수많은 하위시장으로 구성되어 있다. 부동산은 위치가 고정되어 있으며 쉽게 옮길 수 없는 재화로, 위치에 따른 가격도 천차만별이며 세분화된 수많은 개별 종목들로 이루어져 있다. 이제는 부동산시장도 개발이 필요하며 철저한 분석을 통하여 최적의 효용을 창출하고 새로운 마케팅으로 이를 뒷받침해야 할 것이다.

일반적으로 부동산 투자는 1억 원에서 수억 원대의 자금이 확보되어야만 가능하다고들 생각한다. 그만큼, 부동산이라는 상품에 대해 큰 부담을 느끼며 많은 자금이 필요한 것으로 간주해 투자에 대한 경계심을 가지므로 부동산 투자에 소극적일 수밖에 없다. 그러나 부동산 투자는 보통 사람들이 두려워하는 것처럼 반드시 대규모 자금이 필요한 것은 아니다. 투자에 대한 경험부족에서 오는 두려움으로 실질적인 투자에 대한 벽을 가지고 있을 뿐이다.

부동산 투자상품에는 아파트, 연립주택, 단독주택, 상가, 빌라, 나대지, 토지, 임야 등 부동산에 관련한 종목들은 다양하다. 이런 다양한 투자처만큼이나 선택 가능한 부동산 상품이 많다. 그러나 부동산 컨설턴트나 부동산 중개업자 등의 전문가들도 체계적인 재테크 상품을 개발하거나 그에 대한 투자분석을 다양한 소비층에게까지 연결하지 못해 한정된 지역 내에서 단순중개로 만족하는 경우가 대부분이다.

그로 인해 1~2억 원 정도의 전세주택에 거주하면서도 내 집 마련을 어렵게 생각하여 중도에 포기하거나 투자에 적극적이지 못한 경우들이 많다. 그러나 이 정도의 자산으로도 내 집 마련은 충분하며, 적게는 3,000~6,000만 원 정도로도 가능하다. 부동산의 재테크 상품 1순위인 재건축지역과 재개발지역, 또한 뉴타운 지역 내에서 우량유망물건을 쉽게 찾아 볼 수 있기 때문이다.

먼저 소액투자로도 투자가치가 좋은 지역을 알아보자.

3,000만 원으로
부동산 재벌을 꿈꾼다
3,000 ~ 6,000만 원 미만

사람들은 누구나 부자이고 싶어하고 부자가 되려고 노력을 한
다. 부자가 되기 위해 필요한 조건들을 알아보자.

첫째는 무엇보다 긍정적인 사고로 자신이 원하는 것을 이루려는
자신감이 필요하다. 모든 것은 자신의 의지에 따라 이루어지며 꿈
은 이루어진다는 사실을 믿는 긍정적인 자세로 오늘을 보내면 더
나은 내일이 올 것이다.

둘째는 목표를 세워야 한다. 일반적으로 돈을 모으려면 종자돈
이 있어야 하며 그 종자돈을 그냥 모으기만 해서도 안 된다. 목표
를 달성할 때까지의 기한을 분명히 해야 한다. 또 목표를 높은 곳
에 두고 노력할 때 부자가 되기 위한 꿈에 한 걸음 더 가까이 갈
수 있을 것이다. 목표를 높게 설정하라는 것은 자신이 그 목표에

다가서기 위해 노력을 더 하기 위해서이며 소극적인 자세를 버리기 위해서이기도 하다.

셋째는 신용이 있어야 한다. 부자들을 살펴보면 부의 첫걸음은 당연히 신용쌓기였다. 적정한 시기에 필요한 자금을 확보할 수 있어야 투자가 가능하다. 대부분의 사람들은 "돈이 있어야 돈을 벌지."하고 푸념을 하곤 한다. 물론 돈이 있어야 투자든 뭐든 할 수 있겠지만 평소 신용과 평판이 좋으면 주변에서 믿고 투자하는 경우가 많다. 요즘 같이 저금리 시대에는 은행융자를 사용하는 방법도 좋은 투자방법이다. 이 또한 자신의 신용도가 바로 직결이 되므로 평소 신용을 잘 쌓아 놓으면 적절한 기회가 왔을 때 즉시 투자자금을 융통할 수 있을 것이다.

넷째는 투자에 성공해야 한다. 성공적인 투자를 위해서는 자기 자신이 가장 잘 아는 것에 투자를 해야 하며 자신이 잘 모르면 신뢰할 수 있는 사람이 있어야 한다. 돈만 벌 수 있다면 이곳 저곳에 묻지마 투자를 하는 이들을 많이 볼 수 있다. 간혹 어부지리로 성공을 하는 이들도 있지만 실패할 확률이 더 높음을 명심해야 할 것이다.

위와 같이 부자가 되기 위한 조건들을 알아보았다. 그러나 20대 후반이나 30대 초반의 신혼부부들, 직장생활 5~6년차가 되어가는 연령층의 경우에는 부동산 투자의 실질적인 경험 부족으로 인해 많은 관심을 가졌으면서도 직접적인 투자는 두려워한다.

이들의 부동산 경험이란 전세거래 정도가 대부분이다. 자금력이 부족한 연령층인 만큼 무엇보다도 내 집 마련 등을 위한 자산증식 활동을 위한 기초를 마련해야 할 시기이다.

부동산에 투자할 경우, 어느 정도 금액이 필요한가를 묻게 되면 일반적으로 1억 원 이상이라고 대답한다. 그러나 현금 1억 원 이상을 저축하려면 직장인의 경우 열심히 저축을 하여도 수년 내에는 모으기 어려운 금액이다. 자산을 늘리기 위해 열심히 저축하는 동안 부동산 가격은 껑충 뛰는 것을 넘어 하늘높이 날아 올라가 버렸던 것이 지금까지의 현실이었다. 저 높이 날아오른 시세 때문에 부동산 투자를 포기했던 사람들에게 권유해보고 싶은 첫 번째 상품은 적은 금액으로 부동산 재벌을 꿈꾸어 보라는 것이다.

적은 금액으로 시작하므로 위험에 대한 리스크는 상대적으로 적다는 것이 투자 장점이므로 소액투자에 대한 지나친 기대수익을 생각하는 것보다 부동산 투자에 대한 요령을 습득하였으면 한다.

한편 가정 경제와 자녀들의 교육뿐만 아니라, 노후 설계까지도 책임져야 할 40대 이상 연령층에게도 부동산 투자는 특정한 계층의 전유물로만 인식되어 재테크 시 크게 염두에 두지 않았던 것이 사실이었다. 그러나 시간이 지날수록 부동산 투자는 우리의 삶과 밀접한 관계를 맺어가고 있다. 이제부터라도 이 책을 통해 부동산에 대한 전반적인 지식을 쌓을 수 있는 계기가 되었으면 한다.

수도권 일대
저평가된 재개발지역을 노려라

　지금 자신의 예금통장에 3,000만 원의 여유자금이 있다면 수도권 일대의 재개발지역에 관심을 두었으면 한다. 재개발지역에서 지분을 매입할 때 큰 평수보다는 작은 평수의 매입이 초기 투자자금이 적게 들어가며 매도가 쉽고 수요 투자자층도 두텁다. 예를 들어 대지지분 5평 주택을 소유하고 있는 조합원과 20평 주택을 소유한 조합원은 약간의 차이는 있겠지만 24평형을 배정받는 것은 같다고 할 수 있다. 대지지분 20평짜리 주택을 평당 800만 원에 샀다 하더라도 매매가격은 1억 6,000만 원이 된다. 여기서 전세가가 보통의 경우 4,000~5,000만 원이라 할 경우, 1억 1,000~1억 2,000만 원을 투자회수 시까지 투자해야 하는 셈이며 매도 시 작은 평수의 주택은 프리미엄을 붙여 매매하기가 수월하지만 큰 평수의 경우 프리미엄 붙이기도 어렵고 매도 측면에서 지역적인 수요층 편차가 생긴다.

　물론 자금의 확대로 수익성이 큰 물건을 매입하는 것이 유리하겠지만 소액투자자 입장에서 보면, 대지지분 4~5평 주택의 경우 평당 1,000만 원이라 할지라도 매매가격은 4,000~5,000만 원으로, 전세금 1,000만 원을 뺀 실투자비는 3,000~4,000만 원이라는 것이 투자의 매력 포인트이다.

　송파, 판교 신도시, 분당 등에 인접한 강남축을 형성하는 인근의 성남시 재개발지역의 경우 오랜 세월 낙후되어 왔던 만큼 상대적으로 저평가되어 있다. 성남시 재개발지역은 20여 개의 구역으로 각 구역마다 알짜상품인 소형 대지지분의 20여 평형대 빌라들을 찾아볼 수 있다. 빌라의 매력 포인트는 6,000~7,000만 원대로 매입하여 거주겸 투자를 할 수 있다는 것이다. 이것도 여의치 않다면 전세를 끼고 3,000~4,000만 원대로 내 집 마련과 함께 향후 재개발 사업완성으로 중형 평형으로의 진입도 기대할 수 있다.

또한 소액자본으로 서울 진입이 힘든 자본층은 경기도 안양지역의 임곡, 덕천지구 4,000세대 이상의 대단지 개발과 부천 소사뉴타운 지역, 광명 사성구역 등은 교통입지나 서울로의 진입 여건이 좋다. 하지만 강남권역에서 떨어진 경기 외곽지역이라는 것 때문에 아직까지 저평가되어 있어 소액자본가들에게 권해 볼 만한 재개발지역이다.

안양과 부천 재개발지역들의 소형 지분들은 매매가액이 7,000~9,000만 원으로 형성되어 있다. 또 전세가는 3,000~4,000만 원이기 때문에 실투자금액 4,000~5,000만 원으로도 내 집 마련이 가능하다. 추후 재개발 완료 시 추가분담금을 부담하게 되더라도 30평대까지 진입을 노려 볼만하므로 신혼부부의 경우 내 집 마련과 함께 재테크를 병행할 수 있다.

이들 지역의 경우 서울권 내 재건축 재개발의 투자붐으로 인한 금액상승이 많이 이루어지긴 하였으나 개발이익에 대한 기대심리 투자는 초기단계로 아직 저평가 되어 있어 부담 없는 투자가 가능한 지역이다.

그동안 재개발지역의 투자 선례로 볼 때 대지지분 10평 미만 정도는 20평형대의 조합원 분양을 받을 수 있는 조건이었다. 그리고 추가분담금을 부담하게 되는 경우에는 30평형대와 그 이상의 평수도 진입 가능성이 있다고 할 수 있다.

◉ 재개발 사업의 지역 특징을 알면 투자가 쉬워진다

재개발지역은 주택의 노후화나 생활 기반시설의 부족 등으로 인해 정부차원에서 적극 장려하는 사업이다. 그러므로 숨은 보석의 도시 성남시는 최소비용으로 최대효과를 기대해 볼 만한 지역이다.

현재 성남시에는 2005년 11월 '도시 및 주거환경정비기본계획안 주민공람공고'를 통하여 주택재건축과 주택재개발 20개 구역의 정비예정구역을 변경결정하며 개발방식을 재조정하고 기존에 지정한 구역에서 범위를 확대해 지정하였다.

이렇듯 성남시의 경우 각 구역마다 추진동의서를 받기 시작하는 재개발 초기 단계로 위험 부담이 상대적으로 적으며 소액으로 투자하기에 적당한 지역이다. 아직도 개발홍보가 시작 단계이기 때문에 중개업소를 잘 선택하면 시세보다 저렴한 급매물을 찾아볼 수 있다.

성남은 서울 송파 신도시 인접지역의 장지동과 경계를 이루며 판교 신도시와 분당의 중간지역에 위치하여 최적의 주거입지조건을 갖추고 있다. 지하철 8호선 및 분당선의 2개 노선이 운행 중이고 경부고속도로와 중부고속도로의 연결이 용이하며 가장 큰 투자가치라 할 수 있는 것은 무엇보다도 서울과의 접근성이 매우 우수하면서도 상대적으로 저평가 되어있다는 것이다.

그동안 서울 및 수도권 등의 재건축지역을 중심으로 가격이 가파른 상승의 여파로 성남시 주택재개발지역의 투자가치를 따져볼 때 매우 유망한 지역으로 꼽을 수 있으며 현재 추진 중인 구역들이 많아 공급물량이 많을 것이라는 것 또한 장점이다.

송파구 문정동에 2010년 완공예정으로 법조타운 이전이 진행되면 반경 1km 이내 인근지역의 경우 법조타운 사무실과 기타 연관된 사무실 및 업체들이 이전할 것이다. 이로 인한 주택수요증가 및 상권형성에 많은 영향이 갈 것으로 예상된다. 또한 2006년 3월을 시점으로 판교 신도시 분양이 시작되면서 분양 ⇨ 건설 ⇨ 입주 ⇨ 입주 후의 단계마다 주변지역인 성남시는 가격상승의 효과가 어느 지역보다 더 클 것으로 본다.

성남지역에서 남한산성 인근 수정구 신흥동 일대 지역이나 중원구 은행동 재개발구역에서 20평형의 소형 빌라의 경우 대지지분이 4~6평 정도로 5,000~7,000만 원대의 매물을 어렵게 찾아볼 수 있다. 이런 빌라는 전세금액이 2,500~3,500만 원 정도로 형성되어 있어 실질적인 투자비는 3,000만 원 정도가 된다.

> TIP >>> 지분이 적은 소형 빌라는 매물량이 적으므로 개발사업 초기 단계에 매입이 관건이다.

수정구의 경우 송파와 인접하며 남한산성이라는 자연환경조건이 잘 갖추어져 있고 서울로의 진입시간은 차량으로 5분 이내의 거리이다.

최근들어 남양주시 일대 부동산시장에 수요자들의 관심이 쏠리고 있다. 2005년 12월 말에 퇴계원 IC~금남 IC구간이 자동차 전용도로로 개통됨에 따라 15분대의 교통망을 갖췄다.

또한 2009년 준공예정인 경춘선 복선화 전철의 평내역 개통예정(청량리~퇴계원~사능~금곡~평내~마석)이며, 정부예산으로 공사하는 춘천~양양간 고속도로(2010년 예정)와 연결된다. 서울 강동구 강일 IC(올림픽대로)와도 곧바로 연결된다.

또 수도권과 지방으로 접근은 장기적으로 제2외곽순환도로(수도권순환도로, 2020년 준공예정)를 이용할 수 있으므로 평내, 호평지구의 개발화와 더불어 일반분양 아파트는 최근 2년 사이 30평 기준 분양가보다 1억 원 이상 올랐다. 그러므로 재건축대상 아파트의 투자 시 향후 시세 상승여력은 충분한 것으로 전망되며, 교육시설로 초등학교, 중학교 등이 추가로 설립예정이고 천마산, 팔달호 유원지 등과 가까이 인접해 있어 쾌적한 환경을 조성할 수 있다.

남양주시 호평지구는 평내지구와 함께 동북부지역에 주목받는 택지지구 중 하나로 교통시설 미비로 인한 심각한 교통난이 취약점으로 저평가 되어 왔었다.

현재 호평지구 내 남양아파트는 20평형이 매매가의 경우 9,000만 원선으로 형성되어 있으며 여기에 전세금이 3,000만 원 정도로 현금투자비 6,000여만 원이면 투자가 가능하다. 또한 재건축 사업이 진행 중으로 주변 개발호재 등이 완료될 시 대단지 아파트로 탈바꿈이 가능한 지역이다. 평내지구의 진주아파트는 재건축 추진단계로 21평형의 매매는 8,500만 원, 전세가 2,500만 원 정도로 형성되어 현금 투자비가 6,100만 원 정도 된다. 서울에 동부권지역의 신혼부부층이나 내 집 마련의 기회를 찾는 수요자들에게 교통이 수월해 실거주와 투자를 겸비한 지역이다.

안양시 재개발구역 중 사업진행단계가 초기단계에 있는 구역지정 신청단계인 덕천마을구역의 5~6평대 지분의 매매가격이 8,000~9,000만 원으로 형성하고 있다. 여기에다 전세금 3,500만 원을 공제하면 실투자금이 4,500만 원으로 매입이 가능하다.

또한 부천시 괴안동 일대, 인천시 가정동이나 부평동지역, 광명시 사성지역 등도 기본계획 수립단계에서 3,000~4,000만 원 대로 알짜 투자상품을 찾는 지혜가 필요하다. 투자자금이 조금 더 여유가 있다면 좀 더 넓은 평형의 배정을 기대할 수 있는 8~9 평대를 선택하는 것도 좋다. 교통여건과 학군 등 대단지 재개발 사업계획이 있는 곳이라고 판단되면 이외의 다른 지역에 투자해도 좋다고 할 수 있다.

특별한 경우이긴 하지만 토지등기부등본을 보면 소유자란에 서울특별시와 국세청으로 표시되어 있는 경우가 있는데 이런 토지들이 시유지, 국유지이다. 시유지나 국유지의 경우 원주민들에게 최대한 싸게 살 수 있다는 것이 장점이다.

우리나라 사람들의 경우 자기 이름의 소유권이 표기된 토지를 선호하는 경향이 강하다. 하지만 재개발 추진지역에서 시유지나 국유지의 경우 현지 중개업소에서 시세보다 훨씬 저렴하게 형성되어 나오며 그것은 자기 토지가 아니라 서울시나 국가 토지라는 이유 때문이다.

시유지 지분의 경우 계약 시에 구청에서 받게 되는 연체료 안내문이나 용지를 같이 받게 된다. 대부분의 시유지나 국유지 소유자들은 시유지나 국유지 점용에 대한 부담금을 내지 않기 때문에 많은 점용료와 연체료가 붙어 있다. 이 용지를 가지고 해당 구청 재무과로 가서 밀린 점용료와 연체료 액수를 확인해 본다.

시유지나 국유지는 보통 조합에서 추후에 일괄적으로 불하(내 토지로 매입신청을 하는 것)를 신청하게 된다. 불하 대금은 여러 가지 기준에 따라 다르지만 평당 싼 단가로 불하 받게 되면 자신의 토지가 되는 것이므로 자기 소유의 터를 사는 것과 마찬가지라고 할 수 있다.

이런 경우 보통의 평당 시세 형성금액과 시유지 매입에 따른 연체료, 점용료 등을 확인하여 저렴하다고 판단되는 것에 투자하면 안전하다.

 ## 소액투자라도
현장확인은 꼭 해야 한다

소액투자의 경우 소홀히 하기 쉬운 것 중 하나가 현장 확인이다. 단독주택이나 빌라 등의 경우 부동산 중개업소를 통한 재개발 사업 추진단계나 투자가치에 대한 기대감만으로 현장 확인을 소홀히 하여 구입하는 경우가 종종 있다. 그러나 재개발지역의 특성상 노후화가 진행된 경우가 대부분이므로 노후주택의 하자발생이나 수리비 지출로 인한 문제에 부딪힐 수 있다.

또한 원활한 임대차를 위해 난방시설의 경우 기름보일러보다는 도시가스로 설치된 집이 좋다. 기름보일러의 경우 임차 수요자가 많을 때는 영향이 없지만 임차 수요가 부족한 경우에는 재임대의 걸림돌이 될 수 있다. 동일 재개발지역이라도 지하철역, 버스 등 교통수단이 가까운 쪽으로 결정해야 재임대 시에 유리하며 옥상의 방수문제나 지하방이 있는 경우 환기, 습기, 누수 등을 꼼꼼히 확인해야 한다.

재개발 주택의 경우 재래식 화장실을 사용하는 주택이 간혹 있다. 재래식보다는 현대식이 좋으며, 출입문도 단독출입이 가능해야 좋다. 기타 전기배선이나 외관의 형태 등도 양호한 상태를 선택하는 것이 유리하다. 수리가 잘 된 집이나 매도인이 거주하던 집의 경우 비교적 관리상태가 양호한 것이 장점이다.

 ## 혼동하기 쉬운 재건축, 재개발 사업을 알아보자

소액투자자의 경우 투자에 대한 경험이 많지 않으므로 챙겨야 할 사항도 많고 그만큼 두려움도 크다. 집을 지을 때 기초공사가 중요하듯 모든 것에는 항상 기초가 중요하다. 재개발 사업지역에 투자하면서 재개발에 대한 절차와 이해는 반드시 숙지하고 있어야 한다. 이것이 올바른 투자판단의 첫 걸음이 된다.

재건축과 관련해서 주의해야 할 것은 재개발과의 혼동이다. 이는 보통 사람들이 흔히 하는 오해로 재건축과 재개발을 같은 종류의 사업이라고 여기는 것이다. 그러나 이 두 가지는 성격이나 절차가 크게 다르다.

재개발 사업은 대체적으로 주거환경이 열악한 지역에 도로나 상하수도 기반시설 확충 및 주택을 신축함으로써 도시경관을 새로이 재정비하는 사업이다. 반면 재건축 사업은 재건축 대상에 해당하는 노후불량한 주택의 소유자들이 조합을 구성해서 주택을 건설하는 사업 소유이다. 그러므로 자발적으로 사업을 추진하는 점에서 재개발 사업과 다르다.

재개발 사업이란?

재개발 사업은 도시 내에 정비기반시설이 열악하고 낡고 오래된 주택이 밀집한 지역의 주거환경을 개선하기 위해서 그곳을 재개발지역으로 지정, 재정비하는 도시계획 사업을 말한다.

재개발 사업의 사업구역 지정절차는 도시계획법에 따르고 대상구역의 사업계획과 시행은 도시및주거환경정비법의 절차에 따른다.

재개발 사업의 대상지역 종류에 따라 도심재개발 사업, 주택재개발 사업, 공장재개발 사업으로 분류한다.

도심재개발 사업이란 도심 또는 부도심과 간선도로변의 기능이 쇠퇴해진 시가지가 개발대상이며 그 기능을 회복 또는 전환하기 위해 시행하는 것이다. 주로 도심 내의 침체, 낙후지역을 재개발해 주거, 상업, 업무, 위락시설 등의 단지를 건설한다.

주택재개발 사업은 노후불량한 주택이 밀집되어 있거나 공공시설의 정비가 불량한 지역의 주거 환경을 개선하기 위해 시행되는 사업으로, 주택과 부속상가 등을 주로 건설한다.

공장재개발 사업은 이름 그대로 공업지역의 기능을 회복하기 위해 시행되는 사업이다.

🔵 알면 프로, 모르면 아마추어 재개발 절차 3단계

재개발 절차도는 읽다가 지쳐버리기 쉽다. 용어 자체도 이해하기 어렵고 복잡한 사업절차도는 더욱 그렇다. 하지만 사업의 흐름 정도는 파악해야 하는 것이 투자의 기본자세이다. 이러한 복잡한 절차를 간략하고 이해하기 쉽게 3단계로 정리해 보았다.

사업준비단계	사업인가단계	사업완료단계
기본계획수립	사업시행계획 승인	이주 및 철거 착공
⬇	⬇	⬇
재개발정비 사업 구역 지정	시공사 선정 (재건축의 경우)	분양 및 착공
⬇	⬇	⬇
조합설립추진 위원회 설립 인가	관리처분계획 인가	입주 및 조합해산 (청산)

1단계 사업준비

1) 기본계획 수립

특별시, 광역시 등은 도정법에 따라 10년을 주기로 한 도시 및 주거환경정비기본계획(주거환경정비계획)을 수립해야 한다. 특히 서울시의 경우에는 3년 이내(2006년 6월, 연장가능)에 정비계획을 수립해야 한다.

기본계획에서는 개략적인 정비구역의 범위와 토지이용계획, 단계별 추진계획, 용적률 등을 포함해야 하며 5년마다 타당성을 분석해 이를 반영해야 한다. 특별 · 광역 시장은 직접 기본계획을 작성 · 의결하고, 시장이 작성한 기본계획은 도지사의 의결을 받아야 한다.

재개발 사업도 재건축이나 주거환경 개선사업과 마찬가지로 기본계획 상에 재개발 정비사업 구역으로 지정이 되어 있어야만 사업이 가능하다.

따라서 초기 재개발 사업에 관심 있는 투자자라면 우선 자신이 사고자 하는 구역이 기본계획에서 정비구역으로 지정이 되어 있는지 확인하는 것이 가장 우선이라 할 것이다.

2) 재개발정비사업 구역 지정

주택재개발 사업을 시행하기 위해 도시계획으로 해당 구역을 지정 · 고시하는 것을 의미한다. 재개발구역으로 지정하기 위해서는 우선 해당 지역 시장과 구청장이 입안해 시 · 도지사에게 신청하고 시 · 도지사는 이를 결정 및 지정한다.

주택재개발 정비사업 구역 지정요건 주택재개발구역은 호수밀도 70 이상이고 면적이 1,000㎡ 이상인 지역 중에 다음 조건을 갖춰야 지정될 수 있다.

① 노후불량 건축물의 수가 대상구역 안 건축물 층수의 2/3 이상의 경우
② 4m 이상 도로에 접한 주택(접도율)이 구역 내 전체 주택의 30% 이하인 경우

③ 대지로서 효용가치가 현저히 떨어지는 과소필지(주거지역은 90㎡ 이하)나 부정형, 세장형 필지가 대상구역 내 필지의 50% 이상인 경우

④ 침수 등 재해위험지역으로 신속한 사업이 필요한 곳

3) 조합설립추진위원회 설립 인가

도정법에 따라 결성되는 재개발조합설립추진위원회는 재건축추진위원회와 같은 성격을 띤다. 새로 규정된 재개발 사업은 재건축 사업과 마찬가지로, 이권다툼을 벌이는 것을 막기 위해 주민 임의로 추진위를 설립하며 복수 추진위원회는 인정되지 않는다.

추진위 설립 요건 _ 토지 등 소유자 1/2 이상의 동의를 얻어 조직된 재개발추진위원회는 해당 시장, 군수, 구정장에 신청하여 설립인가를 받아야 한다. 기존 추진위원회의 경우 6개월 내에 소유자 1/2의 동의를 얻어 해당 시장, 군수, 구청에 승인신청을 해야 한다. 해당 구역 내 토지 등의 소유자로 결성된 조합은 사업시행인가를 받고, 관리처분을 마치고 해체될 때까지 재개발 사업에 관한 제반사항을 추진하는 역할을 한다.

조합설립 요건 _ 토지 등의 소유자 4/5 이상의 동의를 얻어 시장, 군수, 구청장에게 신청한다. 정관작성은 기존 추진위원회가 한다.

조합원 및 조합대의원회 _ 재개발지역에서 조합원은 구역 안의 토지 및 건물의 소유자와 지상권자이며 건축물, 토지 등의 소유자, 지상권자가 다수일 경우에는 대표인 1인을 조합원으로 한다. 또 조합원이 100인 이상인 조합은 조합원 수의 1/10 이상으로 구성된 대의원회를 결성하며 이렇게 결성된 대의원회는 통상적인 총회의 일을 대행한다. 설립인가를 받은 조합은 30일 이내에 주된 사무소의 소재지에 등기해야 도정법에 따라 설립된 법인으로 인정된다.

2단계 사업인가

1) 사업시행계획 승인

사업시행계획 승인은 주택건설 사업에 관한 일체의 사업내용(주택이나 복리시설의 규모·배치와 배분기준, 잔여건물의 처분방법 등)을 최종적으로 확정하고 승인하는 절차를 말하는 것이다.

조합 등 사업 주체는 주택법에 따라 단독 및 공동주택을 20호 이상 건설할 시 건교부 장관의(건교부 장관은 구청장 또는 시장에게 사업계획 승인을 위임할 수 있다) 승인을 받아야 한다.

구청장 및 시장은 신청일 이후 5일 이내에 실무종합 심의를 개최하고 특별한 사유가 없는 한 30일 이내에 이의 결과를 사업 주체에게 통보해야 한다.

2) 시공사 선정 (재건축의 경우)

종전 재개발 사업에서는 사업 초기단계에 시공사를 선정할 수 있어 필요 이상으로 사업과열을 부추기는 등 부작용이 적지 않았다. 도정법에서는 시공사 선정을 사업시행계획승인 이후에 가능하게 해 재개발 과열을 막고자 했다.

시공사 선정 절차 및 유의점 _ 조합은 사업승인을 받은 이후 조합정관이 정하는 바에 따라 경쟁입찰방식을 통해 시공사를 선정해야 한다.

시공보증 _ 재개발 사업을 통해 조합원에게 분양되는 주택은 청약을 통한 일반분양과 달리 보증이 되지 않는 주택이기 때문에 만약 시공사가 부도가 날 경우 조합원들의 피해가 발생할 수 있다. 이러한 문제점을 해결키 위해 도정법은 사업에 참여하는 시공사가 시공보증을 의무화하도록 명시하고 있다.

3) 관리처분계획 인가

관리처분계획이란 관리처분을 통해 조합원은 청산 또는 분양신청을 하게 된다. 또 자신이 출자한 재산의 규모와 새로 얻게 될 주택의 가치를 산정해 환급 또는 추가부담금이 결정된다.

분양신청조합은 사업시행 인가가 난 날로부터 14일 이내에 분양 신청기간을 조합원에게 통지해야 하며, 조합원은 사업시행 인가일로부터 30~60일 이내에 분양신청을 해야 한다.

이 밖에 임차인 등 소유자 외의 권리권자도 이 기간에 권리주장을 해야 한다. 이 기간 내 분양신청을 하지 않은 조합원은 현금청산 대상이 된다.

분양방법 _ 분양은 원칙적으로 분양 대상자 1인에게 1주택을 분양하며 평형배정은 소유자산의 감정평가액을 기준으로 한다. 평형배정을 마친 후 동, 호수는 추첨을 통해 배정한다.

관리처분계획 시 제출서류 _ 관리처분계획을 인가 받고자 할 때에는 분양설계기준, 분양대상자 소유 토지, 건축물의 명세와 사업시행일 기준의 가격, 보류지의 명세 등을 제출한다.

관리처분계획 인가 조합은 분양 신청기간이 경과한 후 토지 및 건축물 시설에 관한 관리처분계획을 수립하여 시장, 군수, 구청장에게 인가를 받아야 한다.

이주·철거 전 관리처분계획이 실시되기 전까지는 관리처분 전에 조합원들의 이주와 철거를 시작했다. 그래서 관리처분이 지연될 시 임시주거비 증가와 시공사의 무리한 추가부담금 제시 등 문제점이 적지 않았다. 도정법에서는 관리처분계획 인가 이전의 철거를 금지함으로써 이러한 폐단을 막았다.

3단계 사업완료

1) 이주 및 철거 착공

조합은 공사기간 동안 조합원들의 주거 문제를 해결할 수 있도록 임시 수용시설을 짓거나 주택임대자금을 융자하는 등의 조치를 취해야 한다. 임시수용은 당해 재개발지역 내 실제 거주하고 있는 가옥소유자(지구 외 가옥소유자는 제외)를 대상으로 한다.

통상적인 이주비 지급도 임시수용으로 간주한다. 이주비는 결국 조합원들이 부담해야 하는 비용이므로, 그 비용이 많다고 조합원들에게 유리한 것은 아니다. 이주비가 지급되면 약 6개월에 걸친 이주기간이 시작된다. 이주가 마무리되면 곧장 착공에 들어가게 된다.

2) 분양 및 착공

관리처분을 통해 조합원 분양을 마치고 남는 물량을 일반인에게 분양한다. 조합원 공급초과분이 20세대 이상일 경우에는 일반 분양을 하고, 20세대 미만인 경우에는 지역 조합원 자격을 가진 자에게 임의로 공급할 수 있다.

3) 입주 및 조합해산(청산)

사용검사(준공) _ 건물이 완공된 후 마지막 절차로서 사업계획승인 내용대로 건축되었는지 그 여부를 확인하고 사용검사필증을 교부하여 건물을 사용할 수 있도록 하는 절차다.

분양처분 _ 조합은 공사완료 즉시 확정측량 및 토지분할 절차를 거쳐 분양처분을 한다. 분양처분 결과는 관리처분계획에 따른 분양 대상자에게 통지하고 그 내용을 시장, 군수, 구청장에게 보고해야 한다. 시장, 군수 등은 분양처분의 보고가 있은 후 15일 이내에 분양처분고시를 해야 한다.

사용승인_ 시장 등 사업계획승인권자가 시행하며, 건축물의 경우 필요하다고 인정하는 때에는 사업완료 전이라도 완공 부분에 대해 동별 사용검사 신청이 가능하다. 사용검사를 받으면 건축법 관련 규정에 의한 사용승인을 받은 것으로 간주한다.

청산_ 청산이란 종전에 소유한 토지 또는 건축물의 가격과 분양받을 대지 또는 건축시설의 가격에 차이가 있을 때, 그 차액에 상당하는 금액을 징수 또는 지급하는 것이다.

조합해산_ 고생 끝 행복 시작이란 말도 있듯이 이젠 깨끗한 새 집으로 입주할 수 있는 시점이다. 종전에 소유한 토지 또는 건축물의 가격과 분양받을 대지 또는 건축시설의 가격에 차이가 있을 때, 그 차액에 상당하는 금액을 징수 또는 지급하는 것이다.

이 3단계 절차로 재개발 사업은 마무리 된다. 사업이 진행될 때마다 각 단계별 가격 상승효과를 누릴 수 있으나 재개발 사업의 경우 장기적으로 진행되는 것이 일반적이므로 사업 초기단계에 투자하는 것이 가장 안정되고 바람직한 투자방법이다.

 ## 재개발 투자 시 꼭 체크해야 할 포인트

초기사업단계구역을 선택해라_ 재개발 사업은 일반적으로 주민들의 추진위 결정 시점부터 사업완료 시점까지 5~10년 이상 걸리는 사업이므로 투자할 시점을 잘 선택해야 한다.

보통 투자자는 재개발지역 지정 후 투자를 선택하는 경우가 많으나 투자시점은 가능한 빠를수록 좋다. 때문에 초기사업단계시점에 선택할수록 유리하다.

역세권 내에 속하는 재개발지역에 투자해라 _ 교통 및 기반시설이 잘 갖추어져 있는 역세권 내에 투자해야 개발완료 후 가치를 높일 수 있다. 또한 전세수요 등에 있어 임대가 원활하게 이루어지며 매매 시 환금성도 높다.

재개발 사업으로 1,500세대 이상 대단지 재개발지역을 선택하라 _ 1,500세대 이상의 대단지 규모이어야 사업에 대한 부가가치를 높일 수 있으며 단지가 적을수록 사업성이 떨어진다.

재개발지역 내에 사업 총 면적 대비 조합원 세대수 비율이 낮은 곳에 투자하라 _ 조합원 세대비율이 낮을수록 일반분양 세대 수가 많아지며, 늘어나는 분양 세대 수만큼 조합원의 수익으로 연결된다.

금융, 학교, 공원 등 인근지역에 기반시설이 완비된 곳에 투자하라 _ 기반시설이 잘 갖추어져 있으면 향후 생활여건 등이 좋아져 선호도가 높은 가격을 형성할 수 있다.

공시지가가 높은 집을 선택하라 _ 재개발지역의 위치에 따라 공시지가의 차이가 큰 지역도 많다. 일반적으로 중개사무소의 설명으로 만족하고 매입하기 때문에 공시지가가 얼마인지, 어떤 차이가 있는지 아는 사람은 사실 드물다. 관리처분 시 감정평가 때의 위치와 용도 및 여러 상황에 따라 공시지가가 다르다. 공시지가가 높을 경우 보상시가의 차이가 나므로 추후 추가부담금에서도 많은 차이가 난다. 그러므로 공시지가가 높은 곳에 투자하는 것이 훨씬 유리하다.

  매입 시 재개발 주택은 관리유지가 잘 된 집을 골라라_매입 후 노후화로 인한 주택의 예상하지 못한 수리비 때문에 문제에 부딪힐 수 있다. 수리가 잘 된 집이나 매도인이 거주하면서 매물로 나와 있는 집의 경우 수선 및 관리가 잘 되어있기 때문에 주택보유 중에 임대차에 용이하다. 추후 사업단계의 진행에 따라 좋은 가격에 우선 계약이 체결되는 장점이 있다.

 # 3,000만 원대로 가능한 투자상품
– 3,000~6,000만 원

투자유망 재개발지역 현황

2006년 2월 말 기준 (단위 : 만 원)

지역	구역명	지분(평)	사업진행단계	매매가	실투자비
성남시 은행동	은행제2구역	3.3	구역준비	6,300	2,700
성남시 은행동	은행제2구역	8	구역준비	8,500	3,800
성남시 은행동	은행제2구역	3.7	구역준비	4,500	2,000
성남시 은행동	은행제2구역	4	구역준비	5,000	2,500
성남시 은행동	은행제2구역	5	구역준비	5,500	3,000
성남시 상대원동	상대원2구역	12	구역준비	9,000	3,700
성남시 상대원동	상대원2구역	18.5	구역준비	12,300	4,300
성남시 신흥동	신흥제3구역	12	구역준비	10,000	4,100
성남시 신흥동	신흥제3구역	14	구역준비	11,000	4,500
성남시 신흥동	신흥제3구역	15	구역준비	12,000	4,800
성남시 신흥동	신흥제3구역	17	구역준비	12,500	5,100
인천시 가정동	가정특별구역	6	기본계획수립	6,500	3,800
인천시 가정동	가정특별구역	7	기본계획수립	6,800	4,000
인천시 가정동	가정특별구역	8.2	기본계획수립	7,500	4,600
인천시 가정동	가정특별구역	9	기본계획수립	7,800	4,800
광명시 철산동	철산사성구역	9	착공	7,800	3,200
광명시 철산동	철산사성구역	9.6	착공	8,000	3,500
광명시 철산동	철산사성구역	9.8	착공	8,200	3,550
부천시 괴안동	괴안 1-2구역	6	기본계획수립	8,500	2,500
부천시 괴안동	소사뉴타운	11	기본계획수립	9,500	4,000
부천시 괴안동	소사뉴타운	13	기본계획수립	10,100	5,200
부천시 원미동	원미 1-1구역	7.5	구역준비	6,000	4,000
부천시 원미동	원미 1-3구역	11.3	구역준비	8,000	3,500
부천시 원미동	원미 1-1구역	9	구역준비	7,000	5,100
안양시 안양동	덕천마을	5.5	구역지정신청	8,200	4,700
안양시 안양동	덕천마을	6	구역지정신청	8,900	5,100
안양시 안양동	덕천마을	9.5	구역지정신청	9,300	5,500
안양시 안양동	덕천마을	9.8	구역지정신청	9,500	5,800

※ 소액투자일수록 보유중에 보수 관리비용도 투자자금의 증가이므로 주택의 노후정도가 덜 진행된 매물로 선택한다.

투자유망 재건축지역 현황

2006년 2월 말 기준 (단위 : 만 원)

소재지	아파트명	지분 (평)	사업진행 단계	매매가	실투자비
남양주시 평내동	삼창	17	재건축 추진중	5,500	3,000
남양주시 평내동	삼창	22	재건축 추진중	8,000	5,500
남양주시 평내동	진주2단지	21	재건축 추진중	8,500	5,500
남양주시 평내동	진주3단지	16	재건축 추진중	7,000	4,500
부천시 괴안동	동신	21	재건축 추진중	15,000	5,000
천안시 신부동	주공2단지	13	사업승인신청	8,900	5,500
천안시 신부동	주공2단지	10	사업승인신청	7,500	4,500
천안시 신부동	주공2단지	12	사업승인신청	8,500	5,800
의정부시 금오동	주공2단지	13	이주 및 철거	9,000	5,500
의정부시 금오동	주공2단지	15	이주 및 철거	10,000	5,900
평택시 서정동	주공1차	17	조합설립인가	11,500	5,800
용인시 김량장동	구 주공	13	사업승인신청	7,500	5,000
용인시 김량장동	구 주공	15	사업승인신청	8,800	5,300
안산시 초지동	주공4단지	13	안전진단통과	9,000	5,900

※ 매매가격대가 비슷하다면 사업진행이 초기단계라도 평형지분이 많고 세대 수가 큰 단지가 유리하다. 사업 초기에는 차이가 없지만 단계가 진행되면서 가격대가 점점 벌어진다.

6,000만 원으로
두 마리 토끼를 잡자

6,000만 원~1억 원 미만

부자들은 남들이 따라 하기 힘든 생활습관을 한 가지쯤은 가지고 있다. 대한민국의 대기업 신화를 일으킨 고 정주영 회장은 새벽 5시에 기상하여 자택에서부터 회사까지 걸어가면서 그날의 일정을 생각했다고 한다.

이처럼 부자들은 남다른 부지런함을 가지고 있다. 부동산 투자에서도 성공을 하기 위해서는 많은 정보도 필요하지만 자신만의 분석력과 함께 발품을 아끼지 말아야 한다.

부동산 투자 시 대개 투자자들의 투자 방향은 자신과 인과관계가 형성되어 있는 연고지를 선택하여 투자를 하는 경우가 대부분이다. 그러나 좀 더 투자에 프로라 할 수 있는 사람들은 지역에 관계없이 사업성이 높은 지역에 우선순위를 두어 투자를 한다. 만약 낯설은 지역에 투자를 하게 될 경우, 주변지역의 중개업소를 방문하여 사업진행과 미래가치에 대한 설명을 듣고 그에 대한 긍정적인 측면과 부정적인 측면을 나름대로 예상하는 등 옥석을 가릴 줄 아는 지혜가 요구된다.

6,000만 원 정도의 여유자금을 보유한 사람들을 보면 대부분 30대 후반 ~40대 초반의 연령층으로, 전세 과정이 끝나 내 집 마련을 이룬 시기인 경우가 많다. 고정 수입으로 생활의 기반을 잡아 여유로운 생활을 즐기기 시작하는 단계이지만 현재 거주하고 있는 집의 평형을 늘리기에는 부족한 듯한 자금을 보유하고 있는 상태이다. 6,000만 원 정도의 자금을 보유하고 있는 이들에게 권하는 두 번째 상품은 아파트 평형을 늘릴 수 있을 때까지 은행에 예금하고 있기보다는 적극적인 투자 마인드로 활동을 하라고 권한다.

6,000만 원 정도의 현금 보유자들의 경우 전문적인 경험 없이 여러 투자를 꿈꾸기 마련이다. 40대 전후의 주부들의 경우 자녀들의 학비보조를 위한 분식집이나 소형 업종의 창업을 꿈꾸며 막연하게 창업을 시작할 우려가 있다. 이처럼 전문적인 노하우 부족에 따른 창업 실패의 뼈아픈 경험을 거치지 말기 바란다.

투자 경험이 적은 현금 보유자들에게 권하고 싶은 것은 창업보다 상대적 위험 부담이 적은 소액 재테크 방법을 적극 활용하라는 것이다. 부동산 투자에 대한 경험 부족으로 구체적인 실전 투자는 두려워하게 마련이나 꼼꼼한 투자분석 체크와 함께 과감한 투자는 자산을 늘릴 수 있는 기회를 더 많이 제공해 준다는 것을 잊지 말아야 할 것이다.

투자 시 자신이 보유한 자금보다 초과될 경우 제2금융권(새마을금고, 상호신용금고, 산림조합 등등)에서 6%대의 이율을 이용한 금융을 활용하는 것도 재테크의 수단이라 할 수 있다. 경험 없는 창업보다 생활의 안정을 바탕으로 지속적인 저축과 소액 재테크로 두 마리 토끼를 잡을 수 있다. 그 두 마리 토끼가 20마리 또는 그 이상으로 불어날 수 있다는 것을 유념해야 한다.

 ## 금액별로 다양한 재개발지역을 찾아보자

6,000만 원대 역시 3,000만 원대의 투자와 마찬가지로 재개발지역에 집중되어 있다. 3,000만 원대 상품보다 좀 더 넓은 지분에 투자할 수 있다는 것이 장점이며, 투자지역 또한 광범위해질 수 있다. 6,000만 원에서도 앞에서 설명한 성남지역이 단연 돋보인다고 할 수 있으며 수도권의 경우 철산동 철산사성구역, 부천소사 뉴타운지역, 안양덕천지구, 금호동 재개발지역, 천호동 뉴타운 사업지역 등의 투자가 가능해져 서울외곽 투자의 한계에서 벗어나 서울지역 내로의 진입까지 가능하다는 것이 이 금액대의 특징이다.

성남시의 경우 앞에서 설명한 바와 같이 2006년 3월에 시작된 판교분양 및 각종 재개발 사업, 서울공항 이전 등 호재들이 몰리면서 '잠자는 사자' 가 기지개를 펼 것으로 보인다. 성남시는 1970년대 초 서울 철거민들을 대상으로 한 이주단지로 조성되어 2001년까지 건폐율 특례지역이었다. 대지의 90%까지 건축이 가능하여 소방도로조차 확보되지 못할 정도로 좁은 골목 등 열악한 도심환경이 대부분이었다. 때문에 정부차원에서 적극 장려하는 재개발사업지역이므로 성남 인근지역이 개발됨에 따라 그 후광을 톡톡히 볼 것으로 예상된다.

특히 서울 강남권의 축으로 변모할 송파대로는 분당의 중간지역으로 강남 인근에 대체주거단지 판교가 위치해 있어 향후 수혜 받을 지역으로 예상된다. 대학으로는 동서울대학, 경원대학, 신구대학, 보건대학, 기능대학이 있는데, 이 대학들은 서울권에서 인기 있는 대학으로 명성이 나있어 성남시의 전체적인 개발이 진행될수록 주택수요가 증가할 것으로 보인다. 그래서 분당 못지않은 평가를 받을 것으로 예상된다.

금광1구역은 재개발구역 중 큰 규모에 속하며 사업부지 5만 여평에 대단지 아파트로의 변화를 예상으로 현재 노후불량주택 단지를 형성하고 있다. 성남시 재개발기본계획 2단계 지역으로 지정된 단지로 1단계로 진행 중인 단대동과 중3동보다 부동산 가격이 비교적 저렴하다. 성남시 중앙로 단대5거리 지하철역과 인접해 있고 동편으로는 남한산성 줄기로 풍부한 녹지와 높은 조망권을 확보할 수 있어 주거의 쾌적함을 더할 것으로 본다. 도로 건너편에 신구대학이 위치해 향후 사업완료 후 대단지 입주시점에 주택수요도 증가할 수 있으리라 예상된다. 가칭 재개발추진위측에서는 3,000세대급 이상의 개발예정으로 재개발지역 중 대단지로 추진, 진행될 예정이다. 재개발 사업성의 비례율이 1.14의 높은 지역으로 성남시에서 최초로 평가받기도 한 지역이다.

재개발 사업의 비례율 = (사업 후 자산가치 - 사업비용) / 사업 전 자산가치

비례율 0.9 이상을 철거재개발로 분류하며, 수치가 클수록 사업성이 좋다. 비례율을 쉽게 말해서 재개발 사업으로 아파트를 건립할 경우 토지 및 가옥주에게 아파트 한 채씩을 주고 소요된 아파트 건축비를 회수할 수 있을 정도의 일반분양 아파트를 건립할 수 있어야만 최소한 비례율 1정도의 사업성이 있는 것으로 본다.

철거재개발구역의 경우에는 비례율이 1이상이면 구역 내 토지 및 건물 소유자들이 재개발조합을 결성하여 건설회사를 선정하려고 할 때 사업성이 있는 관계로 재개발을 하겠다는 시공사들이 나서게 되며, 선정할 수가 있다. 하지만 수복재개발구역의 경우에는 철거재개발로 분류한다 할지라도 사업성이 낮아진다.

지분 18평 기준 주택 매매가는 2억 원대로 전세금 7,000만 원에서 8,000만 원으로 실투자비는 1억 3,000만 원이면 구입할 수 있다. 투자자금이 부족하다면 구역 내 적은 지분으로 나온 매물로도 선택할 수 있다. 작년에 서울 인근지역에 재건축 재개발 주택가격 상승으로 성남도 3,000~4,000만 원 정도 상승하였다. 그러나 사업진행의 세분화된 단계진행으로 구역별로 차별화된 가격양상을 보일 것으로 생각한다.

광명시 철산동 사성구역은 2010년까지 총 7,400가구 규모의 미니 신도시급에 해당되는 재건축이 추진 중이며 철산 주공아파트는 2009년부터 입주가 시작되어 지하철 7호선 철산역과 걸어서 5분 거리 이내 서울 강남과는 30분 이내 거리이며 서울 목동과도 자동차로 5분 이내에 진입할 수 있는 등 교통여건이 쾌적한 지역이다.

또 숭실대학교 제2캠퍼스 유치로 교육과 문화의 도시로 새롭게 탈바꿈하게 되는 이곳은 서울과 수도권을 연결하는 입지여건이 양호한 대규모 재건축 사업이라 국내의 유명건설사가 모두 참여하고 있다. 하안주공본1단지 - 대림 e편한세상, 하안주공본2단지 - 두산위브, 철산주공2단지 - 대우푸르지오, 철산주공3단지 - 삼성래미안 등이다.

철산 주공아파트 재건축 진행이 완료되면 대단지 아파트로 형성되며 철산 주공아파트 10단지 맞은편에 위치한 광명시 사성구역은 경기도가 재개발 사업 1호로 추진 중인 구역이다. 인근에 광명시 초 · 중 · 고 교육시설이 있으며 ○마트, ○○마트 등의 편의시설 이용이 수월한 편이다.

평촌 신도시에 비해 낙후되어 있던 만안지역에 안양시 도심의 변화를 가져올 주택재개발 사업이 대대적으로 추진되게 된다. 안양시는 2010년까지 평촌지역을 제외한 안양 시가화 구역 13.8Km^{2}의 계획적인 개발을 추진하는 내용을 담은 "도시및주건환경정비기본계획"을 마련했다. 정비예정지구는 주거환경 개선사업 4지구, 주택재개발사업12지구, 주택재건축사업8지구, 도시환경 정비사업 1지구 등 모두 27개 지구로 지역별로 만안구 18개, 동안구 9개 지구이다.

2010년 이후 안양 비산사거리 일대가 아파트촌으로 변할 예정인데, 이는 진흥아파트와 임곡지구, 덕천지구 등의 개발예정 때문이다. 특히 덕천지구는 7만 8,000여 평에 4,000세대 이상의 대단지화로 예정된 구역으로 명학역 역세권지역이며 사업단계 진행여건에 따라 중 · 장기투자가 될 수도 있다. 하지만 추후 사업이 완료되면 기반시설과 함께 주목받는 인기 있는 지역이므로 사업추진 진행단계마다 가격상승이 기대되는 투자가치가 있는 지역이다. 관심지역으로는 미륭아파트와 삼호아파트가 재건축계획이 세워졌다는 것이며 미륭아파트 아래 비산2동 사무소 일대도 재건축 예정으로 용적률은 250% 정도로 계획추진 중이다. 미륭아파트와 비산2동 사무소 근처는 2008년까지, 삼호아파트는 2010년까지 계획이 잡혀 있다.

부천시도 뉴타운 사업절차를 볼 때 현재 첫 단계인 사업 준비단계에 있다. 부천시 뉴타운 개발은 서울시의 방식을 모방한 "주거중심형"과 "도심형", "시가지형"으로 분류된다. 현재 부천시는 50개 뉴타운 예정지구를 발표했다. 부천시 뉴타운 사업은 공공부분이 종합개발계획을 수립하여 도시기반시설은 공공부분이 부담하고, 아파트 건축사업은 민간부분이 계획에 따라 개발(재개발/재건축)하여 개발의 문제점을 보완할 예정이다.

재개발시장에서 초창기에 주목받았던 곳이 소사지구이다. 원래는 원미지구였는데 원미지구의 경우 배후지로 인접해 있는 공장지대가 재개발의 필요성을 부여해주었었다. 그러나 지역적 주거환경면에서 원미지구의 발목을 잡는 사태가 발생하였다. 따라서 차후 개발의 완성과정을 비추어볼 때 주거환경적인 측면에서 부천시의 뉴타운 개발이 주도를 이룰 것이라 생각된다.

흑석동은 약 50만평으로 배산임수형의 일반 재개발지역과 뉴타운 지구로 나뉜다. 한강이 바라보이며 지하철 9호선 중대역(2007년개통)과 더불어 최근 국방부의 승인을 얻어 현충원 주변 야산 등 녹지 15만여 평을 묘지공원에서 근린공원으로 용도 변경하여 동작구청에서 근린공원개발의 설계에 착수했다. 뿐만 아니라 현충원을 일반 공원같이 개방하여 뒷산에서도 자유롭게 입장이 가능하도록 하였다. 더욱이 그동안 묶인 고도제한(7층)이 풀려 흑석동 재개발(15층)에 날개를 달았다고 볼 수 있다.

흑석동 재개발은 현재 흑석 4, 5, 6, 7, 8, 9구역이 진행 중이며 이 가운데 4, 5, 6구역은 서울시 1단계지구(내년부터 이주 예정)로 소형지분이 평당 2,000~2,500만 원이다. 7, 8, 9구역은 3단계로 시공사 선정을 앞두고 소형지분이 1,300~2,000만 원이다. 최근 동작구에서 흑석 1, 2, 3동 전체를 3차 뉴타운 지구로 지정되었다.

가장 주목할 만한 구역은 흑석6구역으로 조합설립추진 준비 중인 흑석1동 247일대 흑석6구역은 계획가구 수가 1,000여 가구로 가장 주목을 끈다. 현재 9.5평 대지지분 기준 매매가가 1억 6,000만 원에 전세가 7,500만 원 정도로 현금 투자비가 8,500만 원 정도로 서울지역 강남권 재개발 지역투자에는 일반적으로 전세금을 공제한 1억 5,000만 원~2억 원 정도의 실투자비가 투입되는 것에 비해, 흑석동 재개발 및 뉴타운 지역은 현금 투자비 8,000여 만 원부터 좋은 급매물 등을 찾을 수 있기에 한강변의 조망권을 확보한 아파트 진입이 가능한 지역이다.

5구역의 경우 지분 23평이 3억 6,000만 원에서 매매가 형성되어 있어 실투자비는 3억 원 정도이다. 흑석동 일반 재개발 및 뉴타운 지역에서 사업추진 진행단계나 기타 입지에 따라 가격편차는 있지만 초기단계 추진구역에 따라서 싼 매물을 찾아 전세에서 탈출해 내 집 마련의 기회를 잡을 수 있는 좋은 지역으로 판단된다.

소액으로도 가능한 재건축 단지를 알아보자

　3,000만 원대 상품에서는 재건축 상품의 투자가 다소 어려웠으나, 6,000만 원대 상품의 경우에는 재개발에 한정되는 투자에서 재건축투자까지 가능해졌다는 것이 특징이다.

　대부분의 투자 가능지역이 서울 외곽의 수도권지역이기는 하지만 소액으로 가능한 안전한 재테크로써 재건축처럼 인기를 끄는 것도 드물다. 서울지역 재건축의 경우 사업단계가 최소한 20~30%대의 진행률만큼이나 가격에 반영되어 있어 전세금을 제외하더라도 지역에 따라 차이는 있다. 하지만 기존 15평형을 매입할 때 최소한 실투자비가 2~4억 이상의 자금이 필요하다.

　수도권지역 중 인천광역시 재건축 추진지역의 경우 사업승인을 받아 이주 및 분양단계의 단지들과 아직 사업초기 진행단계의 단지들을 선별투자할 수 있다.

　또 사업승인 신청단계인 고양시 탄현동과 토당동 일대의 주공 아파트와 민영 아파트 단지들을 찾아볼 수도 있다. 이 지역 중 1,000세대급 이상의 대단지와 지분이 큰 단지로 구성된 지역으로 선별투자가 가능하다. 양권 지역의 중심부에 있는 재건축 추진 중인 대단지로 역세권과 인접한 금융기관 등의 기반시설이 잘 갖추어진 지역을 골라 볼 수 있다.

 # 주택재개발 사업 방식의 종류

주택재개발 방식에는 직주접근 방식, 순환재개발 방식, 철거재개발 방식, 수복재개발 방식, 보전재개발 방식이 있다. 수진구역의 경우 수복재개발로 지정되었으나 철거재개발로 전환되었다. 재개발 투자 시 가격 경쟁력 면에서 당연히 수복재개발보다 철거재개발이 우위를 차지한다.

철거재개발이란 사업 시행자가 재개발구역 내의 기존 건물을 대부분 철거하고 새로운 환경 및 시설물로 대체시키는 재개발 방식을 말한다.

수복재개발이란 재개발구역 내 도로, 공원 등 공공시설을 사업 시행자 또는 지방자치단체가 설치하고 건축물은 건축계획에 따라 건물 소유자가 신축 또는 개량하는 재개발 방식을 말한다.

 # 성남시 재개발 집중분석

성남시 재개발 방식 종류와 특징

사업 방식	선정사유
철거재개발 방식	• 사업성 있는 지역에 민간참여를 유도하여 도시 및 주거환경 개선
수복재개발 방식	• 고도제한 및 과밀로 인하여 사업성 없는 지역에 공공재원 투입하여 적극적 주거환경 개선

사업 방식	선정사유
철거재개발 방식	• 3종 일반 주거지역 기준 적용 : 건폐율 50%, 용적률 250% • 사업구역 경계후퇴로 도로확장, 도로여건 향상 • 사업계획 수립 시 적정 도로율 확보, 도로위계 확립
수복재개발 방식	• 2종 일반주거지역 기준 적용 : 건폐율 60%, 용적률 200% • 지구단위계획을 수립, 합필, 공동개발 유도하여 과소필지 문제해결 • 자체적 주택개량 및 공동주택 건설을 위한 기반조성 • 주거지역 내 10~15m 폭의 도로확보를 통한 도로기능 및 서비스 개선 • 마을버스 유치로 교통여건 개선

2005년 11월 성남시 재개발 기본계획 사업 방식

구분		사업방식	용적률(%)	
주거환경개선	신흥1구역	수복재개발 주거환경 개선사업(현지개량방식)	200	210
	신흥2구역	수복재개발 주택재개발사업(공동주택건설방식)	200	250
	신흥3구역	수복재개발 주택재개발사업(공동주택건설방식)	200	250
	태평1구역	수복재개발 주거환경 개선사업(현지개량방식)	200	210
	태평2구역	수복재개발 주거환경 개선사업(현지개량방식)	200	210
	태평3구역	수복재개발 주거환경 개선사업(현지개량방식)	200	210
	태평4구역	수복재개발 주거환경 개선사업(현지개량방식)	200	210
	수진2구역	수복재개발 주거환경 개선사업(현지개량방식)	200	210
	산성구역	수복재개발 주거환경 개선사업(현지개량방식)	200	210
	중2구역	수복재개발 주거환경 개선사업(현지개량방식)	200	210
	은행1구역	수복재개발 주거환경 개선사업(현지개량방식)	200	210
	은행2구역	수복재개발 주거환경 개선사업(현지개량방식)	200	210
	상대원2구역	수복재개발 주거환경 개선사업(현지개량방식)	200	210
철거재개발	수진1구역	철거재개발 주택재개발사업(공동주택건설방식)	200	250
	단대구역	철거재개발 주택재개발사업(공동주택건설방식)	250	250
	중1구역	철거재개발 주택재개발사업(공동주택건설방식)	250	240
	중3구역	철거재개발 주택재개발사업(공동주택건설방식)	250	250
	금광1구역	철거재개발 주택재개발사업(공동주택건설방식)	250	250
	금광2구역	철거재개발 주택재개발사업(공동주택건설방식)	250	250
	상대원3구역	철거재개발 주택재개발사업(공동주택건설방식)	250	250

※ 주거환경 개선사업 방식은 용적률이 210%대로 사업성이 낮은 반면 철거재개발인 주택재개발사업 방식은 용적률이 250%로 사업성이 좋다.

6,000만 원대로 가능한 투자상품
– 6,000만 원~1억 원 미만

투자유망 재개발지역 현황 2006년 2월 말 기준 (단위 : 만 원)

지역	구역명	지분 (평)	사업단계	매매가	실투자비
성남시 은행동	은행2구역	7	구역준비	12,000	6,000
성남시 산성동	산성구역	19	구역준비	19,500	9,000
성남시 산성동	산성구역	23	구역준비	17,000	8,500
성남시 금광동	금광1구역	20	구역준비	17,700	8,300
성남시 금광동	금광2구역	10	구역준비	16,500	7,000
성남시 상대원동	상대원2구역	21	구역준비	13,500	6,500
성남시 상대원동	상대원3구역	25	구역준비	20,000	6,100
성남시 수진동	수진제1구역	19.7	조합설립추진위	19,500	6,000
성남시 수진동	수진제1구역	20.29	조합설립추진위	24,000	9,500
성남시 신흥동	신흥제3구역	18	구역준비	16,000	8,100
성남시 태평동	태평1구역	20	구역준비	17,000	7,200
성남시 태평동	태평1구역	20	구역준비	15,500	7,000
성남시 태평동	태평3구역	20	구역준비	16,500	6,500
서울시 상계동	상계뉴타운	8.55	기본계획수립	12,000	6,800
서울시 상계동	상계뉴타운	13	기본계획수립	13,500	9,800
인천시 산곡동	산곡제1구역	8	사업시행인가	7,000	7,000
인천시 송림동	송림제2구역	20	이주 및 철거	18,300	6,300
인천시 가정동	가정오거리구역	7	기본계획수립	6,800	6,800
인천시 비산동	임곡2지구	12	착공	11,000	7,500
인천시 비산동	임곡2지구	10	착공	10,500	6,100
인천시 비산동	임곡2지구	9	착공	10,000	5,800
안양시 안양동	덕천마을	10.8	구역지정신청	11,000	7,400
안양시 안양동	덕천마을	12.74	구역지정신청	12,500	8,000
안양시 안양동	덕천마을	7.5	구역지정신청	9,000	7,000
안양시 안양동	덕천마을	8	구역지정신청	9,200	7,150
부천시 괴안동	소사뉴타운	7	기본계획수립	7,000	6,000
부천시 괴안동	소사뉴타운	32	기본계획수립	16,500	6,000
부천시 원미동	원미1-3구역	9	구역준비	7,500	6,000
부천시 원미동	원미1-3구역	17	구역준비	10,500	7,000
부천시 소사동	소사제1구역	15	구역지정신청	13,000	9,000
광명시 철산동	철산사성구역	7	착공	10,800	6,800

지역	구역명	지분(평)	사업단계	매매가	실투자비
광명시 철산동	철산사성구역	15	착공	14,600	7,200
광명시 철산동	철산사성구역	12	착공	13,500	6,200
광명시 철산동	철산사성구역	9	착공	12,000	5,800
서울시 금호동1가	금호제20구역	7	조합설립추진위	13,000	9,200
서울시 금호동	금호제15구역	8	구역지정	13,800	9,600
서울시 금호동	금호제13구역	6.4	조합설립추진위	12,700	7,900
서울시 천호동	천호뉴타운지구	8	구역준비	11,700	9,900
서울시 천호동	천호뉴타운지구	11	구역준비	21,000	7,200

※ 실거주 차원의 구입이 아니라면 같은 구역 내에서는 떨어진 곳이라도 지분 많은 매물을 선택하는 것이 관리처분 시 배정평형과 부담금의 차이가 난다. 기존에 위치는 관계없이 추첨을 통하여 결정되기 때문이다.

투자유망 재건축지역 현황

2006년 2월 말 기준 (단위 : 만 원)

소재지	아파트명	평형	사업진행단계	매매가	실투자비
고양시 탄현동	주공	13	사업승인신청	9,600	6,100
고양시 탄현동	주공	15	사업승인신청	12,500	8,500
고양시 토당동	허스	13	재건축 추진중	7,800	5,300
고양시 토당동	허스	20	재건축 추진중	10,000	6,600
고양시 토당동	허스	25	재건축 추진중	11,500	8,200
부천시 송내동	동원	18	이주철거	11,500	6,150
부천시 송내동	동원	19	이주철거	11,600	6,250
부천시 송내동	동원	21	이주철거	12,000	6,300
남양주시 호평동	남양	20	재건축 추진중	9,000	6,000
남양주시 호평동	남양	23	재건축 추진중	9,500	6,500
부천시 괴안동	동신	17	재건축 추진중	11,500	6,500
부천시 괴안동	동신	18	재건축 추진중	12,500	7,500
남양주시 평내동	진주1단지	21	재건축 추진중	8,500	6,100
부천시 송내동	동원	20	이주 및 철거	12,100	6,300
안산시 초지동	주공4단지	15	안전진단통과	10,500	6,800
안산시 초지동	주공4단지	17	안전진단통과	12,000	7,500
안산시 초지동	주공4단지	13	안전진단통과	9,200	6,200
안산시 초지동	주공4단지	13	안전진단통과	9,000	6,000
부산시 금정	금강맨션	22	재건축 추진중	14,000	8,950
부산시 금정	금강맨션	22	재건축 추진중	12,500	7,450
부산시 수영	구삼익(기존)	22	이주 및 철거	16,000	9,800

※ 빠른 입주를 선택하기보다는 입주 후의 역세권, 생활 편의시설 등 선호도가 높은 곳을 인근 중개업소에 확인하여 비교 결정할 수 있다.

1억 원 투자로
"흙 속에 진주"를 찾아보자

1~2억 원 미만

너무 많은 지식이 창의적인 사고를 방해할 수도 있다. 그것은 자신 안에 잠재해 있는 고정관념 탓으로 거기에서 해방되어야 한다. 어떤 분야에서든 전문적인 지식이 부족해도 창의적인 사고를 가지고 있다면 기대 이상의 결과를 얻을 수도 있다. 남과 다른 시선으로 세상을 볼 때 그 진가를 발견할 수도 있는 것이다. 모든 발명은 우연히 떠오른 사건들을 그냥 지나치지 않고 여러 가지 각도로 백분 이용하였기 때문이다.

이 창의적인 마인드를 부동산에 접목하면 오래된 집을 낡은 집으로만 보지 않고 그 대지 위에 새로운 집을 세웠을 때의 가치를 미리 봄으로써 성공투자를 이룰 수 있다. 그것은 고정관념에서 탈피한 창의적인 시각으로, 남과 달라야 부자가 될 수 있다는 말이다.

1억 원 정도의 투자여력이 있는 이들은 시장실세 금리에 의한 고금리가 적용되는 입출금이 자유로운 MMDA(시장금리부 수시입출금식 예금)나, 종합금융회사가 고객의 예탁금을 어음 및 국공채 등 단기 금융상품에 직접투자하여 운용한 후 그 수익을 고객에게 돌려주는 CMA(종금사의 어음관리구좌) 등에 자금을 운용하고 있으면서 새로운 투자처를 물색하고 있는 투자계층으로 볼 수 있다. 또한 일반 서민의 경우 맞벌이나, 직장인의 경우로 퇴직금 중간정산이 가능하며 재테크에 대한 지속적인 관심을 가지고 있는 계층이라고 할 수 있다.

1억 원 정도의 자금 확보로 손쉽게 창업을 생각할 수도 있으나 자신의 취미나 특성에 맞고 철저한 시장분석을 한 경우가 아니라면 다시 고려해 봄이 바람직하다. 창업 준비를 위한 시장분석 시 성업 중인 영업장의 경우 흥하는 분명한 이유가 있으며, 쇠퇴하는 영업장에도 그 이유가 있는 것이 보통이다. 뛰어난 분석과 창업에 자신이 있는 경우라 할지라도 최근의 경제상황이나 창업상황은 결코 쉽지 않음에 주의를 기울여야 할 것이다.

옛 조상들의 말씀에 땅은 거짓말을 하지 않는다고 했다. 그만큼 부동산 투자를 안전하게 생각해온 우리의 사고방식이 오랜 시간 동안 굳혀 내려온 것이라 할 수 있다. 부동산의 경우 계속적인 상승세를 유지해온 것임에는 틀림없는 사실이다. 더욱이 요즘처럼 불안한 경제상황에서도 부동산 투자는 투자 1순위라는 것을 부정하기 어려운 것이 현실이다.

# 유망 재건축지역 투자로
성공 재테크를 이루자

재건축 아파트는 현재 정부의 강력한 규제가 지속적으로 쏟아져 나오고 있다. 그러나 재개발과 더불어 이미 개발이 완료된 기존 시가지에서 주택공급을 확대할 수 있는 유일한 수단이다. 때문에 재테크의 수단으로써 모든 사람들이 관심 있어 하는 상품일 수밖에 없다.

정부에서는 재건축이 활성화되면 투기가 발생되고 투기가 발생되면 주택가격의 상승을 초래할 것이라는 전제 하에 각종 규제책을 발표하고 있다. 그러나 이로 인한 재건축 사업의 더딘 진행으로 말미암아 주택의 공급이 늘지 않는 반면 수요자는 증가하여 가격은 더 오르고 말 것이다. 3,000만 원에서 6,000만 원 가격대의 상품이 수도권지역의 재개발과 재건축에 집중되어 있다면, 1억 원대의 상품은 재건축 아파트 투자에 있어 서울로의 진출이 가능해졌다. 그리고 수도권지역의 경우 입지조건이 좋은 지역을 선택하여 투자할 수 있다는 것이 장점이다.

1억 원대의 투자자의 경우 실수요자의 내 집 마련의 기회가 더욱 풍부해지고 투자할 수 있는 지역도 서울지역 중 강남권의 낙후된 저평가지역이나 강북권의 재건축, 재개발지역 중 입지여건이 좋은 신축계획 대단지 투자도 가능하다. 또한 수도권지역에서 안양시, 성남시, 수원시, 고양시 그리고 충청지방의 행정도시 주변지역과 기업도시, 혁신도시로 선정된 인근지역의 경우 주변의 환경이나 입지, 투자여건 등을 고려한 적절한 지역으로의 선택이 가능하다.

실수요자의 경우 내 집 마련의 기회는 더욱 빨라질 수 있는 금액대로 특징 있는 몇 군데 지역의 입지여건을 살펴보기로 한다. 또한 지방의 경우 부산지역의 대표적인 재건축 단지가 몰려있는 수영구에 기존 아파트와 주변 아파트에 사업진행 상황이 관심을 끌만한 지역으로 부상되고 있다.

첫 번째, 강동구 길동 신동아아파트는 1, 2, 3차 1,210세대의 아파트 단지로 타 단지와 구별되는 특징은 현 아파트의 동쪽과 남쪽에 그린벨트로 묶인 야산 때문에 넓은 시야와 조망권이 뛰어나 향후 재건축 시 많은 인기를 받을 지역으로 예상된다. 좀 이르지만 재건축조합추진 동의를 거쳐 추진 중이므로 다소 시간은 필요하나 장기적인 관점에서 미래가치를 바라보는 지역이다.

또한 강동구의 대단지 밀집 주거지역인 명일동과 연계된 아파트군으로 형성되어 있으며 내 집 마련 전략을 위한 장기적 투자로 재건축 사업을 기대해 볼 만하다. 시세형성도 주변지역에 비해 아직 높지 않으며 자연생태계 공원 등이 인접해 있어 자연환경조건이 우수한 지역이다. 학교도 단지 인근에 있으며 교통관계도 판교~구리간 외곽순환 고속도로와 중부고속도로 등의 진입이 수월하여 주말 여가생활을 위한 도로이용이 편리하다.

24평형이 매매금액이 2억 5,000만 원으로 저금리로 생애 첫 대출을 받아 실입주하는 것도 권유해 볼만하다. 정 부담이 된다면 전세가 1억 1,000만 원으로 실투자비가 1억 4,000만 원이면 가능하다. 내 집 마련을 위해 저축하는 동안 부동산 값이 껑충 뛰어올라 포기했던 우를 범하지 않는 좋은 기회라 생각한다.

두 번째, 전통문화의 도시이자 세계적인 IT기업인 삼성전자가 있는 수원시는 첨단도시가 지닌 무한한 잠재력 있는 도시이다. 용인시에 가까운 영통구와 더불어 신분당선 개통과 신도시 개발 등의 효과로 기반시설 확충과 대단위 재건축 단지들이 추진되는 등 활발한 도시화가 진행 중인 투자 메리트가 높은 지역이다.

현재 추진 중인 재건축 단지로는 천천주공, 권선주공, 화서주공과 인계주공의 대단지들로 서울에서 판교, 분당, 용인 등 수도권 남부지역의 개발이 순차적으로 진행됨에 따른 향후 발전 가능성이 높게 평가되고 있다.

천천주공 재건축 아파트는 1986년에 지어져 1,990가구의 대단지로 지하철 1호선 화서역이 도보로 15분 정도 소요되는 위치에 있다. 인근지역에 성균관대학교 및 대형 할인점과 공원 등의 생활 편의시설이 잘 갖추어진 지역이다.

재건축 사업이 진행될 시 2,571가구로 건축될 예정인데 현재 대우건설이 시공사로 선정되어 있다. 도시및주거환경정비법 시행 이전에 사업시행인가를 받아 재건축 용적률 증가로 증가분의 10%를 임대 아파트로 공급하게 된다. 2006년 상반기에 관리처분을 예정하고 있으며 조합원의 무상지분율은 약 116% 정도로 예상된다.

재건축 천천주공 투자 시 예상수익 분석

(단위 : 만 원)

기존 평형	예상 평형	매매가	이주비	추가 부담금	추첨 후 입주 시 예상시세
16	33	16,000	무상 5,940 유상 3,060	7,500	31,000

인계주공아파트는 1984년 건축되어 현재 삼성물산이 시공사로 선정되어 있으며, 1,351가구 25, 33, 42, 46평형으로 공급하게 된다. 수원 팔달구 인계동은 수원의 강남 또는 경기도의 강남이라 여길 정도로 자부심을 가지고 있는 도시이다. 인근지역에 금융기관, 백화점 등 대형 할인마트가 10여 개 이상 있고 생활 기반시설이 잘 갖추어져 있다. 또한 수원시청, 88공원, 매탄공원, 동양 최대의 예술회관 등이 주변지역에 위치하여 있다. 뿐만 아니라 아주대병원, 동수원병원 등이 10분 거리에 있으며 동수원 IC, 수원(신갈) IC 진입이 가까워 교통여건이 매우 좋다. 때문에 서울 한수 이남권 거주목적의 내 집 마련 및 재테크로도 주목 받을 수 있는 지역이다. 주변에 재건축 매탄 1, 2단지와 4, 5단지 등이 리모델링을 추진하고 있어 이에 따른 주택수요가 많아질 것으로 예상되어 향후 투자가치가 높을 것으로 전망된다.

인계주공아파트 투자수익 분석

(단위 : 만 원)

기존 평형	예상 평형	매매가	이주비	추가 부담금	실투자금	인근 재건축입주 단계 33평형시세
16	33	27,000	무상 6,000 유상 4,800	3,590	17,200	34,000

※ 사업계획 변경 등으로 변경 가능성 있음

화서주공 2단지는 화서역과 10여 분 거리에 있어 교통이 편리하고 아파트 뒤쪽으로 숙지산 및 공원 등 주거입지 환경이 좋다. 또한 수성로 대로변에 위치한 담배인삼공사 부지의 개발여건에 따라 향후 가격상승에 영향을 받을 것으로 예상된다. 화서주공 2단지는 1978년에 건축된 아파트로 13평형으로 구성되어 있어 기존 1,630세대에서 1,752세대로 건축될 예정이다. 사업진행에 따른 부진한 진행 때문에 소액자금으로 매입이 가능하며, 재건축 완료 시 시세차익에 있어 안정된 수익을 기대해 볼 만하다. 수원시에 거주하는 수요층들이 가까운 지역에서 내 집 마련의 기회를 잡을 수 있는 곳이다.

재건축 화서주공2단지 투자 시 예상수익 분석

(단위 : 만 원)

기존 평형	예상 평형	매매가	이주비	추가부담금	실투자금	추첨 후 입주 시 예상시세
13	33	9,000	무상 3,500 유상 2,500	13,000	3,000	28,000

※ 사업계획 변경 등으로 변경 가능성 있음

 # 1억 5,000만 원대의 전세자금으로 내 집 마련 성공 사례

서울 강동구 둔촌주공아파트 34평형에 전세를 살던 A씨는 전세 만료시점에 집을 비워달라는 집주인의 요구에 이사할 집을 구하려고 필자의 사무실을 찾았다. 전세금 8,000만 원으로 시작한 A씨는 임대차 기간 2년 만료시점마다 인상 또는 이사를 해주어야만

하는 상황의 연속이었다. A씨는 이사생활을 청산할 만한 구체적인 대안이 필요했다. 그래서 필자는 현재의 전세금과 융자를 얻어 A씨 본인의 집을 마련할 것을 제의하게 됐다.

초등학교에 재학 중인 자녀가 있던 A씨는 다른 지역으로의 이주를 꺼려하여, 주변지역에 금액대비 투자가치가 있을 것으로 예상되는 길동 지역의 아파트를 권유해 주었다.

길동 신동아아파트의 경우 1,200세대의 중형 단지로 주변 교통망과 학군이 비교적 우수하며 자연생태공원과의 인접 등으로 주거환경조건이 좋았다. 게다가 A씨가 매수할 시점에는 입지조건에 비해 저평가 되어 있어, 신동아아파트에 향후 재건축 사업 추진이 진행될 경우를 예상, 재테크와 병행한 내 집 마련의 기회로 투자를 권유하였다.

A씨가 보유하고 있던 자본금은 전세금 1억 5,000만 원과 현금 4,000만 원 정도였다. 당시 신동아아파트 34평형의 급매물의 가격은 2억 7,000만 원이었다. A씨가 동원할 수 있는 자금 1억 9,000만 원에 기타 부대비용을 포함한 9,000만 원 정도가 더 필요했다. 처음엔 9,000만 원이란 대출에 대해 부담을 느끼던 A씨였지만 필자는 과감한 투자를 설계해주었고 이에 따라준 A씨는 재테크에 성공하였다.

3년이 지난 현재 신동아아파트는 예측한 대로 재건축 사업의 초기단계가 진행 중으로 시가는 4억 2,000만 원대로 형성되어 있어, A씨는 예상대로 투자대비 높은 기대수익을 얻을 수 있게 되었다.

지금 자신이 1억 원대에서 2억 원대의 전세로 거주하고 있다면 A씨와 같이 주변의 아파트 시세와 향후 전망을 파악하여 대출을 두려워하지 않는 과감한 투자를 할 필요가 있다. 또 그 투자에 성공하려면 거주지역 또는 투자하고 싶은 지역 내의 유능한 중개업소와 평소 친분을 쌓아 지역분석과 미래예측 정보에 항상 귀를 기울여야 한다.

 도시권 내에서의 재개발지역 집중 분석

많은 직·간접 경험과 발로 뛰는 노력만이 투자위험을 줄여준다. 1억 원대의 자금확보 상태라면 뉴타운 지역 및 일반 재개발지역 투자에 관심을 가질 만하다. 최근 강남권역으로 급부상된 거여, 마천지구 재개발지역의 경우, 송파 신도시 예정지와 인접한 유망 투자지역으로 문정지구의 법조타운 예정지, 장지지구 대단지 개발에 맞물려 대단위 건설이 추진 중인 곳이다.

또한 용산구 재개발지역과 한남뉴타운, 은평뉴타운, 상계뉴타운 지역 등 서울권역의 전 지역에서 투자처를 찾아 볼 수 있다. 1억 원 미만의 투자가 서울 인근지역의 수도권역에 집중된 투자였다면 1억 원 이상의 투자는 서울로의 진입이 가능한 상태로 아직 저평가된 재개발지역과 사업추진 진행단계가 초기상태인 단지나 구역으로의 진입이 가능한 것이 특징이다.

거여, 마천 뉴타운 재개발지역의 지분구성은 5~10평대의 빌라와 20~30평대의 단독주택으로 구성되어 있다. 이 중 소형 지분 평수인 약 10여 평대의 빌라 매매가격은 현재 2억 5,000만 원에서 3억 1,000만 원까지이다. 이 가운데 전세금액이 6,000만 원에서 1억 2,000만 원까지 형성되어 있어 실질 투자자본은 2억 원 정도가 가능하다.

거여, 마천지구는 지하철 5호선 거여, 마천역이 지역지구 중심부에 위치하고 있어 추후 개발이 완료되면 입주 시 역세권과 더불어 우량 상권이 형성될 수 있을 것으로 전망된다.

송파 신도시 개발이 완료되고, 분당, 판교 신도시와 인접하여 있는 지리적 입지조건 등으로 인해 최고의 인프라 구성이 가능하며, 미래형 웰빙 주거도시인 송파 신도시와 같이 성장할 수 있는 지역으로 꼽을 수 있다.

서울 한복판에 위치한 용산구 재개발 사업은 서울시의 뉴타운 지역으로 지정되어 재개발 사업면적이 확대됨으로써 추후 사업성이 클 것으로 예상된다. 특히 한강이 인접해 있어 조망권이 뛰어나다는 것이 특징으로 서울의 유망지역 중 한강변 아파트가 거론된 것은 이제 새삼스러운 이야기가 아니다. 경기변동에 상관없이 탄탄한 수요를 바탕으로 한강변 아파트들이 꾸준한 인기를 끌어왔다. 뒤쪽으로 남산을 끼고 전면에 한강을 한눈에 바라볼 수 있으며 도심과 강남까지 연결되는 3, 4호선의 환승이 가까이 있어 특급 주거지로 꼽을 수 있는 것이다.

최근의 부동산 투자 시 챙겨야 할 것 중의 하나가 조망권이다. 조망권의 가치는 아파트뿐만이 아닌 모든 부동산 투자를 선택하는 기준이 되어가고 있으며 강이나 바다가 보이는지의 여부에 따라 프리미엄에 상당한 차이를 보인다. 아파트의 거실에서 강을 바라볼 수 있는 입지의 경우라면 투자에 있어 보증수표나 마찬가지다. 동빙고동 재개발구역의 경우, 남산을 배경으로 한강이 내려다보이는 배산임수형의 자리이기 때문에 투자자들의 관심을 모으기에 충분한 지역이다. 재개발구역 준비단계인 동빙고동 재개발지역은 대지지분 10여 평대를 권하며 조합설립추진위 구성위가 구성된 한남 1, 2재개발구역도 매입해 볼 만한 지역이다.

한남 뉴타운 지역은 용산구 이태원, 한남, 보광동 일대 33만 5,000평을 주거중심형으로 개발하는 사업이다. 송파 거여, 마천과 함께 뉴타운을 대표하는 지역으로, 강북에서 한강조망이 우수하고 경사가 남향받이로 조성되며 후면에는 남산조망도 가능하다. 또한 용산 부도심개발계획에 따라 21만 평에 이르는 용산역 일대 개발이 가속화되고 동부이촌동과 연결되는 한남동 고급주택 주변 지역이라는 점도 매력으로 작용한다.

거래가 쉬운 소형 지분보다 향후 40평대를 배정받을 수 있는 물건에 실수요자들의 관심이 높으며, 40평대 이상을 받을 수 있는 대지지분 35평 이상 물건의 가격은 평당 1,700만 원 정도이다. 분할지분 기준으로 대지지분 10평 이하가 평당 2,200만 원, 15~25평은 2,000만 원대이다. 실수요자 입장에선 가능한 30평대 이상을 받을 수 있는 지분을 투자하는 것이 요령이며, 같은 지분일지라도 건물의 노후화, 위치 등을 비교 분석하여 평가금액이 높은 물건을 고르는 것이 바람직하다.

은평구 지역은 군사제한지역과 그린벨트 지역에 묶여 개발이 제한되어 왔다. 이렇다보니 북한산 전경 및 미관을 위해 다세대와 연립주택 위주의 주거 중심지역을 형성하고 있었으나 강남과 강북의 균형발전을 위해 2002년 1차 뉴타운 지역으로 선정되면서 여타의 뉴타운과 달리 리조트형 생태전원도시로 가속도를 내고 있다.

은평1지구까지는 통일로, 북한산길을 통해 인접도시와의 광역 접근성은 양호하나 서울 도심 출퇴근 차량으로 인한 교통수요 증가에 따른 정체가 심화되고 있으나 이를 개선하기 위해 뉴타운 개발과 함께 주요 접근로인 통일로의 폭 조정과 선형을 변경할 방침이다.

장흥 방면 지방도를 개발계획과 함께 조정하고 창릉천도로 20m(4차선) 진관외동지구 내부간선도로 25m(4차선) 등이 뉴타운과 함께 공사되어질 예정에 있다.

구파발에서 3호선 노선을 따라 한 정거장씩만 이동하면 지축역과 삼송역이 나타나는데 이들 지역은 서울 은평구와 일산의 중간 지점에 위치해 있고 은평 뉴타운과 마찬가지로 북한산 국립공원이 배후에 있다. 지축지구는 개발제한구역과 자연녹지지역이었던 지축동을 앞으로 아파트와 단독주택 등 5,870가구를 건립할 예정이며 계획인구는 1만 7,000여 명 수준이다.

노원구 상계 3,4동 일대 3차 상계 뉴타운 지구는 남양주시와 연결되는 서울 동북권 관문 중의 하나이다. 철거민 정착촌의 오랜 역사를 갖고 있는 이곳은 1973년 시작된 자력 재개발이 수십 년째 답보상태에 머물러 있어 가장 낙후된 지역으로 꼽힌다. 상계 뉴타운은 노후불량주택의 비율이 67.8%로 높고 무허가 주택들이 다수 건립되어 있어 열악한 주거환경을 가지고 있기 때문에 개발이 시급한 상황이다.

북쪽과 서쪽으로 수락산, 동쪽으로 불암산이 둘러싸여 4호선 종착역인 당고개역을 중심으로 자력 재개발 1, 2, 6구역과 희망촌 합동마을, 양지마을 등 집단 정착촌이 혼재해 있다.

주변 개발 호재로 지구 북쪽으로 일산 - 퇴계원간 서울외곽순환 고속도로가 2006년 6월 개통예정이고, 당고개길을 통해 연결되는 남양주 별내지구에 2만 1,000가구 규모의 미니 신도시급이 개발될 예정이다.

개발계획 • 쾌적한 주거공간 창출, 쾌적한 주거복지 복합단지조성, 도시기반시설 확충 및 도시환경정비, 자연생태 여건을 친환경적 도시공간으로 창출, 2006년에 뉴타운 개발 계획수립, 2007년 1월 뉴타운 사업 시행

 남이 잘 모르는 알짜 투자상품은
재개발지역 내 상가주택이다

재개발지역에 관심 있는 투자자들은 지역마다 다르겠지만 서울 일부 지역과 성남시의 경우 1~2년 전에 재개발 사업 추진 소문이

시작되어 가격반영이 안 된 지역이 있는데 불량 구시가지의 노후된 주택이나 빌라 연립들을 전세금을 공제하면 투자금 6,000~7,000만 원으로도 구입할 수 있었다. 그간 어느 정도의 상승은 있었지만 이 투자금액에 추가자금이 가능하다면 재개발구역 내 상가주택에 투자하는 것을 권하고 싶다.

상가주택은 일반적으로 1, 2층은 점포로 월세를 놓을 수 있으며 3층은 주택으로 임대할 수 있다. 재개발지역 내 대로변에 접한 초입에서 매물만 구한다면 재개발 주택 임대보다는 훨씬 많은 임대수익을 올릴 수 있으며 관리 면에서도 유리하다. 재개발지역 내 상가 및 부대시설의 공급은 용도가 상가, 점포, 근린생활 시설일 때 분양권을 받을 수 있다. 아파트를 공급받고도 재개발구역에 따라 다르긴 하지만 권리금액보다 남는 경우에 재개발구역 내 건립되는 최소면적의 분양가액을 초과할 때는 상가 분양권을 받을 수도 있다.

분양권을 받을 수 있는 상가주택의 소유자를 순위별로 보면,

1순위 기존 건축물의 용도가 분양 건축물의 용도와 동일하거나 유사한 시설이어야 하며, 세무서에 사업자등록을 필한 건축물의 조합원으로, 기존 건축물의 권리금액이 분양 건축물의 최소분양 단위면적 추정액 이상인 사람에게 공급이 가능하다.

2순위 기존 건축물의 용도가 분양 건축물의 용도와 동일하거나 유사한 시설의 건축물을 소유한 사람이거나 세무서에 사업자등록을 하지 않은 조합원으로, 기존 건축물의 권리금액이 분양 건축물의 최소분양 단위면적 이상인 사람에게 공급이 가능하다.

3순위 기존 건축물의 용도가 분양 건축물의 용도와 동일하거나 유사한 시설이어야 하며, 세무서에 사업자등록을 필한 건축물 조합원으로, 기존 건축물의 권리금액이 분양 건축물의 최소분양 단위면적 추산액에 미달되지만 공동주택을 분양받지 않은 사람에게 공급이 가능하다.

4순위 기존 건축물의 용도가 분양 건축물의 용도와 동일하거나 유사한 시설의 건축물 조합원이며 세무서에 사업자등록을 하지 않은 조합원으로, 기존 건축물의 권리금액이 분양 건축물의 최소 분양 단위면적 추산액에 미달되지만 공동주택을 분양받지 않은 사람에게 공급이 가능하다.

위 순서에서 나열했듯이 재개발구역 내에서 공부상 근린생활시설로 된 상가주택을 취득할 때에 권리가액에 따라 아파트와 상가를 전부 공급받을 수 있다.

재개발구역의 규모나 입지 그리고 개발 전 상가건물이 많을 때에는 순위경쟁이 예민하므로 구입 시에는 권리가액이 많은 건물을 취득해야 상가와 아파트 둘 다 분양받을 수 있다.

따라서 재개발지역 내 상가를 분양받기 위해서는 상가 수와 기존 상가건물 및 조합원 수 등에 따라서 향후 상가의 미래가치를 분석하여 기존 상가지분을 구입해야 할 것이다.

재개발이 추진되고 있는 성남시의 경우를 예로 들자면 대지지분 20평에 매매가격이 2억 1,000만 원이며, 전세금이 6,000만 원으로 투자금액이 1억 5,000만 원이 든다. 상가주택은 대지 20평에 2억 3,000만 원으로 보증금이 5,000만 원에 월 임대료가 50만 원이라고 하였을 때, 투자금액이 1억 8,000만 원으로 주택보다 3,000만 원이 더 들어가 초기 투자금액 면에서 볼 때 일반주택 쪽이 유리할 것으로 보인다. 그러나 월 임대료 50만 원을 매매가 2억 3,000만 원 중 보증금 5,000만 원을 제외한 1억 8,000만 원의 투자금액에서 1억 2,000만 원에 대한 이자수익(5%계산)으로 환산한다면 초기 투자금액은 겨우 6,000만 원 정도로 리스크 없는 투자가 가능한 것이다.

이렇듯 초기 자금 면에서도 유리한 위치에 있으며, 6,000만 원에 서울 접경에 있으면서 판교 및 송파 신도시, 문정동에 법조타운 등으로 인한 주변개발 호재로 주택수요 증가와 신강남권 확대 등 어떤 투자가치보다도 호재가 많다고 볼 수 있다.

재개발 사업단계 중 사업시행 인가단계에서 재산평가 시 근린상가가 주택보다는 평가액이 높게 책정되고 향후 상가로도 분양받을 수 있으며 높은 자산가치를 인정받을 수 있다.

같은 지역 내 투자물건도 좀 더 세밀히 관찰하고 연구를 한다면 이처럼 그 미래가치의 차이는 향후 투자자에게 큰 편차로 다가올 것이다.

 # 트리플 역세권
수진 1, 2구역을 주목하라

 ## 성남시에 상권의 최적 예상지 트리플 역세권이 있다

강남권의 신흥축으로 연결된 잠실에서 쭉 뻗은 대로를 따라 자족도시로 성공한 분당주거지역에 진입할 때는 판교 인근의 성남시를 지나게 된다. 성남의 수진1, 2동(수진1, 2구역)은 다른 재개발구역과 달리 위치적으로 태평역과 모란역을 거쳐 왕복 10차선 중앙로 수진역의 3개 지하철 역세권으로 둘러쌓인 요새지로 성남시의 재개발구역 중 좋은 입지를 갖고 있다. 또한 잠실과 분당 사이의 중간 대로변에 위치하여 향후 개발방식에 따라 주상복합의 후보지로 손색이 없는 유망지역이다.

또한 수진1구역은 수정구 수진1동 1000번지 일대로 대지면적이 6만 2,000여 평이다. 사업계획(안)에 따르면 임대 아파트를 포함하여 4,000여 세대 이상의 초대형 단지로 추진 중이다. 고도제한 완화 시 층수 상향조정이 가능하고, 구역지정 및 사업시행인가 시 변경이 있을 수도 있다. 추진위원회 동의서 및 구역지정 동의서를 제출하는 등 진행에 박차를 가하고 있다. 추진 초기에는 수복재개발로 지정되었으나 철거재개발로의 전환이 예정되어 있다. 때문에 재개발에 대한 사업성이 높아져 가격상승이 예상되는 지역이며, 단계별 구역에서 구역 순서와는 상관없이 주민동의가 완료되는 구역의 순서대로 사업을 시행하겠다는 성남시의 방침에 따라 사업성에도 영향을 미칠 것으로 보인다. 수진1구역은 현재 주민 동의율이 가장 높게 나타나고 있어 순조로운 사업진행이 이루어질 것으로 전망된다.

대지지분 20평의 주택 매매가는 현재 1억 7,000만 원대로 형성되어 있다. 입주하지 않고 매입한다면 전세금 7,000만 원을 공제한 1억 원 정도의 실투자금으로 가능하다. 재개발 사업진행이 전반적으로 초기단계에 있으므로 1단계로 시작한 단대동과 중동3구역보다 훨씬 저렴하여 사업추진 상황이 진척됨에 따라 수익성은 높아질 것으로 예상된다.

또한 수진2구역은 그동안 재개발 사업구역에 포함되지 않고 주거환경 개선방식으로 분류돼 용적률이 210% 이하로 선호도 및 사업성이 떨어진 지역에 속한 곳이다. 그래서 투자자의 발길이 뜸해 가격이 대지 20평 기준으로 1억 4,000만 원대로 위치에 걸맞지 않게 저평가된 지역에 속한다. 그러나 2005년 11월 성남시의 전반적인 재개발 기본계획 주민공람 시 재개발 추진순위 2단계 순위에 올랐고 개발 방식이 주택재개발 방식에서 용적률 250% 이하인 철거재개발 방식으로 전환됨에 따라 인기순위에 올라 대지지분 20여 평의 매매가가 1억 5,000~1억 6,000만 원대였다. 그러나 주민공람 후 가격이 5,000~6,000만 원 정도 급등한 지역으로 매물이 귀한 상태이다. 수진2구역 투자 적격자는 트리플 역세권의 장점으로 중소형 점포사업주의 창업 예정자에게 좋은 위치로 생각되며 향후 사업완료 후 입주 시에도 서울 진입이 10여 분대이면 가능하므로 고가의 서울지역 진출이 힘든 주택수요자들에게 적합한 지역임에 틀림없다.

부산의 대표적 아파트 단지인 수영구 남천동 일대에 삼익기존, 삼익빌라, 비치아파트, 타워아파트 4개 단지 재건축 바람이 불기 시작하면서 인접지역 아파트 가격도 동반 상승하여 과열조짐을 보이고 있다. 남천동 일대는 삼익기존아파트가 2006년 초 재건축 사업시행인가를 관할구청에 신청하여 사업인가와 함께 재건축 공사에 들어갈 예정이다.

이들 지역의 경우 2003년 태풍 "매미" 내습 이후 지반이 내려앉고 있다며 아파트 부지와 건물의 재건축이 필수라는 주장이 있어 안전과 미감을 살린 아파트 건설을 목표로 재건축을 추진 중이다.

또한 광안리 해안가에 위치한 남천삼익비치아파트 3천 60가구도 최근 일부 주민들을 중심으로 추진위원회를 구성하는 등 재건축 사업에 박차를 가하고 있다. 30평형 매매가는 1억 9,000만 원에 전세 7,000만 원으로 1억 2,000만 원의 현금투자로 대단지 재건축 아파트 입주를 기대할 수 있다.

삼익비치아파트도 투자수요가 몰리면서 한 달여 만에 43평형은 2,000만 원, 36평형은 500만 원 상승하였으며, 구체적인 재건축 추진이 이뤄지고 있지 않은 인근 삼익타워아파트나 뉴비치아파트 등도 동반 상승하고 있다. 삼익기존아파트는 4개 단지 중 제일 빠른 단지로 재건축 사업진행단계는 이주완료 분양단계이며, 기존 680세대에서 일반분양 300세대를 포함하여 총 신축세대는 34평형에서 64평형의 대형 평형까지 980세대로 탈바꿈한다. 재건축에 대한 기대심리로 삼익기존아파트의 경우 올 초 대비 27평형이 2억 3,000만 원, 32평이 2억 7,000만 원까지 형성되고 있어 27평형이 매매가가 2억 3,000만 원으로 조합원 이주비 7,100만 원을 합하면 현금투자비 1억 6,000만 원대로 매입할 수 있다. 재건축 추진이 더딘 삼익타워아파트의 21평형 매매가는 1억 5,000만 원에 전세 6,000만 원으로 현금 9,000만 원에 투자 매입할 수 있다.

두 번째로 사업추진이 빠른 삼익빌라는 현 800세대로 28평은 매매 2억 원에 전세 7,000만 원으로 현금 1억 3,000만 원이 소요된다.

투자처로 각광받는 뉴타운 사업지역

뉴타운 사업은 지역격차를 해소하고 체계적인 도시환경을 만들기 위한 사업이다. 민간주도의 개발이 도시기반시설에 대한 고려 없이 주택 중심으로 추진돼 난개발로 이어지는 문제점을 개선하기 위한 새로운 기성 시가지 재개발 방식이라고 할 수 있다. 주택 재개발이 민간개발 편의를 위주로 한 개별주택 중심의 소규모 개발이라면, 뉴타운 개발은 공공기관이 주도하는 민간사업으로 도시기반시설을 확충하는 종합적인 도시계획 사업이다.

서울시는 3차 뉴타운 및 2차 균형발전촉진지구의 개발기본계획 수립을 위해 해당 자치구에 모두 158억 원의 계획수립비를 지원하기로 했다. 그래서 성북구 장위, 노원구 상계, 은평구 수색 · 증산, 서대문구 북아현, 금천구 시흥, 영등포구 신길, 동작구 흑석, 관악구 신림, 송파구 거여 · 마천 등 뉴타운 9개 지구(847만m²)에 122억 원이 지원되는 등 빠른 진행을 보여 인근지역이 호재를 안고 있다.

광진구 자양, 중랑구 망우, 강동구 천호 · 성내지구 3곳(117만m²)에는 36억 원이 지원되며, 아직 지구 지정이 안 된 종로구 창신 · 숭인, 동대문구 이문 · 휘경 등 뉴타운 지구 2곳에 대한 지원규모는 추후검토 예정이다. 뉴타운 개발초기단계에 들어갈 지역 확대로 인근지역 무주택 서민들은 전세금에서 약간만 추가하면 내 집 마련과 함께 향후 사업단계 진행으로 인한 가격상승을 기대할 수 있으며 거주하면서 좀 더 큰 평형으로 이동할 수 있는 좋은 기회를 얻을 수 있을 것이라 생각된다.

왕십리 뉴타운 지역은 청계천 복원과 동대문 운동장 공원화 등 각종 호재를 안고 있어 강북지역의 투자가치 1순위로 손꼽히고 있다 .

왕십리 1구역은 성동구 하왕십리동 339-67번지 일대 총 10만여 평으로 230%의 용적률을 적용해 최고 25층 이하의 공동주택 1,842가구(임대 333가구)를 지을 예정이다.

왕십리 뉴타운 1구역 3만여 평을 주택재개발 정비구역으로 지정고시했으며 앞으로 재개발조합설립과 건축설계, 건축심의 등을 거쳐 조만간 사업시행인가를 앞두고 있어 꾸준히 거래가 된다. 1구역의 지분 13평 기준 매매가는 현재 2억 9,000만 원이므로 전세금 7,000만 원에 현금 2억 2,000만 원 정도로 투자가 가능하다. 최근 1년간 상승추이는 사업단계 진행으로 5,000~6,000만 원 상승했지만 향후 사업이 본격화되면 시청을 중심으로 을지로 퇴계로 변 상권지역 수요층들의 주거지로 예상된다.

신월, 신정 뉴타운 지역은 양천구 신월2동, 신월6동, 신정3동 일 대이고, 총 대지면적은 211,962평이다. 노후불량주택이 밀집되어 있어 공원, 학교 등 사회기반시설이 매우 부족하였으나 뉴타운 사 업이 진행되면서 종합적이고 체계적인 지역개발이 이루어질 것으 로 예상된다. 예상 세대 수가 전체적으로 7,000~8,000세대의 대단 지 군으로 형성되고 공공부분의 투자가 확대되어 도시기반시설이 확충되므로 더욱 쾌적하고 살기 좋은 주거환경이 제공될 것이다.

각 구역마다 예상 용적율은 200% 내외이며, 일반주거, 근린상 업, 준주거지역의 용도지역에 속해 있으며, 각 구역마다 계획 세 대 수는 약 1,000~1,400세대 정도이다. 주거중심형 사업으로서 현 사업단계는 기본계획안 확정승인 상태이고, 개발 방식은 주택 도시개발, 도시환경 정비사업, 지구단위계획 혼용이다. 이러한 계 획을 기반으로 현재 뉴타운 지역의 시세는 대지지분이 14평대의 연립주택은 2억 원대로 매물이 나와 전세금 6,000만 원을 공제하 면 실투자자금이 1억 4,000만 원 정도로 구입이 가능하다. 자금이 약간 부족하다면 매물은 귀하지만 간간이 지분 4~5평대의 소형 지분매물을 찾을 수 있다. 가격은 1억 원대로 전세금 2,500만 원 정도에 현금투자금 7,500만 원이면 구입이 가능하다.

양천구의 시책인 목동 신시가지(최근 시세가 강남권 가격에 육박 함) 수준의 주거환경을 조성하는 것으로 볼 때 투자수익 부분이나 차후의 주거가치 부분에서 매우 유리한 점이 있다. 교통여건은 지하철 5호선과 도심으로 가는 다양한 버스노선이 있으며, 남부순환로와 신월로, 강서로를 통해 강남이나 도심으로의 접근이 용이하다. 또한 지하철 2호선과의 연계와 주위에 간선도로가 위치하여 서울 남서측 주거중심지로 이목이 집중된다. 현재 부족한 근린공원시설을 보완하여 종합적 계획에 맞춰 1인당 3m² 이상의 공원녹지가 확보되고, 신정사거리역 인근에 시민광장과 녹지를 조성하여 휴식공간을 갖추고, 보행자 전용도로가 생기는 것으로 볼 때 보다 쾌적하고 질 높은 주거환경이 예상된다.

금호19구역의 위치는 성동구 금호동2가 990번지 일대로 면적은 1만 4,000평이고, 시공사는 삼성물산 건설부이다. 용적률은 229%로 예정 총 세대 수는 753세대이며, 예정평형은 25평(302세대), 33평(354세대), 42평(97세대)이다.

최근 성동구 일대에서 가장 활발한 재개발구역은 금호19구역이다. 다른 금호 재개발지구와 마찬가지로 성수대교, 동호대교, 강변북로가 위치해 강남과 강북을 잇는 교통요지이고, 한강 조망권이 뛰어난 것이 장점이다. 교육시설 접근성이 우수함은 물론 성수대교 건너 현대백화점, 갤러리아백화점 등이 있어 다른 재개발지구에 비해 뛰어난 입지환경을 자랑한다.

또한 지하철 5호선 신금호역이 도보 7~8분 거리에 있어 역세권 아파트라는 프리미엄과 조망권 아파트라는 프리미엄 두 가지 모두를 누릴 것으로 예상된다. 게다가 소비자 선호도가 가장 높은 브랜드인 삼성래미안으로 건립될 예정에 있어 향후 입주 후에도 다른 아파트들에 비해 우위에 서 있을 것으로 예상된다.

아직 평형대 배정에 따른 지분과 권리가격이 결정되지는 않았지만 인근 중개업소에서는 현재 25평형 배정 예상으로 지분이 7평대 이상 매물가격이 1억 2,000만 원대로 전세금 4,000만 원을 공제하면 현금 8,000~9,000만 원으로 투자하여 새 아파트로의 진입이 가능할 것으로 예상된다.

또한 33평형대 배정은 전세금을 공제하고 대략 현금 1억 3,000~1억 5,000만 원의 초기투자로 구입 가능할 것으로 예상된다. 인근으로 금호13구역, 금호15구역 등의 재개발이 추진되고 있어 금호19구역과 더불어 대규모 신규 아파트 건립이 이어질 것으로 보인다. 전반적인 입지여건이 우수한 만큼 내 집 마련 및 실소유 투자자들에게 지속적인 인기가 예상된다.

옥수12구역의 위치는 서울 성동구 옥수동 505번지 일대로 총 대지면적은 2만 3,000여 평이며, 용적률은 218.18%이고, 건립 총 세대 수는 1,280세대 정도이다. 옥수12구역은 한강변 일대의 대표적인 재개발지역으로 일찍부터 많은 수요자들의 관심을 모아오고 있으며, 시세 역시 전반적으로 지속적인 상승세를 이어오고 있다. 또한 재개발 지분투자의 경우 로얄층 배정에 따른 한강 조망권 프리미엄이라는 추가적인 혜택까지 누릴 수 있으므로 내 집 마련을 생각하는 실소유자 및 투자자들의 높은 관심을 모으고 있는 실정이다. 구역마다 배정 대비 지분평수는 각각 다르지만, 33평형대 배정은 대략 대지지분

15평대 이상이 가능하리라 예상된다. 15평 지분 매물은 귀하지만 2억 3,000~2억 4,000만 원대로 전세금이 5,000~6,000만 원으로 형성되어 실구입자금이 2억 3,000~2억 4,000만 원이면 구입이 가능하다. 현재 이 일대 시세는 신규 아파트 기준으로 34평이 약 4~5억 원, 40평대는 약 6~7억 원 선에서 형성되고 있으며, 수요자들의 높은 관심으로 향후 지속적인 가격 상승세가 기대되고 있다. 재개발 투자에 따른 신규 아파트 분양이 가지고 있는 장점이라고 할 수 있다.

옥수13구역은 성동구 옥수동 526번지 일대이며, 구역면적은 3만 7,000여 평으로 예상 용적률은 215.23%, 건폐율은 15.78%로서 예정 총 세대 수는 2,056세대이다. 16~25층, 28개동으로 하고, 예정 평형분포는 14평 임대(240세대), 26평(732세대), 34평(788세대), 44평(184세대), 54평(112세대)이다. 시공사는 대림산업으로 선정됐으며 사업진행단계는 구역지정 준비 중이다.

옥수13구역은 한강 조망권 확보와 금호역 도보 5분 거리라는 역세권 아파트로서의 장점, 그리고 2,056세대의 대규모 단지라는 특징 등 주거선택 및 투자 3박자를 고루 갖춘 재개발구역이라 할 수 있다. 현재 재개발 지분시세는 기대가치가 큰 만큼 지속적인 상승곡선을 나타내고 있으며, 향후 재개발 사업이 가시적으로 추진되어 이에 따른 지분시세의 상승도 기대된다.

하지만 아직까지 구역지정 등 재개발 사업의 기초적인 단계에 있는 만큼 단기적인 접근보다는 장기적인 관점에서 신규 아파트 입주까지 고려한다는 측면에서의 투자가 필요하다.

천호 뉴타운은 서울시 강동구 천호동 362-60번지 일대의 지역이며, 면적은 약 12만 4,000여 평으로서 2,780세대 정도로 예상하고, 주거중심형 뉴타운 사업 유형이다.

주택재건축 정비예정구역의 용적률은 190~235%, 주택재건축 개발예정구역은 190~240%(평균 235%), 도시환경정비 예정구역은 350~500%로 기본계획이 짜여져 있다. 계획세대를 6,400여 세대로 예정하고 있는 대형 아파트군들이 형성될 것으로 예상된다. 이 지역 일대에는 무분별한 노후불량 건축물이 많아 슬럼화된 상태다. 재산상의 가치상승과 안락하고 쾌적한 주거환경을 위해 뉴타운 개발사업으로 거듭나야 하며, 강남지역 뉴타운이라는 호재가 천호 뉴타운의 밝은 비전을 제시한다.

천호지역은 강동구의 상권 중심지로 자리잡고 있으며 대형 백화점과 할인점이 접해 있어 향후 뉴타운 개발사업이 완료된 시점에는 새로운 주거지역으로 각광받을 것으로 예상된다.

그러나 예전에는 강남과 동떨어진 지역으로 푸대접을 받은 것 또한 사실이다. 하지만 이제 송파구는 법조타운의 이전으로 인한 수혜지역으로 부상하고 4만 6,000세대의 송파 신도시 발표, 제2롯데월드의 112층 건축계획 등으로 폭발적인 주택수요와 상권창출의 기대로 부풀어 있다. 따라서 강동구도 강남권으로 인식돼 향후 개발 예정사업들의 진행으로 인한 부가가치는 아주 클 것으로 예상된다.

뉴타운 지역의 매물은 지분이 14평대로 형성된 다세대 빌라로 구성되어 있다. 매매가격은 3억 1,000~3억 2,000만 원대이며 전세금 8,000만 원을 끼고 구입한다면 현금 2억 3,000~2억 4,000만 원이면 투자가 가능하다. 또한 8평 정도의 소형지분은 매매가격이 1억 8,000만 원이므로 전세 7,000만 원에 현금 1억 1,000만 원이면, 강동구 대표 상권지역이며 새롭게 태어날 주거지역에 진입을 해볼 수 있다. 뉴타운 지정으로 인한 개발로 작년에 약 5,000만 원 정도 상승은 하였지만 최근 주변 아파트 지역 상승에 비하면 아직 저평가된 지역이다. 강남권과 강북권 중 지하철 2, 5호선권역에 출퇴근하는 실수요층에 적당할 것으로 예상된다.

정비방법에 따라 구역구분의 계획

구 분	면적(㎡)	정비 방향	구성비율(%)
계획정비구역 (전략사업구역)	48,316	도시환경 정비사업	11.7
계획관리구역 (개발예정구역)	231,490.6	개발시기(2009~)가 도래할 때까지	56.2
자율정비구역	132,193.4	존치구역 및 최근 신축 지역은 자율적으로 정비 (지구단위계획으로 관리)	32.1

신림1구역은 인근에 지하철 2호선 신림역이 자동차로 10분 거리인 준역세권 아파트 지역이다. 시흥대로나 남부순환로를 이용할 경우 도심 진출이 용이하다. 특히 아파트 입주 직후인 2008년 강남 순환도시고속도로가 개통되면 서울대에서 과천까지 10분이면 도달할 수 있다. 이외에도 경전철종점 예정지다. 관악산으로 인해 3면이 숲으로 둘러싸인 쾌적한 환경을 가졌으며, 요즘과 같이 조망권 프리미엄이 인정받는 시기에 인기를 끌 수 있는 아파트이다. 관악산을 끼고

분양된 안양시 비산동 삼성래미안아파트 프리미엄이 보통 1억 원 이상 되는 점을 감안하면 그린빌아파트도 향후 높은 프리미엄이 기대된다. 용적률 239%, 건폐율 16%로서 총 세대 수는 3,322세대이고, 43개동 20층에 평형은 24평(860세대), 34평(1,340세대), 44평(590세대)이고, 사업진행단계는 2003년에 공사를 착공하여 현재는 거의 완료되어 2006년 10월경 준공 예정이다. 조합원 지분가격은 34평형이 2억 8,000~3억 3,000만 원으로 매물거래가 되는 점을 감안한다면 금년 가을 입주로 투자기간이 짧은 것이 장점이며, 대략 시세차익을 예상한다면 7,000만 원대 이상을 보너스로 얻을 수 있다.

대단지로의 입성과 함께 입주 후의 가치도 향유할 수 있다는 점에서 장기보다는 입주 예정이 빠른 수요층에게 더없이 좋은 기회라 여겨진다. 또한 대형단지에다 저밀도로 지어지는 만큼 공원이라 불릴 정도의 쾌적한 주거여건을 가질 것으로 예상된다. 기존의 편의시설에 속하는 롯데백화점, 강남고려병원, 관악성심병원 등을 이용해도 불편은 없겠지만, 아파트 입주시점에서 단지 내 상가나 주변상가 등에 생활편의시설이 대거 들어서면서 전반적인 생활여건은 더욱 좋아질 것으로 예상된다.

신림4구역 · 8구역은 이번 뉴타운 3차 단계로 지정돼 있으며 대지지분 20평대는 2억 1,000~2억 3,000만 원으로 구입하여 입주할 수 있으며 투자 시에는 전세금이 약 7,000~8,000만 원으로 1억 5,000만 원이면 구입이 가능하다. 따라서 사업추진단계가 진행되어 추후 30평대나 40평대로 진입할 수 있다면 관리처분 시 결정되는 추가분담금을 지불하고 배정이 가능하므로 25평대보다는 33평형대 이상이 수요자의 선호나 입주 후의 가격형성에 유리할 것이다. 또한 평당가에서도 훨씬 높게 평가받기 때문에 배정평형 전략도 구입 못지않게 중요하다.

대흥3구역의 위치는 서울 마포구 대흥동 60번지 일대이며, 면적은 28,275m²이고, 용적률은 210%이다. 총 세대 수는 562세대로 시공사는 엘지건설이며, 사업단계는 구역지정을 준비 중이다.

3구역은 빌라와 구옥의 단독주택으로 구성, 빌라는 지분평당 1,800~2,000만 원 가격으로 형성되어 15평 지분은 3억 원대 매물로 거래되고 있다. 구옥은 평당 1,400만 원대로 형성되어 있다. 그러나 구옥은 노후로 인한 임대가격이 22평 기준 매매가가 3억 1,000만 원인데 비해 4,000만 원도 채 안 돼 투자자금이 많이 투입되고 구입 후 관리비용도 많이 들어가므로 구입 시 유지관리가 잘 된 집을 선택하도록 한다.

대흥2구역의 위치는 서울 마포구 대흥동 12번지 일대로 면적은 67,000m²이고, 용적률은 190%이다. 계획예정 총 세대 수는 1,226세대로 시공사는 롯데건설이며, 사업단계는 구역준비 중이다. 도로가 닿는 주택은 평당 1,000만 원대로 형성되어 있으며 도로 진입이 힘든 곳은 상대적으로 가격이 저렴해 급매물은 평당 700만 원 안쪽으로도 협상이 가능하다. 그러므로 발품을 팔아서라도 급매물을 잡는 지혜를 발휘하면 수익성을 더욱 향상시킬 수 있다.

아현2지구(재건축)는 용적률 287.51% 이하, 총 세대 수는 1,942세대이다. 사업단계는 조합설립인가단계이며, 시공사는 풍림건설로 선정됐다. 아현3동의 위치는 서울 마포구 아현동 633번지 일대로 면적은 64,000m²이고, 용적률은 210%로 예상 총 세대 수는 3,787세대이며, 사업단계는 구역지정 준비 중이다.

아직 급격한 상승이 없는 관계로 주택은 평당 1,100만 원대로 형성되어 있다. 20평 기준매물은 2억 2,000만 원대로 전세금액이 5,000만 원이며 실투자금은 1억 7,000만 원으로 구입이 가능하다. 매물구입 시 신축년도가 오래되지 않은 물건도 간간이 볼 수 있는데 그런 매물은 전세금액이 많이 들어있어 투자자금이 적게 들고 구입 후 보유 시에도 유지비용이 절감된다. 또 재임차 시에도 우선적으로 임대가 용이하다. 추후 매도 시 좋은 가격으로 매매가 성사되는 장점이 있기 때문에 최초 구입 시 적지 않은 노력이 요구된다.

 서울 뉴타운 1·2·3차 유망지역을 알아본다

정비방법에 따라 구역구분의 계획

1차 지역		2차 지역		3차 지역	
뉴타운명	해당구	뉴타운명	해당구	뉴타운명	해당구
은평	은평구	미아	강북구	상계	노원구
길음	성북구	중화	중랑구	장위	성북구
왕십리	성동구	전농/답십리	동대문구	휘경/이문	동대문구
		천호	강동구	창신/숭인	중구

1차 지역		2차 지역		3차 지역	
뉴타운명	해당구	뉴타운명	해당구	뉴타운명	해당구
		한남	용산구	거여/마천	송파구
		노량진	동작구	흑석	동작구
		영등포	영등포구	신림	관악구
		신정	양천구	시흥	금천구
		아현	마포구	신길	영등포구
		가좌	서대문구	수색	은평구
		교남	종로구	북아현	서대문구

※ 소액으로 투자할 경우 2 · 3차 지역 중 사업추진이 덜 진행된 구역으로 급매물을 찾아 구입할 수 있다.

 재건축 사업이란?

정비기반시설은 양호하나 노후불량주택이 밀집한 지역에 주거환경의 개선에 목적을 두고 시행하는 사업을 재건축 사업이라 한다. 한마디로 기존 주택의 소유자가 재건축조합을 설립해 노후불량주택(단독주택이나 아파트)을 헐고 새로운 주택을 자율적으로 건설하는 것이다. 재건축 대상구역을 알아보자.

공동주택

건축물의 일부가 멸실되어 붕괴 등의 안전사고가 우려되는 지역과, 재해 등이 발생할 경우 위해의 우려가 있어 신속히 정비사업을 추진할 필요가 있는 지역, 그리고 기존 또는 건설 예정 세대 수가 300세대 이상이거나 면적이 1만 m^2 이상인 지역이다.

🔵 단독주택

  기존의 단독주택이 300호 이상 또는 면적이 1만m² 이상인 지역
으로 도로 등 정비기반시설이 충분히 갖추어져 인근지역에 정비
시설을 추가로 설치할 필요가 없어야 한다. 정비기반시설이 미비
한 경우라도 이를 정비사업 시행자가 부담하여 설치하는 경우는
가능하다. 또한 노후불량 건축물이 당해 지역 안에 있는 건축물
수의 2/3 이상이어야 하고, 당해 지역 안의 도로율을 20% 이상
확보할 수 있어야 한다.

🔵 주택재건축 사업절차

사업준비단계	사업추진단계	사업완료단계
기본계획 수립	재건축조합설립 인가	이주 및 철거 착공
⬇	⬇	⬇
재개발 정비 사업 구역 지정	사업시행계획 승인	분양 및 착공
⬇	⬇	⬇
추진위 설립 인가	시공사 선정	입주 및 조합 해산 (청산)
⬇	⬇	
안전진단	관리처분계획 인가	

※ 단계별 세부 내용은 재개발 사업 절차와 같으며 재건축에서는 안전진단이 추가 단계로 포함
   된다.

안전진단

종전보다 강화된 내용이다. 기존까지 안전진단은 세밀하지 않은 점에 착안하여 도정법에 따라 새롭게 규정되었다. 안전진단은 설비, 구조, 주거환경, 경제성 등 구체적인 항목을 지정했다.

안전진단 신청 추진위원회는 해당 시장, 구청장에게 안전진단을 신청한다. 안전진단을 수행하는 기관은 시설물 안전관리에 관한 특별법에 따른 안전진단 전문기관이나 시설안전기술공단, 한국건설기술연구원 등이다. 이 때 시도지사가 필요하다고 판단한 경우, 예비 안전진단 이전에 사전평가를 할 수 있다.

예비 안전진단에서는 안전, 설비, 주거환경 세 항목에 대해 최소 5인의 전문위원이 평가하며 전원 합의제로 결정한다. 단기(2일)에 실시하는 만큼 경제성 분석 부분은 제외된다. 예비 안전진단 결과 평가위원들은 안전진단 실시와 '유지보수' 둘 중 한 가지 판정을 내린다.

예비 안전진단을 실시하고 이를 통과하면 곧 본 안전진단을 실시한다. 다만, 시도지사는 재건축 사업으로 인해 주변지역 주택가격 또는 주택임대차 가격이 상승하거나 주택에 대한 투기가 우려되면 안전진단 실시시기를 조정할 수 있다. 예비 안전진단 평가위원회가 표본을 선정해 구조, 설비, 주거환경 등 예비 안전진단에서 평가된 항목 이외에 경제성 분석도 추가해 종합적으로 안전진단을 실시한다. 안전진단 결과 재검토 안전진단이 통과되면 시도지사는 이의 적정성 여부를 평가할 수 있다.

재건축 허용 여부 결정은 시장, 구청장 등이 안전진단 평가 위원회의 결과 보고를 통해 재건축 허용 여부를 판정한다.

안전진단 기준 구조안전 45%, 설비성능 30%, 주거환경 10%, 경제성 15%로서 30점 이하 재건축, 31~55점 조건부 재건축, 56점 이상 유지보수를 한다.

*조건부 재건축 _ 안전에는 문제가 없으나, 설비·주거환경 또는 비용 분석결과 재건축으로 지정되는 것으로 시·도지사, 시장·군수·구청장이 주택가격 동향 및 지역여건 등을 고려하여 재건축 시기를 결정(시도지사, 시장·군수·구청장간 이견이 있는 경우 시도지사의 결정에 따름)한다.

✺ 재건축의 매도청구

재건축에 참가하는 구분소유자 등이 재건축 결의에 불참한 구분소유자에 대해 일정한 법적 절차를 거쳐 구분소유권의 매도를 청구하는 권리이다. 구분소유자 중 한 사람이라도 재건축에 동의하지 않으면 사업진행을 적법하게 진행하기 어려우므로 구분소유관계로부터 합법적으로 배제시키는 절차이다.

매도청구권은 재건축 결의 후에 발생하며 일반적으로 조합설립인가 후 소송을 제기하게 된다.

 재건축 투자자가 꼭 알아야 할 사업추진 방식

도급제 방식

구분	도 급 제	
	변동도급제	확정도급제
개념	■시공사에 정해진 건축비만 지급, 모든 중요 결정권은 조합이 가지며, 사업추진 시 발생할 위험과 추가 이익은 조합원의 몫 ■사업지연, 건축규모(용적률 인하)축소, 금리급등, 특수토목비(암반 등), 미분양 발생 등 위험 조합원 부담	■시공사 선정 시 시공사가 제시한 공사비를 확정지어 공사비에 따른 조합원 추가 부담을 방지하는 방식 ■건축비가 확정되어 조합원 추가 발생요인이 감소하여 안정적으로 사업진행 가능
장점	■조합원이 사업 주체가 되며 최대한 개발이익을 창출하여 조합원에게 나누어 줄 수 있음	■가장 비중 있는 공사비가 확정되므로 안정적인 사업추진 가능(조합원 부담금 예측 가능)

구분	도 급 제	
	변동도급제	확정도급제
단점	■관리처분 시까지는 부담금 미확정 ■경기변동 시 위험 부담이 클 수 있음 ■반대자들의 사업방해로 사업이 지연될 경우 금융비용 추가부담 및 건축비 인상으로 부담금이 가중될 수 있음	■사업이 지연되어 시공사가 제시한 금액으로는 시공이 불가능할 때(물가상승 등) 부실공사 우려 (품질의 문제발생)
단점 및 문제점 해결 방법	■사업 초기에 보다 정확한 수지분석으로 예상분담금을 산출하여 알려주고, 분쟁을 예방하여 사업 지연으로 인한 추가부담금 발생을 최대한 억제하거나, 피해액을 원인 제공자(사업방해, 이주거부자)에게 부담	■품질을 보장받을 수 있도록 계약서에 마감재 시공품목 등 첨부 ■CM(건설사업관리) 시스템 도입
채택 시 유리한 경우	■금리안정 또는 인하가 예상되는 경우 ■경기안정 또는 상승 ■용적률 예측 가능(안정) 시 ■조합원간 분쟁이 적은 경우 ■분양가 자율화(추가이익 발생 가능성 높음)의 경우 ■저물가 시대	■조합원간 분쟁이 심한 경우(사업 지연) ■경기 불안정 ■대규모 지구단위계획 지구(용적률등 사업계획 미정)
기타	■시공사 선호	■시공사 기피

지분제 방식

구분	지 분 제	
	변동지분제	확정지분제
개념	■시공사는 일정한 무상 지분율을 약속하고 사업을 맡아 추진하면서, 추가 이익은 시공사가 가져가고, 발생할 위험 중 미분양에 따른 위험 외에는 대부분 조합원이 위험을 부담하게 되어, 추가부담금이 생김으로써 많은 분쟁 발생	■사업 초기 시공사는 일정한 무상지분을 조합원에게 약속하고 사업을 맡아 추진하며, 장래 발생할 위험과 추가 이익은 시공사의 몫 ■장래 발생되는 모든 위험을 시공사가 부담(추가 부담 없음)
장점	■특별한 장점이 없는 제도	■안정적인 사업추진이 가능(사업초기에 조합원 부담금이 확정됨)

구분	지분제	
	변동지분제	확정지분제
단점	■대부분의 위험은 조합원이 부담(도급제와 비슷), 추가 이익은 시공사의 몫 ■대부분의 지분 재계약이 변동지분제로 이루어지고 있음에도 불구하고 조합원에게는 확정지분제인 것처럼 도모하여 추가부담금 발생시 엄청난 분쟁이 발생	■추가 이익 발생이 확실시되는 경우 조합원 피해 ■시공사의 계약기피로 확정지분제 계약이 어려운 실정이나 최근 과열경쟁으로 일부 사업장 특히 고밀도지구(중/고층) 사업장에 확정지분제 계약이 이루어지고 있음 →사업추진이 어렵게 될 것으로 예상(용적률 인하)
단점 및 문제점 해결 방법	■조합원에게 변동지분제의 문제점을 확실히 알려줌으로써 혼란을 예방하고 올바른 선택을 할 수 있도록 함	■가이익 귀속에 대한 원칙(시공사 몫)을 상세히 설명하여 선택을 도움 ■품질을 보장받을 수 있도록 계약서에 마감제 시공목목 등 첨부 ■CM(건설사업관리) 시스템 도입
채택 시 유리한 경우	■경기불안정(미분양 등) ■기타 위험의 경우 도급제와 같이 조합원이 부담지분제로서의 특별한 장점이 없음	■금리불안(급등 가능성) ■경기불안정(미분양상태 등) ■용적률 변동(인하) 예상 ■조합원간 분쟁이 심한 경우(사업지연) ■분양가 비자율화의 경우 ■고물가 시대(인플레이션)
기타	■시공사 선호	■시공사 기피

※ 일반적으로 도급제 보다는 지분제를 선호하며 사업 초기에 조합원 부담금이 확정돼 안정적인 사업추진이 가능한 확정지분제를 선택하는 추세

실거주가 아니라면 매매 최적 타이밍을 찾아라

부동산 개발 호재에 따라 타이밍과의 싸움은 절대적으로 중요한 기회라 생각해야 한다. 개발을 발표했을 때, 착공했을 때, 완료했을

때, 가격이 오른다고 볼 때 가장 적절한 타이밍을 판단하는 것은 각자의 여건이나 상황에 따라 다르다.

재건축 부분에서 예전에는 사업승인만 되면 가격이 폭등하였던 시절이 있었으나 지금은 정책에 의해서 재건축의 투자여건과 시기가 달라지기 때문에 타이밍이야말로 재테크의 결과물이다.

부동산 투자원리 3가지 즉 종자돈, 타이밍, 정보 중에 가장 중요한 것이 타이밍이다. 종자돈은 그 다음 단계이고, 정보는 또 그 다음 일이다. 타이밍을 못 맞췄을 때 얻을 수밖에 없는 불이익이나 투자실패는 허다하게 많다.

아파트에 대한 강한 가격규제로 인해 가격 보합이 길어졌다면 아파트의 통상적인 계단식 상승이 나타나지 않고 일직선을 유지한다. 아파트 가격의 일직선 유지는 한계가 있다. 일반적인 아파트 가격 상승곡선은 어느 정도 보합하다가 다시 상승하고 보합하는 형태가 일반적이다. 그러나 규제에 의해서 이 보합의 기간이 상당히 길어졌다면 바로 이때가 매입할 타이밍이라는 것을 염두에 두어야 한다.

특히 강남의 아파트 가격규제에 의해서 꾸준히 이러한 단계로 가격이 오르지 않고 있다면 더욱 더 매입해야 하는 타이밍인 것이다. 재건축 아파트의 폭등 이유 중의 하나가 지금까지 계속적인 재건축 관련 규제책에 의해 가격상승이 보합을 유지하고 있었기 때문이다. 강남은 재건축개발이익환수제, 소형의무형평, 안전진단 강화, 조합원 지위 양도금지, 주택거래신고제 등의 정책들에 의해 규제가 이루어졌다. 투자가치가 많은 지역에서는 사업진행단계에 따라 아파트가 올라가는 폭은 기다린 만큼 상승한다고 보아야 한다. 보합을 유지하고 있는 기간이 길어지면 길어진 만큼 상승한다는 것이 부동산 투자원리 3가지 중 타이밍의 원리이다.

1억 원대로 가능한 투자상품
- 1~2억 원 미만

투자유망 재개발지역 현황

2006년 2월 말 기준 (단위 : 만 원)

소재지	구역명	지분 (평)	사업진행 단계	매매가	실투자비
성남시 단대동	단대구역	20	시공사 선정	21,000	13,000
성남시 단대동	단대구역	8	시공사 선정	19,500	10,500
성남시 단대동	단대구역	19	시공사 선정	26,000	16,000
성남시 단대동	단대구역	22	시공사 선정	26,400	18,900
성남시 단대동	단대구역	22.5	시공사 선정	23,000	10,000
성남시 단대동	단대구역	18	시공사 선정	25,000	13,000
성남시 단대동	단대구역	19	시공사 선정	26,500	17,700
성남시 단대동	단대구역	22	시공사 선정	26,000	16,000
성남시 수진동	수진구역	20	추진위	24,000	15,000
성남시 수진동	수진구역	17	추진위	21,500	13,500
성남시 금광동	금광1구역	20	추진위	21,000	13,000
부천시 괴안동	괴안1-1구역	21	기본계획수립	19,000	13,000
부천시 괴안동	소사뉴타운	24	기본계획수립	15,000	11,000
부천시 괴안동	소사뉴타운	24	기본계획수립	19,000	13,000
부천시 괴안동	소사뉴타운	22	기본계획수립	14,000	11,000
부천시 괴안동	괴안1-1구역	19	기본계획수립	16,000	11,000
부천시 괴안동	괴안1-2구역	24	기본계획수립	15,000	10,000
서울시 상계1동	상계뉴타운	29.9	기본계획수립	26,500	19,500
서울시 상계동	상계뉴타운	20.7	기본계획수립	13,000	12,000
서울시 상계동	상계뉴타운	15.58	기본계획수립	22,500	17,500

※ 투자처가 여러 곳일 때는 최인근 동일 평형대 금액과 비교하여 높은 금액으로 형성된 곳의 재개발구역으로 매입하면 사업이 완료되어 입주하는 시점의 가격도 높게 형성된다.

투자유망 재건축지역 현황

2006년 2월 말 기준 (단위 : 만 원)

소재지	아파트명	평형	사업진행단계	매매가	실투자비
서울시 길동	신동아1차	19	재건축 결의	20,000	12,000
서울시 길동	신동아1차	24	재건축 결의	26,000	17,000
서울시 이촌2동	중산	12	추진위 구성	14,750	11,000
서울시 이촌2동	중산	15	추진위 구성	19,500	16,000
서울시 송파동	반도	18	재건축 결의	26,500	20,000
안양시	진흥	15	재건축 추진	14,000	10,000
안양시	진흥	18	재건축 추진	15,500	10,500
안양시	진흥	25	재건축 추진	24,000	17,000
안양시 석수동	석수주공2단지	15	사업승인	18,500	15,500
안양시 석수동	석수주공3단지	13	사업승인	14,500	12,000
성남시 신흥2동	신흥주공	23	안전진단통과	25,500	17,000
성남시 신흥2동	신흥주공	25	안전진단통과	27,750	19,000
고양시 성사동	주공1단지	13	사업승인신청	12,500	10,500
고양시 성사동	주공1단지	15	사업승인신청	15,000	12,500
고양시 성사동	주공2단지	13	사업승인신청	14,700	12,700
고양시 성사동	주공2단지	15	사업승인신청	17,800	15,000
고양시 성사동	주공2단지	17	사업승인신청	21,000	19,500
과천시 원문동	주공2단지	8	추진위 구성	23,000	19,500
고양시 주교동	원당주공1단지	17	시공사 선정	17,500	14,000
고양시 주교동	원당주공1단지	20	시공사 선정	20,000	16,000
부천시 괴안동	동신	25	재건축 추진중	18,500	11,000
부천시 약대동	주공	14	재건축 추진중	19,500	16,000
고양시 성사동	주공1단지	13	재건축 추진중	13,300	12,000
고양시 성사동	주공2단지	20	재건축 추진중	24,500	19,800
부산시 남천동	삼익(기존)	27	이주 및 철거	25,500	17,000
부산시 해운대구	중동주공	13	조합설립인가	11,000	
부산시 해운대구	중동주공	15	조합설립인가	14,500	

※ 1억 원대의 투자금액은 가능한 초기 단계일수록 유리하다. 그만큼 재건축 기대가치가 가격으로 반영이 안 돼 저렴한 금액으로 구입해서 보유 또는 거주하면서 상승하는 단계를 만날 수 있기 때문이다.

 # 능력있는 중개사 선택이
행복을 좌우한다

부동산의 다양한 종목들을 거래할 때는 필수적으로 그 방면에 전문가인 중개업자를 이용하게 된다. 변호사, 회계사, 법무사 등 각 방면에 전문가들이 많이 있지만, 그 전문가들도 자기 영역에서 업무처리 능력에 따라 상·중·하로 등급을 매길 수 있다. 전문가의 능력에 따라 일의 결과는 크게 달라지며, 이를 아는 이들은 유능한 전문가를 찾게 된다. 질병을 치유하려면 유명한 전문의를 찾아가야 하듯이 고가의 경제재인 부동산을 거래할 때 중개사를 선택하는 부분은 특히 신중해야 한다. 전 재산이 중개사의 능력에 따라 좌우될 수도 있고 중개사의 투자 노하우에 따라 결과는 엄청난 차이를 보이는 경우가 있기 때문이다.

이렇게 신중하게 선택해야 하는 유능한 중개사 그리고 중개업계의 선두 역할을 하는 21세기형 중개업소를 옥석을 가려 선택하는 것이 중요하다. 그러면 VIP로 대접받을 수 있는 중개업소 선택 노하우에 대해 알아보자.

1. 유능한 중개업소를 찾아라

우선 자신이 거주하는 지역에서 신뢰도가 높고 오래된 중개업소를 선택한다. 한 지역에서 오래된 중개업소는 그 지역만이 가지고 있는 특성을 파악하고 있어, 입지분석과 정책흐름에 따른 거래의 적정시점을 꿰뚫고 있다고 볼 수 있다. 실제 방문해서 상담해보면 일반적인 중개업소와 현저한 차이점을 발견할 수 있다. 주먹구구식으로 지역이 좋다고 매수만 권유하는 일반 중개업소와 달리 전반적인 사업단계별 투자분석에서 향후 수익성까지 지역별로 예측·비교하여 투자를 권유한다.

2. 중개업소는 한 곳만 거래하라

부동산 계약서 중에는 전속계약서라는 것이 있는데 '어떤 매물을 특정 공인중개사 사무소에만 일정기간 의뢰하는 것'을 말한다. 이것은 잘만 이용하면 장점이 많은 방법이다. 요즘에는 중개업소간의 매물공유로 한 곳에서도 매물파악을 할 수 있는데, 경험이 부족한 사람들은 매수의뢰를 여러 곳에 하는 경우가 많다. 그러다보니 여러 업소에서 한 매물주인에게 전화하여, 매수고객이 많은 걸로 오해를 한 매도인은 오히려 값을 올리게 되는 경우도 있다. '당신에게만 믿고 의뢰한다'라는 한마디에 중개사는 좀 더 여유를 가지고 좋은 우량상품을 선별하여 고객에게 권유할 것이다.

3. 전문가로 인정하고 중개업자를 칭찬하라

누구든 인정받을 때는 최선을 다하게 된다. 시각의 방향 자체가 달라지게 되는 것이다. 일부 고객이긴 하지만 중개업자가 제일 싫어하는 고객은 누구일까? 어떤 물건을 권유했을 때 어떤 피해의식으로 "그건 부동산 업자들이 늘상 하는 얘기죠!"라는 멘트로 일관하는 사람이다. 이젠 고객도 성숙된 의식을 가지고 부동산 투자를 종합응용과학으로 평가해야 할 때이다. 그 분야의 최고로 인정해

주는 손님을 위해 중개업자는 자신의 모든 것을 걸고 능력을 발휘할 것이다.

인간은 칭찬에 약하다. 일단 정해진 지역에서 자신에게 유리한 상품을 선점하기 위해서는 적절한 노력을 해야 한다. 노력여하에 따라 좋은 상품을 만들 수 있듯이 중개업자는 자신을 칭찬해 마지않는 손님을 위해 최상의 상품을 조달하고 싶어한다. 같은 비용을 내고 대접을 받으며 최상의 상품을 제공받는 데 칭찬 한마디면 충분하다.

4. 배려하는 마음으로 역지사지(易地思之), 중개사의 입장에서 한 번 생각할 수 있다면?

지금 중개업계의 현장에서 선두적 우위를 점유하는 중개사들은 고객을 왕처럼, 그리고 항공기에 프리미엄 일등석을 마련해놓고 대기하며 최상의 대접(고객에게 더 큰 가치 제공)을 할 만반의 준비가 되어있다. 고객도 중개사를 선택하듯이 중개사들도 고객과의 거래 중에 느끼는 인성과 매너로 고객의 점수를 매겨 보기도 한다. 정말 투자에 성공하기를 원한다면 한 번쯤 중개사의 입장에서 생각해보자. 가령, A손님은 가격만 묻고도 불평일색이고, B손님은 중개사의 브리핑을 경청하고 긍정적으로 접근해 사업계획상의 절차 등을 세심히 물어 조언을 구한다면 중개사의 입장에선 B고객에게 열과 성을 다할 것이다.

정상을 달리는 중개사들은 전체적인 지역분석으로 개발사업에 대한 청사진과 현시점에서의 진행과정 그리고 과거, 현재, 미래가치에 대한 합리적 예측을 통하여 매수 타이밍을 알려줄 것이다.

매수의사가 있는 손님일 경우 중개사의 입장이라면 B손님에게 열심히 상품에 대해 알리고자 할 것이다. 이것이 중개사의 입장인 것이다.

어떤 일이든 상대편에서 생각하고 배려한다면 모든 사업은 계획대로 순탄하게 이루어질 것으로 생각한다.

5. 거래성사 후 매너를 유지하라

자신이 의도한 대로 만족한 거래가 됐다면 중개업자도 열과 성을 다한 것이다. 부동산은 고가의 경제재이므로 설령 좀 아쉬운 점이 있다 해도 긍정적인 사고와 넓은 마음으로 매너를 보이는 것 또한 중요하다.

중계업계는 부동산 유통환경과 관련 업무 영위의 규제 해소라는 과제가 있지만 예전과 달리 현재의 중개업소는 지자체가 정한 수수료 규정을 잘 지키고 있다. 얼마의 수수료를 아끼는 것도 중요하지만 더욱 중요한 것은 고객과 중개업자의 인연이 시작되는 것이므로 신뢰가 바탕이 된다면 향후 거래 시에도 부동산 방향과 정책흐름을 파악하여 매도 매수 타이밍 정보를 알려줄 것이다. 그러므로 고객은 본인이 전문가로 인정하고 선택한 중개사를 자신의 개인 투자고문으로 대접할 수도 있지 않겠는가? 한 번의 작은 거래로 인연이 시작되어 기억에 남는 고객에게 보답할 수 있는 투자가치 높은 컨설팅으로 연결된다면 자신의 노후에 크게 기여할 수도 있기 때문이다.

2억 원 자본으로
우량지역을 골라 투자한다

2~4억 원 미만

　2억 원의 자본력이라면 지속적인 소액투자 등으로 인한 성공 경험이 바탕이 되어 자금의 여력이 어느 정도 풍부한 투자자들인 경우가 대부분이다. 이 투자자들은 항상 투자에 대한 관심을 끊지 않고 투자 대기상태에 있는 이들이라 해도 지나친 말은 아닐 것이다.

　나름대로 부동산 투자에 대한 마인드가 확고하여 투자처 선별이 까다로우며 각종 부동산 정책에 예민할 뿐만 아니라 투자에 대한 반응도 놀라울 정도로 날카롭다. 부동산 투자자들을 금액별로 구분했을 때 제일 까다로운 투자층이기도 하다. 프라이드가 강한 2억 원대의 투자자들에게 권하고 싶은 상품은 강남, 송파, 강동지역 등의 대지지분이 크고 사업성이 좋은 재건축지역과 재개발지역이다.

　또한 2억 원의 자금이면 최근 정부의 다주택 보유자에 대한 세금 강화로 인하여 추가 주택구입은 양도세 중과대상이라는 부담감으로 이어지므로 재건축, 재개발 단지 내 상가지역에 투자하여 자신의 포트폴리오 구성에 주력할 것을 권한다. 이들 재개발, 재건축 단지 내 상가의 경우 매입 당시는 임대수익률이 저조하여 높은 수익을 기대하기 어렵지만 재건축, 재개발 사업 완료 후 신축 대단지화로 전환될 경우 유입인구의 증가로 인해 높은 임대수익률을 얻을 수 있다.

노른자위 재개발지역을 골라라

2억 원의 자금력은 일반서민들이 접근하기엔 부담스러운 금액이다. 이 정도의 자금으로 투자할 수 있는 재개발지역은 전국 어디에서나 가능하다고 볼 수 있으며, 미래 상승가치가 높은 지역을 골라서 투자할 수 있다. 따라서 상승여력이 높은 서울 인근지역에 투자해도 리스크가 적다. 송파 신도시, 거여 · 마천, 성남시 등 어느 곳이라도 노른자위 재개발지역을 골라서 투자할 수 있다.

송파 신도시는 205만 평(송파구 78만 평, 성남시 84만 평, 하남시 43만 평) 땅에 4만 6,000가구 신도시 개발로, 주둔 중인 군부대 이전이 불가피함에 따라 신도시에 27만 평 규모의 군 복지 타운도 조성된다. 건설교통부(이하 건교부)는 송파 신도시에 중대형 아파트 40%를 배정, 강남 수요 흡수를 목적으로 동시에 이 지역을 주택공영 개발지구로 지정, 전체 물량의 50% 이상을 임대주택으로 공급하기로 하였다. 용적률을 200%로 하여 공급되는 4만 6,000가구는 단독주택 800가구, 공동주택 4만 1,700가구(주상복합 3,500가구 포함), 연립주택 200가구 등이다.

주변 교통환경의 경우 지하철 5호선과 8호선을 연계하기 위해 복정역과 산성역 사이에 새로운 역사를 신설하고 신도시 내에는 노면전차와 경전철을 도입하는 방안을 검토 중이다. 주변지역의 도로망 확장을 위해 헌릉~우남로간 고가차도가 신설되고, 헌릉~우남로 8차선 확장 및 송파 IC 개선 작업도 예정되어 있다. 세곡동 사거리~수서역 도로도 8차선으로 확장된다. 건교부는 6월까지 택지개발예정지구 지정절차를 완료하고 군부대 이전상황 등을 감안해 2009년 착공예정으로 아파트 분양을 추진할 계획이다.

송파 신도시의 경우, 서울 경계에 위치한 만큼 중·고밀도로 개발하여 청량산, 남한산성과 조화를 이루는 "미래형 웰빙 주거도시"를 조성한다는 것이 정부의 구상이다. 인근지역에 장지택지지구, 문정지구, 거여·마천 뉴타운 개발을 추진하고 있어 송파 일대가 미래형 웰빙 주거단지로 조성될 전망이다.

 ## 환금성과 상승여력이 높은 재건축 아파트를 고르자

재건축 아파트의 가격을 주도하는 지역은 강남권역과 송파구, 강동구, 과천시, 수원시, 성남시, 군포시, 부산지역 등이다. 재건축 아파트에 투자할 경우 가격을 주도할 수 있는 재건축 단지를

고르는 것이 요령이다. 또한 투자자의 개인 선호도에 맞는 금액별 투자가 가능하므로 가치가 높은 투자처를 분석, 선별투자를 해야 한다. 과천지역의 경우, 서울로의 진입이 매우 빠른데다 쾌적하고 풍부한 녹지공간이 있어 주거입지조건으로 최적지라는 점에서 투자하기 좋은 지역이라 할 수 있다.

송파 신도시 건설계획 발표 이후 거여 · 마천 뉴타운 개발과 함께 관심이 증폭되고 있는 지역이 성남 신흥동에 위치한 주공아파트이다. 서울 장지동과 맞닿아 있고 영장산이 둘러싸여 있어 자연친화형 아파트이며 22개동 2,208세대 대단지이다. 건축된 지 19년이 넘어 2008년 준공을 목표로 재건축 사업이 준비 중이다. 남한산성역 역세권이면서 서울까지의 진입시간은 5분 거리이다. 23평~33평형으로 형성되어 있고 25평의 경우 대지지분율이 20.5평으로 매우 높다. 현재 구조 안전진단이 조건부로 통과된 시점이며, 자기자본 1억 5,000만 원~3억 원 정도면 투자가 가능하다.

현재 강남의 대체지역으로 각광받고 있는 송파구에서도 가장 활발한 재건축 사업을 추진 중인 반도아파트는 건축된 지 23년이나 되었다. 영동개발에서 대형 평형으로 리모델링을 추진하고 있는 936세대의 삼익아파트, 1,320세대의 한양아파트, 재건축 완료로 입주한 845세대 삼성래미안 등 주변이 아파트군으로 형성되어 있다. 현재 사업진행단계는 예비 안전진단을 통과하고 정밀 안전진단을 진행 중이다. 송파대로와 지하철 3호선, 8호선으로 교통여건의 사통팔달지역이며, 교육환경으로서는 중대초등학교, 가락중학교, 가락고등학교, 잠실여자고등학교 등 명문학군이 있다. 반도아파트는 750세대로서 소규모 단지의 장점인 주민들의 동의율이 높아 재건축이 추진되기 좋은 여건을 가지고 있다.

이 아파트는 750:750 즉 1:1 재건축에 속하며, 18, 22, 24, 29평의 4종류 평형에 각 5평을 추가하여 현재 분양평형을 전용면적으로 계획하며 추가부담비는 시공사와 저가로 협의 중이다.

용적률은 3종 주거지역의 경우 210%로 정부에서 정하였으나 230%로 책정 받은 몇 안 되는 단지 중 한 곳으로 임대분양분까지 합하면 250%의 용적률에 가깝다. 18평형에 매매가는 2억 9,000만 원으로 전세자금 9,000만 원을 공제하면 실투자금은 2억 원 정도이다. 재건축지역 투자자본으로는 적은 금액이기 때문에 재테크를 겸한 실입주 희망 수요자층이 투자하기에 적합하다. 향후 재건축이 추진되어 신축 아파트 입주시점이 되면 주변의 장지, 문정, 거여, 마천 등의 재개발지역과, 최근 급부상한 제2롯데월드의 수혜지역으로 가세할 경우 가치는 더욱 높아질 것으로 예상된다.

지역별 아파트 가격 상승추이

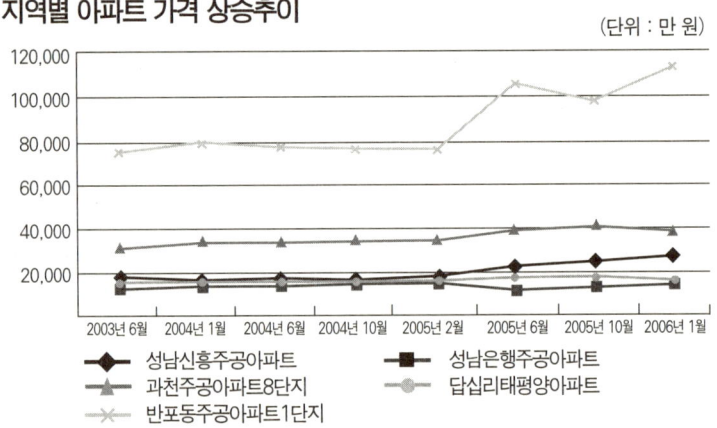

(단위 : 만 원)

※ 2003년 말 강한 규제로 보합 유지하다 2005년 초 재건축 완화 움직임으로 상승함

 고덕, 상일지구
재건축 단지를 알아본다

　강동지역의 대표적 재건축 단지가 몰려있는 고덕 · 상일지구 8
개 단지는 기존 세대 수만 1만 1,000여 세대가 넘는 초대형 단지
로 포진되어 있다.

　단지 규모와 평형에 지분내역을 비교평가한 뒤 재건축 추진사업
단계를 살펴보고 우량지역을 선택할 수 있다. 그 중 강동구 고덕
동 499번지 일대에 위치한 주공1단지가 가장 빠르게 진행 중이다.

　조합설립 인가를 받은 상태이며, 이주를 예전에 한 단지로 부대
비용은 발생되지만, 기존 780가구에서 총 1,136세대로 예정됐으
며 현대산업개발이 시공사로 선정되었다. 임대주택을 포함하여
25~65평형으로 설계돼 강동구의 신규 재건축 물량을 공급, 수요
자들의 관심을 끄는 지역이다.

　고덕 · 상일지구 단지들의 평형대비 대지지분과 재건축 사업진
행단계 단지의 건설사 현황을 알아보자.

투자유망 재개발지역 물건현황

2006년 2월말 현재

단지(세대수)	평형	세대수	건물평수	토지평수	사업단계	시공사
고덕1단지 (780)	13	390	11.89	22.31	조합설립 인가	조합설립 인가
	15	390	14.19	26.89		
고덕2단지 (2,600)	11	34	9.97	17.14	정밀 안전진단	LG / 삼성
	13	210	11.89	20.23		
	14	261	12.58	21.63		
	15	240	14.19	24.39		

단지(세대수)	평형	세대수	건물평수	토지평수	사업단계	시공사
고덕2단지 (2,600)	16	1,141	14.70	25.31	정밀 안전진단	LG / 삼성
	18	714	16.87	29.00		
	16		14.70	25.76		
	18		16.87	29.58		
고덕3단지 (2,580)	11	38	9.97	15.73	정밀 안전진단	현대 / 대림
	14	472	12.58	19.85		
	16	1,367	14.70	23.24		
	18	703	16.87	26.61		
	16		14.70	22.39		
	18		16.80	25.36		
고덕4단지 (410)	16	239	14.70	23.34	정밀 안전진단	현대산업
	18	171	16.87	26.80		
	16			27.14		
	18			31.16		
	16			20.55		
	18			23.59		
	16			21.40		
	18			24.57		
고덕5단지 (890)	18	340	16.87	22.06	추진위	
	21	260	19.69	25.98		
	24	145	22.89	30.20		
	27	145	25.42	33.78		
고덕6단지 (880)	18	321	16.87	23.92	추진위	포스코 / 두산
	21	259	19.69	28.12		
	24	168	22.89	32.43		
	27	132	25.42	36.27		
고덕7단지 (890)	18	375	16.87	25.79	추진위	대림
	21	305	19.69	30.31		
	24	117	22.89	35.10		
	27	93	25.42	39.25		
고덕시영 (2,500)	13	800	10	17.00	정밀 안전진단	삼성 / 현대
	17	1,000	13	21.60		
	19	500	15	24.60		
	22	200	18	29.60		

※ 고덕, 상일지구는 대지지분과 사업추진단계도 중요하지만 역세권 및 생활편의시설의 접근성
에 따라 가격평가의 차별화를 형성한다.

 # 우량 재건축 아파트를 고르자

조합원 거주자 비율이 높아야 사업진행이 빠르다_재건축 추진 아파트에 거주하는 비율이 높아야 사업진행이 빨라진다. 소유주 거주비율을 조사하긴 힘들지만 중개업소나 재건축 조합사무실에 문의하여 알아볼 수 있다. 재건축 사업은 조합원 총회나 동의서를 받는 절차가 필수적이므로 조합원 거주자 비율이 높은 곳일 경우 주민들 사이에서 재건축 사업에 대한 공감대가 형성되면 재건축 속도가 한층 빨라질 수 있다.

대지지분이 많은 아파트를 골라라_일반적으로 층고가 낮은 저층 아파트의 경우가 대지지분이 넓다. 층고가 높을수록 조합원 수가 많으며 대지지분도 적다. 대지지분은 조합원이 무상으로 분양받을 수 있는 평형을 결정한다. 대지지분이 많아야 기존 단지의 용적률은 낮으며 대지지분 소유자가 많은 이익을 얻을 수 있다.

브랜드의 인기가 높은 시공사에 따라 프리미엄이 달라진다_브랜드의 인기가 높은 시공사를 선정한 재건축 단지가 프리미엄이 높다. 조합원 입장에선 지명도 높은 건설업체가 시공을 맡아야 가격이 상승하고 입주 후 프리미엄 형성에도 유리하며 사업 추진이 신속하게 이루어질 수 있다.

공시지가를 비교하여 비싼 곳을 골라라_ 자산가치 계산 시 공시지가의 높고 낮음에 따라 가격 차이를 보인다. 공시지가가 높은 지역이어야 분양가가 높게 책정되며 조합원 권리가액 즉 자산가치가 높아 개발이익이 많아진다.

전세가 비율이 높은 재건축 아파트에 투자하라_ 매매가 대비 전세가 비율이 높은 재건축 아파트의 경우 초기 투자비용을 적게 투자할 수 있어 자금순환에 유리하다. 전세가 비율이 높다는 것은 전세수요가 높은 지역을 의미하므로 세입자 유치에 대해 걱정할 필요가 없다.

넓은 평형이 적은 단지에서 가장 큰 평형을 사라_ 넓은 평형 세대 수가 적은 단지에서 가장 큰 평형을 사게 되면 재건축 사업 시 큰 평형을 분양받을 확률이 높아진다. 무상지분 평형이 클 경우 큰 평형을 원하지 않는다면 오히려 환급받는 경우도 생길 수 있다.

재건축 추진단지에 기반시설이 완비된 곳이 유리하다_ 지대가 높거나 진입도로가 좁고 동네 한가운데에 위치한 단지는 입지심의, 건축심의도 까다롭고 주민 민원이 많이 발생해 추진에 어려운 점이 많다. 단지로 통하는 소방도로가 없거나 단지로 진입하기 어려울 경우, 기존 진입도로를 넓히기 위해 주변 땅을 매입해야 한다. 이때 재건축 조합원들의 개발 이익은 줄고 부담은 가중된다. 기반시설 및 도로가 갖추어져 있는 곳이라고 할지라도 공공시설 용지 부담이 낮은 곳을 선택해야 한다.

사업부지면적이 넓은 대단지 아파트를 골라라_ 해당 재건축 사업부지면적이 넓은 아파트는 브랜드 지명도가 있는 건설사가 수주를 맡을 확률이 높다. 또한 대지면적이 넓어야 주차장 등 기반시설을 충분히 확보할 수 있는 등의 대단지 프리미엄을 얻을 수 있다.

추진 가능한 용적률인지 검토해보라_ 건교부나 시의 정책과 다르게 재건축 계획이 잡혀있는 경우가 있다. 예를 들어 시는 용적률을 200%로 계획하고 있는데 재건축 계획은 250% 이상으로 과다하게 책정되었다면 조합원 부담금이 훨씬 늘어날 것은 당연한 일이다. 시공사의 터무니없는 조건을 내건 경우도 있으므로 유의해야 한다.

세대 수가 많다는 것은 조합원이 많아진다는 뜻이다_ 작은 평수가 집중되어 있거나 아파트 동간 간격이 좁으면 그만큼 세대 수가 증가하게 되는 것이다. 세대 수가 많다는 것은 조합원이 많아진다는 뜻이고 사업성이 낮아져 각 조합원에게 돌아가는 대지지분도 적어진다.

재건축추진위원회가 결정되는 단계부터 가격상승이 시작된다_ 재건축 사업추진 아파트의 가격상승이 시작하는 시점은 추진위원회가 결정되는 시기이다. 재건축에 대한 주민동의가 서서히 이루어지면서 재건축에 대한 기대심리가 작용, 아파트 가격상승을 부추기게 된다.

안전진단 통과, 재건축조합설립 인가시점에 다시 한 번 상승의 효과를 누릴 수 있다 _ 재건축사업 단계 중 안전진단 통과는 재건축 사업이 본격적으로 시행된다는 의미를 가지며, 조합설립 인가를 계기로 사업추진이 확실시 되어가면서 안전성이 확보되므로 투자자로부터 높은 점수를 받게 된다.

사업계획승인단계와 시공사선정단계에 가격이 정점에 다다른다 _ 추진위원회 결의 동의서를 시작으로 가격이 서서히 상승하기 시작한다. 그러나 사업계획승인단계를 계기로 가격이 급상승하기 시작한다. 사업계획승인 후에는 어려운 관문은 다 통과된 관계로 인근지역이 아닌 타지역 지방 등에서 투자자들이 몰리기 때문이다.

2억 원대로 가능한 투자상품
– 2~4억 원 미만

투자유망 재개발지역 현황

(단위 : 만 원)

지역	구역명	지분(평)	사업진행단계	매매가	실투자비
성남시 산성동	산성구역	32	구역준비	40,000	21,000
성남시 산성동	산성구역	36	구역준비	34,500	27,600
성남시 금광동	금광1구역	43.2	구역준비	45,000	27,500
성남시 금광동	금광2구역	33	구역준비	45,000	20,200
성남시 단대동	단대구역	28	시공사 선정	36,000	24,500
성남시 단대동	단대구역	33.3	시공사 선정	40,000	28,000
성남시 상대원동	상대원3구역	39	구역준비	28,000	20,000
성남시 수진동	수진제1구역	37	조합설립추진위	35,000	27,200
성남시 수진동	수진제1구역	24.41	조합설립추진위	29,000	24,500
성남시 수진동	수진제2구역	19	조합설립추진위	25,000	22,500
성남시 태평동	태평1구역	42	구역준비	28,500	23,000
과천시 부림동	주공9단지	18	추진위	43,000	31,000
과천시 부림동	주공9단지	25	추진위	55,000	37,000
성남시 신흥2동	신흥주공	25	안전진단통과	30,000	21,000
성남시 신흥2동	신흥주공	31	안전진단통과	45,000	34,000
성남시 신흥2동	신흥주공	33	안전진단통과	51,000	38,000
성남시 단대동	단대구역	30	시공사 선정	35,000	20,000
성남시 단대동	단대구역	20	시공사 선정	22,500	22,500
서울시 상왕십리동	왕십리뉴타운3구역	13	구역지정	26,000	20,000
서울시 상왕십리동	왕십리뉴타운3구역		구역지정신정	36,500	24,500
서울시 상왕십리동	왕십리뉴타운3구역	9.5	구역지정신청	31,000	21,000

※ 재개발지역의 구역 선택 시는 서울 접경 지역은 서울 진입이 좋은 위치가 유리하며, 서울 지역 내에서는 강북, 강서권 지역보다는 강남, 송파, 강동지역이 호재가 많아 향후 가격을 주도하게 된다.

투자유망 재건축지역 현황

(단위 : 만 원)

소재지	아파트명	평형(평)	사업진행단계	매매가	실투자비
서울시 송파구 신천동	진주	25	추진위 구성	51,000	34,000
송파구 신천동	장미2차	28	추진위 구성	58,000	38,500
송파구 송파동	반도	22	안전진단	36,000	28,000
송파구 송파동	반도	25	안전진단	41,000	31,000
강남구 서초동	신동아1차	29	안전진단통과	54,500	39,000
강남구 서초동	무지개	25	안전진단통과	48,000	35,000
강남구 방배본동	삼호1차	26	조합설립인가	44,250	30,000
강남구 반포동	삼호가든1,2차	21	사업승인	39,500	29,000
강남구 반포동	삼호가든1,2차	22	사업승인	40,250	28,000
서초구 잠원동	한신4차	33	안전진단 통과	68,500	26,000
서초구 잠원동	한신8차	17	추진위 구성	32,000	20,000
서초구 잠원동	한신2차	22	추진위 구성	47,500	33,000
과천시 부림동	주공9단지	16	추진위 구성	32,000	27,000
의왕시 내손동	대우사원주택	18	사업승인	38,000	34,000
의왕시 내손동	라이프	26	사업승인	34,000	31,000
수원시 인계동	주공	16	공사 중	28,000	20,000
수원시 권선동	주공	15	공사 중	18,000	13,000
수원시 권선동	주공	16	공사 중	19,000	14,000
고양시 성사동	주공2단지	20	사업승인신청	24,500	20,500
서울시 강동구 길동	신동아1차	34	재건축 결의	40,000	25,000
강동구 길동	신동아3차	33	재건축 결의	39,000	25,500
강동구 고덕동	시영	13	안전진단	29,000	25,000
강동구 고덕동	시영(한라)	17	안전진단	39,000	34,000
강동구 고덕동	주공2단지	11	안전진단	30,000	26,000
강동구 고덕동	주공2단지	13	안전진단	37,000	33,000
강동구 고덕동	주공2단지	14	안전진단	39,000	34,000
강동구 상일동	주공3단지	11	안전진단	31,000	27,000
강동구 상일동	주공3단지	16	안전진단	46,000	38,000
강동구 상일동	주공4단지	16	안전진단	35,000	33,000
강동구 상일동	주공5단지	18	안전진단	40,000	31,000
강동구 상일동	주공6단지	18	안전진단	41,000	34,000
강동구 상일동	주공7단지	18	안전진단	43,000	34,500
강동구 둔촌동	주공1단지	7	정비구역	25,750	21,000
강동구 둔촌동	주공1단지	16	정비구역	45,520	38,000
강동구 둔촌동	주공2단지	16	정비구역	45,520	38,000
강동구 둔촌동	주공3단지	23	정비구역	44,520	33,000
강남구 개포동	주공1단지	11	조합설립 인가	39,000	35,000

(단위 : 만 원)

소재지	아파트명	평형(평)	사업진행단계	매매가	실투자비
강남구 개포동	주공2단지	8	조합설립인가	25,520	21,000
강남구 개포동	주공3단지	11	정비구역	41,500	35,000
성남시 신흥2동	신흥주공	28	안전진단통과	36,800	26,000
성남시 신흥2동	신흥주공	31	안전진단통과	41,500	29,000
성남시 신흥2동	신흥주공	33	안전진단통과	48,250	37,000
과천시 중앙동	주공1단지	16	추진위 구성	42,500	31,000
과천시 중앙동	주공1단지	18	추진위 구성	50,000	37,000
과천시 별양동	주공6단지	16	재건축 결의	38,750	31,000
과천시 원문동	주공2단지	16	추진위 구성	48,750	39,000
과천시 원문동	주공2단지	18	추진위 구성	58,000	39,000
부천시 약대동	주공	19	재건축 추진중	26,000	20,500
부천시 약대동	주공	22	재건축 추진중	31,000	25,000
군포시 산본동	구 주공	14	재건축 추진중	31,000	27,000
군포시 산본동	구 주공2단지	19	재건축 추진중	43,000	37,000
부산시 수영구	삼익(기존)	32	이주 및 분양 단계	29,000	20,000

※ 재건축 사업진행으로 인한 투자가치 실현도 중요하지만 기타 조건 즉, 신도시 건설 인근 단지
나 지하철 추가계획 및 주변 호재의 시너지 효과를 볼 수 있는 곳이면 더욱 좋다.

사업진행단계별
맞춤형 투자지역을 알아본다

앞에서 투자유망 지역을 우선으로 소액에서 실거주 및 재테크로
가능한 알짜상품을 소개하였다. 서울을 비롯한 수도권 내 지역 지
방도시까지 재건축, 재개발 그리고 뉴타운 1, 2, 3차 지역으로 다
양한 투자처를 안내하였다. 그러나 일부 투자지역에 대한 소개가
미진한 점을 고려하여 사업단계별 재건축 단지 안내와 재개발 및
뉴타운 구역을 상세히 알아보자.

지역의 선택과 적정한 금액으로 투자자의 실거주 입주시기에 따라 이주 또는 철거시점에 매입하여 빠른 입주를 도모할 수 있다. 중장기투자계획이라면 사업초기단계인 추진위 구성시점이나 재건축 결의시점에 결정할 수 있도록 사업단계별 단지를 선택할 수 있다.

재건축사업단계별 추진단지 현황

(단위 : 만 원)

소재지	아파트명	평형(평)	매매가	사업단계
서울시 서초구 반포동	경남	24	48,500	추진위 구성
서초구 방배본동	삼호1차	26	44,250	추진위 구성
서초구 방배본동	삼호3차	47	77,500	추진위 구성
강동구 상일동	고덕주공6단지	18	39,000	추진위 구성
송파구 신천동	장미1차	33	68,500	추진위 구성
서초구 서초동	우성1차	43	92,000	조합설립인가신청
서초구 서초동	우성2차	33	67,500	조합설립인가신청
노원구 월계동	동신	24	13,500	조합설립인가신청
송파구 신천동	진주	33	70,000	추진위 구성
영등포구 양평동	신동아	22	17,750	추진위 구성
성동구 옥수동	한남하이츠	28	36,000	추진위 구성
용산구 원효로4가	산호	15	20,000	추진위 구성
송파구 신천동	진주	29	61,000	추진위 구성
강남구 역삼동	개나리5차	34	68,500	안전진단통과
강남구 역삼동	개나리6차	31	64,500	안전진단통과
광진구 자양동	자양	18	27,000	안전진단통과
서초구 잠원동	한신2차	22	47,500	안전진단통과
서초구 잠원동	한신4차	33	67,500	안전진단통과
강서구 화곡동	양서1단지	31	48,000	안전진단통과
서초구 서초동	무지개	39	81,500	안전진단통과
서초구 서초동	신동아1차	29	54,500	안전진단통과
영등포구 신길6동	남서울	22	21,500	안전진단통과

소재지	아파트명	평형 (평)	매매가	사업단계
서울시 강남구 도곡동	삼익	52	91,000	안전진단통과
서초구 반포동	삼호가든3차	35	59,000	안전진단통과
강남구 삼성동	상아3차	35	60,000	안전진단통과
노원구 상계동	주공8단지	11	13,300	안전진단통과
강동구 상일동	고덕주공3단지	11	27,500	안전진단통과
노원구 공릉동	현대	28	22,500	안전진단통과
강남구 도곡동	삼익	35	54,500	안전진단통과
강남구 개포동	시영	10	30,000	안전진단통과
강남구 개포동	주공3단지	11	40,000	안전진단통과
강동구 고덕동	고덕주공2단지	11	31,250	안전진단통과
강동구 고덕동	고덕한라시영	17	40,000	안전진단통과
강동구 고덕동	고덕현대시엉	22	64,500	안전진단통과
노원구 공릉동	현대	32	31,000	안전진단통과
서초구 반포동	삼호가든3차	36	60,000	안전진단통과
강남구 삼성동	상아2차	40	80,000	안전진단통과
노원구 상계동	주공8단지	15	23,200	안전진단통과
강서구 화곡동	양서1단지	31	48,000	안전진단통과
용산구 이촌1동	왕궁	32	70,000	추진위 구성
광진구 자양동	한양	46	85,000	추진위 구성
서초구 잠원동	한신11차	25	49,000	추진위 구성
서초구 잠원동	한신8차	17	32,000	추진위 구성
강남구 대치동	은마	31	73,000	재건축 추진
중랑구 묵동	장미	32	21,000	재건축 결의
송파구 송파동	반도	22	38,000	안선신난
관악구 신림9동	관악	24	16,000	재건축 결의
광진구 중곡동	중곡	18	12,000	재건축 결의
강남구 도곡동	개포럭키	31	60,000	안전진단
강동구 둔촌1동	둔촌주공1단지	7	25,500	정비구역지정
강동구 둔촌1동	둔촌주공3단지	34	74,500	정비구역지정
용산구 이촌1동	한강맨션	32	88,000	안전진단
용산구 이촌2동	강변	24	26,000	안전진단
강남구 일원동	대우	32	95,000	안전진단신청
부산시 동래구 낙민동	한양	32	16,500	조합설립인가

소재지	아파트명	평형(평)	매매가	사업단계
전북 익산시 모현동	주공	13	3,500	조합설립인가신청
대구시 동구 신천동	코스모스	16	6,500	조합설립인가신청
대구시 동구 신천동	효신	19	7,200	조합설립인가신청
전북 익산시 어양동	어양1차	10	3,700	조합설립인가신청
부산시 사하구 괴정동	신동양	26	11,200	사업계획승인신청
부산시 사하구 다대동	주공1단지	14	10,000	사업계획승인신청
충남 천안시 신부동	주공2단지	10	6,500	사업계획승인신청
부산시 영도구 영선동	영선	11	3,500	사업계획승인신청
부산시 북구 화명동	화명주공	11	11,300	사업계획승인신청
부산시 북구 만덕동	주공	16	15,000	이주 및 분양 단계
충북 청주시 사직동	주공3단지	17	8,800	이주 및 분양 단계
대구시 서구 중리동	중리주공	17	11,200	이주 및 분양 단계
대전시 중구 태평1동	주공2차	17	8,000	이주 및 분양 단계
대구시 달서구 성당동	성당주공	17	11,000	이주 및 분양 단계
대구시 달서구 상인동	송현주공1단지	17	19,000	이주 및 분양 단계
대구시 수성구 시지동	한우	18	9,600	이주 및 분양 단계
경남 마산시 교방동	주공	18	11,740	이주 및 분양 단계
대구시 수성구 신매동	삼두	18	10,000	이주 및 분양 단계
부산시 북구 덕천동	덕천대진	19	8,965	이주 및 분양 단계
대구시 달서구 상인동	송현주공1단지	20	22,000	이주 및 분양 단계
부산시 북구 덕천동	덕천대진	19	8,965	이주 및 분양 단계
대구시 수성구 신매동	삼두	20	22,000	이주 및 분양 단계
대구시 수성구 신매동	삼두	20	11,000	이주 및 분양 단계
대구시 수성구 시지동	로얄한우	20	10,500	이주 및 분양 단계
부산시 수영구 남천동	삼익(기존)	22	20,000	이주 및 분양 단계
대구시 서구 중리동	중리주공	22	16,800	이주 및 분양 단계
대구시 수성구 두산동	수성동아	26	14,000	이주 및 분양 단계
대구시 수성구 범어동	대공원	20	17,300	이주 및 분양 단계
경북 구미시 공단동	주공1단지	13	2,800	이주 및 분양 단계
전북 군산시 나운동	주공1단지	13	2,500	이주 및 분양 단계

재개발사업단계별 추진구역 현황

소재지	구역명	사업단계	건축총세대수
서울시 강동구 천호동	천호뉴타운지구	구역준비	미정
강북구 미아동	미아동403번지	구역준비	미정
강북구 미아동	미아10-1구역	구역준비	약 300
강서구 방화동	방화뉴타운	구역준비	미정
마포구 아현동	아현제1구역	구역준비	약 800
서초구 서초동	서초동 꽃마을	구역준비	약 300
성북구 길음동	길음10구역	구역준비	약 1,800
성북구 성북동	성북제1구역	구역준비	약 1,800
성북구 석관동	석관4구역	구역준비	미정
성동구 상왕십리동	뉴타운1구역	구역준비	미정
은평구 불광동	불광제8구역	조합설립추진위	약 270
은평구 신사동	신사2구역	조합설립추진위	약 160
은평구 응암동	응암제1구역	조합설립추진위	약 780
은평구 응암동	응암제2구역	조합설립추진위	약 2,000
종로구 사직동	사직제2구역	조합설립추진위	약 300
종로구 체부동	체부1구역	조합설립추진위	약 600
중구 산림동	세운상가제5구역	조합설립추진위	미정
중구 신당동	신당제10구역	조합설립추진위	약 740
중구 신당동	신당제8구역	조합설립추진위	약 380
영등포구 신길동	신길6구역	조합설립추진위	약 800
영등포구 양평동	양평제14구역	조합설립추진위	미정
은평구 녹번동	녹번3구역	조합설립추진위	미정
은평구 불광동	불광제5구역	조합설립추진위	약 2,100
은평구 불광동	불광제7구역	조합설립추진위	약 480
마포구 아현3동	아현제3구역	조합설립추진위	약 4,900
마포구 용강동	용강제3구역	조합설립추진위	미정
서대문구 남가좌동	남가좌10구역	조합설립추진위	약 270
서대문구 북아현동	북아현제3구역	조합설립추진위	약 1,000
서대문구 북아현동	북아현충정구역	조합설립추진위	약 1,140
서대문구 충정로3	북아현충정구역	조합설립추진위	약 1,140
서대문구 홍은동	홍은제13구역	조합설립추진위	약 270
성동구 금호동 4가	금호제20구역	조합설립추진위	약 880

소재지	구역명	사업단계	건축총세대수
서울시 성동구 금호동 4가	금호제20구역	조합설립추진위	약 770
성수구 성수동	성수동328번지	조합설립추진위	미정
성북구 성북동	성북제2구역	조합설립추진위	미정
영등포구 신길동	신길5-2	조합설립추진위	약 1,100
동작구 상도동	상도동지역주택조	조합설립추진위	약 160
동작구 흑석동	흑석제4구역	조합설립추진위	약 900
동작구 흑석동	흑석제6구역	조합설립추진위	약 1,000
마포구 공덕동	공덕제5구역	조합설립추진위	약 680
강북구 미아동	미아제3구역	조합설립추진위	약 1,000
구로구 고척동	고척제3구역	조합설립추진위	약 360
동대문구 신설동	신설제1구역	조합설립추진위	미정
동대문구 용두동	용두동252번지	조합설립추진위	미정
동대문구 이문동	이경구역	조합설립추진위	약 1,700
동대문구 제기동	제기4구역	조합설립추진위	약 660
동대문구 휘경동	휘경제3구역	조합설립추진위	약 1,600
동작구 본동	본동250번지	조합설립추진위	미정
용산구 동빙고동	동빙고동	구역준비	약 3,040
용산구 보광동	보광동강변	구역준비	약 1,700
용산구 청파동 2가	청파동	구역준비	약 3,000
용산구 한남1동	한남제1구역	구역준비	약 1,470
은평구 응암동	응암제7구역	구역지정신청	약 1,200
종로구 옥인동	옥인제1구역	구역지정신청	약 230
종로구 창신동	창신1구역	구역지정신청	약 520
성동구 하왕십리동	왕십리뉴타운구역	구역지정신청	미정
성북구 돈암동	돈암정릉구역	구역지정신청	약 590
성북구 보문동 3가	보문제3구역	구역지정신청	약 500
성북구 삼선동 1가	삼선제3구역	구역지정신청	약 490
성북구 석관2동	석관제2구역	구역지정신청	약 500
영등포구 도림동	도림제16구역	구역지정신청	약 920
영등포구 신길동	신길3-3구역	구역지정신청	약 360
영등포구 신길동	신길3-5구역	구역지정신청	약 800
영등포 양평 2가	양평제11구역	구역지정신청	미정
용산구 보광동	보광동	구역지정신청	약 2,800
은평구 갈현1동	갈현제1구역	구역지정신청	약 3,500

소재지	구역명	사업단계	건축총세대수
서울시 은평구 녹번동	녹번구역	구역지정신청	약 700
은평구 응암동	응암제9구역	구역지정신청	약 600
서대문구 홍은동	홍은제12구역	구역지정신청	약 600
서대문구 홍제동	홍제구역	구역지정신청	약 1,000
성동구 금호동 1가	금호제15구역	구역지정신청	약 900
성동구 상왕십리동	왕십리뉴타운구역	구역지정신청	미정
성동구 옥수동	옥수제13구역	구역지정신청	약 2,000
성동구 하왕십리동	왕십리뉴타운구역	구역지정신청	약 1,900
강북구 미아동	미아제6구역	구역지정신청	약 1,300
관악구 봉천동	봉천12구역	구역지정신청	약 500
관악구 신림동	신림제4구역	구역지정신청	약 800
구로구 가리봉동	가리봉제1구역	구역지정신청	약 300
동대문구 답십리동	답십리16구역	구역지정신청	약 800
동대문구 용두동	용두제3구역	구역지정신청	약 500
동대문구 이문동	이문제6구역	구역지정신청	약 2,250
동대문구 전농동	전농제7구역	구역지정신청	약 3,300
동대문구 휘경동	휘경제1구역	구역지정신청	약 300
동작구 상도동	상도제7구역	구역지정신청	약 700
마포구 대흥동	대흥제3구역	구역지정신청	약 550
마포구 상수동	상수제1구역	구역지정신청	약 400
마포구 신공덕동	신공덕제6구역	구역지정신청	약 250
마포구 아현동	아현제4재개발지	구역지정신청	약 1,300
종로구 창신동	창신1구역	구역지정신청	약 500
부천시 괴안동	괴안1-1구역	기본계획수립	미정
부천시 소사본통	소사제1-1구역	기본계획수립	미정
부천시 심곡본동	부천역1-2구역	기본계획수립	미정
부천시 원미동	원미1-2구역	기본계획수립	미정
성남시 금광1동	금광1구역	기본계획수립	약 2,700
성남시 산성동	산성구역	기본계획수립	미정
성남시 수진동	수진제2구역	조합설립추진위	미정
인천시 동구 송림동	송림제2구역	관리처분계획	약 1,350
인천시 부평구 부평동	부평제5구역	사업시행인가	약 1,360
성남시 상대원동	상대원2구역	기본계획수립	미정
인천시 부평구 산곡동	산곡제1구역	조합설립인가	약 830

소재지	구역명	사업단계	건축총세대수
인천시 부평구 십정동	십정2지구	기본계획수립	미정
부천시 소사동	소사제3구역	구역지정신청	약 1,530
안양시 안양7동	덕천마을구역	지정신청	약 4,000
인천시 부평구 부평동	부평제5구역	사업시행인가	약 1,360
인천시 부평구 산곡동	산곡제1구역	조합설립인가	약 820
인천시 서구 가정동	가정오거리특구역	구역지정신청	미정

※ 서울 · 경기 지역 단지 규모별 평당가에 대한 조사 결과 200가구 미만 단지에 비해 1,000가
  구 이상 단지의 평당가가 무려 300만 원 이상 높게 나타났다. 재개발 및 뉴타운 지역 투자 시
  대단지 선택은 필수이며 또한 기존 세대 수와 신축 세대 수를 비교하여 사업성이 좋은 구역
  으로 선택하는 것이 좋다.

4억 원! 투자 마인드가 확고한 수요층은 어디일까?

4~7억 원 미만

투자자본으로 4억 원을 운용할 수 있는 능력이라면 자신만의 투자 마인드가 확고한 투자층이다. 기본 자산 10억 원 이상의 자산가로 투자에 대한 경험이 다양하여 투자에 있어 자신만의 신념이 뚜렷하며 확고하다. 고액의 투자층일수록 중개하는 입장에선 상품설명이 수월하다. 투자에 대한 노하우가 충분히 쌓여 있기 때문에 좋은 부동산 상품을 제시하고 확인 설명만 해도 스스로 이해하고 판단하기 때문이다.

재건축, 재개발, 상가, 토지 등 다양한 투자 경험이 있어 웬만한 부동산 전문가보다 앞서 있으며 꾸준한 투자로 얻은 수익으로 최고의 투자처를 향해 투자하려는 욕구가 강하다. 자신들만의 투자 마인드가 강하기 때문에 이들을 대할 때 중개업자는 전문가로서 많은 지식과 경험을 토대로 객관적이고 합리적인 입장에서 부동산의 취득에서 이용, 개발, 관리는 물론 적정시기 처분계획을 포함한 청사진까지 내놓을 수 있는 노련한 컨설팅이 중요하다.

이 정도 규모의 자금회전력이라면 재건축, 재개발지역 중 최고 지역에의 입지 선정이 자유롭다. 투자 유망지역 중 대형 평형으로 매입하여 사업추진 완료 후 50~70평대를 분양받을 목적으로 투자하는 것이 바람직하다.

또한 재건축 아파트 지역 단지 내 상가투자도 고려할 수 있다. 주택 수에도 포함되지 않아 다주택으로 인한 양도세 중과세도 피할 수 있는 또 다른 투자처이기도 하다. 상가 매입의 경우 당장의 임대수익률은 열악하지만 향후 재건축 사업이 진행될 경우 상가를 분양받을 조합원 자격이 주어지게 되며 투자에 대한 실현수익은 동부센트레빌 상가투자 사례에서 익히 알고 있는 것처럼 새로운 상가 입점 시 풍부한 임대수익을 올릴 수 있기 때문에 노후 연금식으로 대체하여 즐거운 노후 생활을 보낼 수 있다.

재건축 사업 단지 내 상가매매 가격대는 지역별 위치에 따라 천차만별이나 안전진단을 통과하지 못한 단지는 1층의 경우 평당 4,000~7,000만 원대로 형성되어 있다. 이주 및 철거 후 공사 중인 단지는 평당 1억 3,000만 원대에서 높은 곳은 1억 5,000만 원대를 상회하는 지역들도 있다.

자신의 투자자금에 맞춰 재건축 사업성을 판단해 사업진행단계 상 초기에서 중기단계시점에 이른 지역에 투자하여 매입한다면 향후 완성단계시점의 부가가치 창출은 확실하리라 예상된다.

 # 명품 아파트로
가능한 친환경 재건축 투자처

　투자신념이 강한 투자자에게 추천하고 싶은 지역은 강남권의 대명사인 은마아파트, 대치동, 도곡동, 개포동 등 강남지역과 송파, 강동지역 등 서울지역 내 주거입지 조건의 최고지에서 대형 평수를 배정 받을 수 있는 곳이다. 최근 정부의 정책에 민감한 몇몇 재건축 단지들은 어떤 곳이 있을까?

　정부가 재건축대책을 발표하거나 시장영향을 파악할 경우 대책이 미치는 효과를 분석할 때 빠지지 않는 곳이 은마아파트이다. 대한민국의 국민뿐만 아니라 정부가 은마아파트에 관심을 갖는 이유는 대치동이라는 지역특성과 중층 아파트 재건축 대표 단지라는 것, 재건축 상승세를 주도했던 아파트라는 이미지, 학군과 학원시설이 최고라는 점 때문이다. 또한 집값 상승을 주도하는 대치동에서도 은마아파트는 핵심지역에 위치하며 주변 학군으로는 대곡초등학교, 숙명여자중·고등학교, 휘문중·고등학교가 있고 학원도 많은 것이 장점이다.

　1979년 입주한 은마아파트는 14층 규모로 중층 재건축 단지를 대표하며 4,424세대의 초대형 단지로 현재 추진위원회가 구성돼 재건축을 추진하고 있으나 각종 규제로 여의치 않은 상태이다. 기존 용적률은 197% 수준으로 정부와 서울시는 은마아파트가 속한 3종 일반주거지역 용적률을 210%로 정했다. 만약 은마아파트가 210% 용적률의 적용을 받게 된다면 재건축을 통한 가구 수 확대는 어려울 것으로 보이며 평수를 늘리려는 기대도 반영하기 어렵다. 은마아파트는 31, 34평형으로만 이뤄져 강남권 중형 아파트를 대표한다든지 다른 재건축에 비해 평수가 커서 실거주와 투자를 병행할 수 있다는 점에서 관심을 끌 만하다.

재건축에 대한 개발이익환수제 시행으로 임대주택건립, 소형 평형의 무건립 등의 규제가 적용되면, 오히려 평형을 줄여야 하는 상황이 나타날 수도 있으며 2단계 정부규제가 가시화되면서 하락의 가능성도 있다. 그러나 이것은 일시적 충격일 것으로 보이며 큰 폭의 하락은 없으리라 전망된다. 재건축이 어려워진 일부 단지들의 경우, 재건축과 리모델링을 놓고 아직 결론을 못 내린 상태이다. 기존 용적률이 200%에 육박하는 3종 주거지역 내 재건축 아파트의 경우 210%로 규제하면 평수를 늘릴 수 없는 상태로 자연히 재건축의 의미가 없어진다고 보아야 한다. 이런 점에서 은마아파트, 잠실주공아파트5단지의 경우 강남권 중층 재건축 단지들이 리모델링으로 선회할 가능성도 있다고 여겨진다.

둔촌주공아파트는 5,930세대의 초대형 단지로 저층 7, 16, 18, 22, 25평과 고층 23, 25, 31, 34평의 9가지 다양한 평형으로 구성되어 있다. 난방 및 각종 시설이 하나의 시스템으로 연결되어 단일 단지로는 서울에서 보기 드문 재건축 진행 단지로 실거주와 투자가 가능한 유망한 주거단지이다.

단지 뒤편으로 하남시와 경계를 이루어 그린벨트로 둘러싸여 있다는 것이 장점이며, 1980년도 입주하여 현재 입주 26년차에 들어갔다. 특히 둔촌주공아파트는 잠실, 개포, 가락시영아파트 등의 재건축 단지에 비하여 87%의 낮은 용적률로 대지지분이 많다. 재건축 규제로 용적률이 하향 조정되면 지분이 적은 단지는 사업성이 악화돼 리모델링으로 선회해야 할 수도 있다. 그러므로 지분이 많은 단지의 경우 향후 재건축 사업 시 무상지분을 높일 수 있어 높은 기대수익이 예상된다. 또한 올림픽공원이 단지 건너편에 위치해 있으며 올림픽선수기자촌아파트와는 서로 마주보고 있어 둔촌 주공아파트는 향후 재건축 진행으로 인한 수익분석 시 평형대비 유사 평가대상으로 적용돼 장점이 많은 것으로 평가되고 있는 게 현실이다.

학군, 주거환경, 스포츠 시설, 교통 등이 우수한 조건으로 향후 재건축 시 주거환경 제일의 지역으로 부상할 것으로 보이며 현재 재건축 예비 안전진단을 통과하고 정비구역지정단계로 진행 중이다. 어려운 관문인 정밀 안전진단만 통과되면 빠른 재건축에 따른 기대가치도 높아질 것으로 예상된다.

◉ 둔촌주공아파트의 용적률 및 무상지분율 (확정지분제) 비교표

다음 표는 시공사인 드림사업단이 2002년 12월 당시 재건축 사업참여조건으로 제시한 용적률 249.69%와 229.82%일 때 평형당 추가부담금 내역이다. 개발이익 환수와 임대 아파트 건설적용, 소형 평형 확대로 전반적인 수정이 불가피한 상황이므로 사업성은 어느 정도 하락이 불가피하다고 여겨진다.

용적률	249.69%						
평균무상지분율	172.62%						
							(단위:천 원)

신축 / 기존	25 부담금	33 부담금	33-T 부담금	43 부담금	43-T 부담금	50 부담금	60 부담금
7.5(저층)	116,206	265,920	301,465	476,466	480,048	643,551	828,453
16(저층)	-177,096	-27,383	8,163	183,164	186,746	350,248	535,150
18(저층)	-251,338	-101,625	-66,079	108,922	112,504	276,006	460,908
22(저층)	-383,682	-233,969	-198,424	-23,423	-19,841	145,662	328,564
25(저층)	-487,269	-337,556	-302,010	-127,010	-123,423	40,075	224,977
23(고층)	-166,238	-16,525	19,020	194,021	197,603	361,106	546,008
25(고층)	-251,835	-101,918	-66,373	108,628	112,210	275,713	460,615
31(고층)	-372,238	-222,625	-186,979	-11,979	-8,397	155,106	340,008
34(고층)	-467,315	-317,601	-282,066	-107,055	-103,473	60,030	244,932

※ 일반적으로 재건축 사업은 용적률을 최대로 하여 현 조합원들의 무상지분율을 높여 부가가치를 극대화시키고 있다. 그러나 장기적인 면에서 볼 때 적정한 용적률로 일조권과 조망권이 우수한 쾌적한 환경의 단지로 변모된다면 입주 후의 상승가치가 높아진다는 점도 간과해서는 안 될 중요사항이다.

용적률	229.82%						
평균무상지분율	157.74%						
							(단위:천 원)

신축 / 기존	25 부담금	33 부담금	33-T 부담금	43 부담금	43-T 부담금	50 부담금	60 부담금
7.5(저층)	137,986	288,289	323,818	499,335	502,873	666,712	852,074
16(저층)	-130,042	20,261	55,791	231,308	234,846	398,684	584,046
18(저층)	-197,886	-47,583	-12,054	163,463	167,002	330,840	516,202
22(저층)	-318,826	-168,523	-132,994	42,523	46,062	209,900	395,262
25(저층)	-413,487	-263,184	-227,654	-52,137	-48,599	115,239	300,601
23(고층)	-120,120	30,183	65,712	241,230	244,768	408,606	593,968
25(고층)	-198,155	-47,851	-12,322	163,195	166,733	330,571	515,934
31(고층)	-308,368	-158,065	-122,536	52,982	56,520	220,358	405,720
34(고층)	-395,252	-244,949	-29,419	-33,902	-30,364	133,474	318,836

주) 2006년 2월 정비구역지정(안) 상정된 평형은 26, 34, 45, 51, 62, 71평형으로 변경하여 구청공람 완료한 상태

🌑 둔촌주공아파트의 대지지분당 자산가치

자산가치는 재건축 추진 시 사업 방식을 확정지분제로 할 경우 대물변제액으로 조합원이 총 분양가에서 공제하는 금액을 말한다. 시공사인 드림사업단이 둔촌주공아파트 재건축 사업참여 조건에서 제시했던 자료를 소개한다. 도시및주거환경정비법의 시행과 임대주택건설, 소형평형건설의무화 확대 등으로 자산가치의 재조정 및 사업성 전반의 변동이 불가피한 상태이다.

최근 소문과 설이 무성하던 국내 최고층 제2롯데월드 건설문제가 국방부측의 재고 요청으로 아직 변수가 남아있는 지금, 서울시 건축공동위원회 심의가 통과됨에 따라 인근지역을 중심으로 파장이 퍼지고 있다. 인근지역의 대단지 아파트인 잠실5단지, 진주아파트, 가락시영아파트, 장미아파트, 올림픽아파트 그리고 송파구청 건너편인 방이동 먹자골목 일대까지 최고층 건설로 인한 인구유입의 예상으로 매물 품귀가 이어지는 등 가격이 들썩이고 있다.

(단위:천 원)

평당권리금액	29,345천 원	
기존 평형	대지지분	조합원 자산가치
7.5(저층)	8.94평	262,345
16(저층)	18.94평	555,795
18(저층)	21.47평	630,038
22(저층)	25.98평	762,384
25(저층)	29.51평	865,971
23(고층)	18.57평	544,937
25(고층)	21.48평	630,331
31(고층)	25.59평	750,939
34(고층)	28.83평	846,017

강남권 재건축지역과 수원, 인천, 광명시 가격상승대 비교표

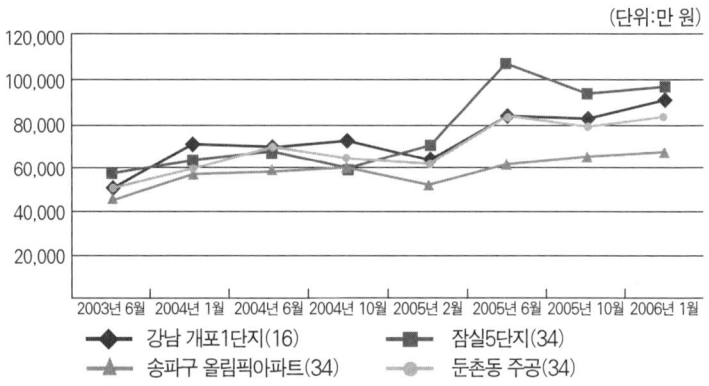

(단위:만 원)

◆ 강남 개포1단지(16)   ■ 잠실5단지(34)
▲ 송파구 올림픽아파트(34)   ● 둔촌동 주공(34)

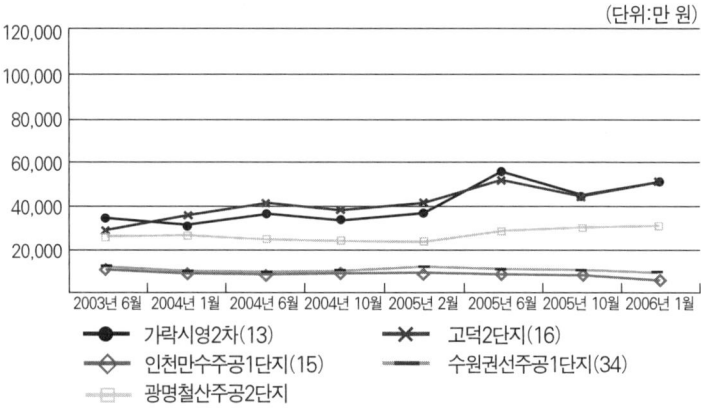

(단위:만 원)

● 가락시영2차(13)   ✕ 고덕2단지(16)
◇ 인천만수주공1단지(15)   — 수원권선주공1단지(34)
□ 광명철산주공2단지

※2005년 상반기에 재건축 사업 단계 진행으로 강남권 지역이 상승 주도함

강동구지역과 강북권 광진구 일대의 단독주택 및 상가주택을 매도하고 이동하는 실수요자들도 생활교육권이 비슷한 송파권 주택단지로 이동해볼 만하다. 송파대로권 인근지역과 방이동 일대 대로변 3종 일반주거지역에서 준주거지역 등으로 용도지역 변경신청으로 기대가 부풀고 있다.

　재건축은 미래의 자산가치를 반영하는 것으로 현재의 시세와 직접 비교하는 것은 곤란할 수 있다. 잠실5단지 아파트를 8억 5,000만 원에 샀다고 가정하였을 경우, 다른 아파트보다 비싸더라도 매입을 한다. 그 이유는 향후 투자가치가 보장되어 있다고 믿기 때문이다. 투자가치는 미래에 대한 자신만의 투자 마인드와 관련되어 있다.

　잠실5단지의 경우 상업지역으로의 전환이 확정적이라고 기대하며 주상복합 아파트를 지을 수 있다는 가정이 성립된다. 투자자들은 이런 점들을 염두에 두고 수익성을 계산, 주위의 갤러리아 팰리스와도 비교해보고 장미아파트와도 비교해본다. 주상복합 아파트로 지어진다면 수익성에 대한 확신이 서게 되고 해당 아파트 가격은 폭등하게 된다. 아무리 강력한 규제가 나와도 미래에 대한 확신은 투자가치를 상승시키게 된다.

재건축보다 사업성이 좋은 리모델링 단지

정부의 재건축 규제와 서울시의 3종 주거지역 용적률 상한 규제로 인하여 서울지역 재건축의 대안으로 리모델링 아파트가 주목받을 것으로 예상된다. 재건축시장이 여러 가지 규제를 받고 있는 것과는 달리 리모델링을 추진하는 아파트에 대해선 여러 가지 혜택이 늘어나고 있어 재건축 사업성이 낮은 아파트 단지들의 경우 리모델링으로 선회하는 경우가 늘어갈 것으로 보인다.

리모델링 추진 아파트들은 정부정책에 따라 변동이 심한 다른 부동산들과는 달리 가격상승세가 지속적이고 매매 또한 꾸준하여 안정적인 것이 장점이다.

서초구 잠원동 신반포(한신13차)아파트의 경우 2004년 동부건설을 리모델링 우선협상 시공사로 선정한 이후 구체적인 사업진행은 늦어지고 있으나 가격상승세는 꾸준하다. 기존 35평형에서 리모델링 후 8평이 늘어나는 43평형의 경우 8 · 31부동산대책 전후 시점에선 7억 원선에 거래됐으나 현재 8억 원선에서 거래가 이루어지고 있다.

리모델링 추진위가 결성돼 리모델링 사업에 적극적인 서초구 반포동 반포미도1차아파트의 경우, 8 · 31대책 후 2,000~3,000만 원 떨어졌던 가격이 최근 거의 회복돼 34평형 로열층 기준으로 7억 원선의 가격을 유지하고 있다.

2005년 6월 리모델링 공사를 시작해 2006년 말 준공을 계획하고 있는 서초구 방배동 궁전아파트의 경우, 8 · 31대책 이후 꾸준한 가격상승을 보이고 있다. 리모델링을 통해 기존 51평형에서 8평 늘어나는 59평형 물건의 경우, 현재 로열층 기준 가격이 9억 원 안팎이다. 8 · 31대책 전에는 약 7~8억 원 정도의 시세를 형성하고 있었지만 이후 꾸준한 가격상승세를 보여 한 차례 상승을 보이긴 하였지만 입주시점에서 추가상승을 다시 한 번 기대해 볼 수 있다.

1977년 입주한 광진구 광장동 워커힐아파트(576가구)는 별장식 고급주거지로 자리잡은 소문난 단지이며 2005년 10월 삼성건설이 우선협상 시공사로 선정됐다. 55~77평형의 대형 평형으로 구성된 아파트로 이번 면적제한조항 삭제로 리모델링을 통해 전용면적을 14.7~20.5평까지 넓힐 수 있게 됐다. 한강과 아차산 조망이 가능하고 지하철 5호선 광나루역이 걸어서 10분 거리에 있어 교통이 편리하며 대형 평형의 입주 수요층들에게 인기를 얻고 있다.

56평형의 매매가는 16~17억 원대이며 평상시에도 매물이 귀한 상태이다. 최근 1년간 사업추진으로 2억 원 이상 상승을 보여 왔다. 이 평형은 대략 전용면적이 15평 늘어난 70평대로 계획 중인데 워커힐아파트는 보기 드문 대형 평형 단지로 입주 후 가치가 높아질 것으로 예상된다.

이처럼 리모델링에 대한 꾸준한 반응은 사업진행에 따른 공사비에 대한 부가가치세 면제를 비롯하여 조합설립요건 완화로 최대 9평까지 확장, 상한선 폐지를 통한 증축 범위 확대 등 인센티브 때문에 사업진척도가 빠를 수 있다. 리모델링의 장점이 부각되기 시작하자 리모델링으로 사업추진 방향을 선회하는 단지도 늘어나고 있으며 송파구와 강동구 일대에서만 최근 리모델링에 나선 아파트가 8곳 정도이다.

리모델링이 재건축에 비해 수익성이 떨어지긴 하나 공급이 늘어나지 않은 상황에서 재건축의 규제가 늘어나니 자연 리모델링 쪽으로 투자자들의 관심이 쏠리게 마련이다. 리모델링의 경우 조합과 시공사의 사업추진 능력 등을 감안해 사업 초기에 매입해야 안정적인 이익을 기대할 수 있는 만큼 투자시점을 잘 판단해야 한다. 재건축 시 임대주택이 의무화되면서 임대주택이 포함돼 있지 않은 단지가 갖는 상대적인 희소가치가 추후 아파트 가격 상승을 이끌 것이라는 기대감을 유발하여 리모델링 사업을 부추길 것으로 예상된다.

리모델링이 추진 중인 단지는 가격상승에 대한 미련 때문에 곳곳에서 제동이 걸리기도 한다. 하지만 투자자나 입주자 입장에서는 지역별 위치와 여건 등을 고려하여 향후 리모델링 완료 후 형성되는 부가가치를 비교 판단하여 소형 단지보단 대형 단지, 그리고 역세권과 학군 등 주거환경이 쾌적한 단지를 선택하는 것이 향후 가격평가에서도 차별화될 수 있으므로 유망지역 선택이 필수요건이다.

리모델링 추진 중인
서울 주요 아파트 현황

지역		아파트명	가구수	평형분포	입주일	시공사	사업단계
강남구	압구정동	구현대5차	224	35	1977.12		추진위
	압구정동	미성1차	322	34, 50, 58	1982.11	GS건설(주)	시공사 선정
	일원동	개포한신	364	27, 34	1985.11	(주)포스코 건설	시공사 선정
	도곡동	동신1차	360	18, 29, 30, 38	1978.12	쌍용건설(주)	시공사 선정
	도곡동	동신2차	24	54	1979.08	쌍용건설(주)	시공사 선정
	도곡동	동신3차	90	23, 42	1980.10	쌍용건설(주)	시공사 선정
강동구	둔촌동	현대1차	498	32	1984.11	현대 산업개발(주)	추진위
	길동	프라자	396	31, 40	1984.	대림. 삼성 경합 중	시공사 선정
광진구	광장동	워커힐	576	56, 57, 67, 77	1978.12		추진위
서초구	잠원동	한신1차	180	35, 47	1982.04	동부건설(주)	시공사 선정
	방배동	궁전	216	31, 39, 51,	1977.11	쌍용건설(주)	이주
	방배동	경남	450	35, 53	1979.11	쌍용건설(주)	시공사 선정
	방배동	신동아	493	35, 46, 57, 60	1981.12		추진위
영등포구	당산동	평화	284	17, 20, 22, 25, 28, 30, 34	1978.04	쌍용건설(주)	시공사 선정
송파구	풍납동	미성	275	27, 37, 43	1985.09	대림산업(주)	시공사 선정
용산구	이촌동	장미	64	64	1976.07		추진위
	이촌동	로얄	72	47, 57	1971.10	대림산업(주)	착공
				16, 43, 44, 46, 48, 49, 50, 77	1971.11	삼성물산(주)	시공사 선정
	이촌동	현대	653	32, 40, 45, 46, 55, 57	1975.10	현대건설(주)	시공사 선정
중구	황학동	신당	69	24, 27, 35, 42	1970.10		추진위

※ 일반적으로 리모델링으로 추진하는 지역은 단지규모나 평형당 대지지분이 작아 현재의 낮은 용적률 때문에 재건축 진행 시 사업성이 낮은 단지들이다. 기존 세대 수가 300세대급 이상의 추진단지나 인근지역 아파트 평당가가 지역 중 높게 형성되는 단지가 리모델링 후에 가격반 영율이 높게 나타나므로 매입 시 꼼꼼히 따져 구입하는 것이 중요하다.

4억 원대로 가능한 투자상품
– 4~7억 원 미만

투자유망 재건축지역 현황

(단위 : 만 원)

소재지	아파트명	평형	사업진행단계	매매가	실투자비
서울시 강동구 고덕동	주공2단지	18	안전진단	67,000	59,000
강동구 상일동	주공7단지	24	안전진단	65,000	52,000
강동구 둔촌1동	주공1단지	22	정비구역	72,250	57,000
강동구 둔촌1동	주공4단지	25	정비구역	58,250	45,500
강남구 개포동	시영	13	안전진단	47,500	42,000
강남구 개포동	주공1단지	13	안전진단	54,000	48,000
강남구 반포동	삼호가든3차	36	안전진단통과	62,000	42,000
강남구 반포동	주공1단지	22	조합설립인가	75,000	60,000
강남구 잠원동	한신2차	35	안전진단통과	80,000	58,000
용산구 이촌1동	렉스	40	안전진단	75,000	58,000
용산구 이촌1동	삼익	35	시공사 선정	55,000	43,000
송파구 신천동	장미1차	39	추진위 구성	82,000	55,000
송파구 신천동	진주	29	추진위 구성	61,000	44,000
송파구 신천동	진주	33	추진위 구성	75,500	50,000
강남구 일원동	대우	24	안전진단	63,000	49,000
강남구 대치동	은마	31	추진위구성	73,500	60,000
강남구 대치동	청실1차	31	추진위구성	77,000	52,000
서초구 서초동	신동아2차	55	안전진단통과	101,500	68,000
서초구 서초동	우성1차	33	안전진단통과	70,500	52,000
서초구 서초동	우성2차	43	조합설립인가	96,500	68,500
서초구 서초동	금호	34	조합설립인가	65,000	50,000
서초구 서초동	무지개	39	안전진단통과	81,500	57,000
서초구 서초동	삼익	54	안전진단통과	90,000	65,000
강남구 방배본동	삼호1차	40	조합설립인가	87,500	64,000
강남구 반포동	한신3차	33	조합설립인가	66,500	44,000
강남구 반포동	경남	43	추진위 구성	99,000	68,000
서초구 잠원동	한신5차	33	사업승인	67,000	50,000
서초구 잠원동	반포우성	38	사업승인	79,000	54,000
서초구 잠원동	한신10차	25	추진위 구성	50,000	33,000
서초구 잠원동	한신17차	36	추진위 구성	77,000	52,000
과천시 부림동	주공9단지	27	추진 중	61,000	47,000
의왕시 내손동	대우사원	21	사업승인	45,000	41,000

（단위 : 만 원）

소재지	아파트명	평형	사업진행단계	매매가	실투자비
의왕시 내손동	대우사원	26	사업승인	65,500	60,000
수원시 인계동	주공	22	공사 중	40,000	상한가
수원시 인계동	주공	25	공사 중	42,000	상한가
과천시 원문동	주공2단지	18	추진위 구성	59,000	49,000
과천시 원문동	주공2단지	16	추진위 구성	48,750	41,500
과천시 중앙동	주공1단지	25	추진위 구성	66,000	47,000
과천시 별양동	주공6단지	25	재건축 결의	67,500	51,000
과천시 별양동	주공6단지	27	재건축 결의	74,000	56,000
서울시 송파구 잠실동	아시아선수촌	38		105,000	65,000
송파구 잠실동	우성	32		67,000	43,000

※ 투자금액이 가능하다면 동일지역 내에서는 아파트 시세 및 인기도가 높은 지역을 선택함으로써 추가적인 프리미엄을 기대할 수 있다.

7억 원! 자산이 큰 만큼
넓어지는 투자시장

7억 원 이상의 자금동원 능력이 있는 사람이면 우리나라에서 최고의 투자 계층에 속한다고 할 수 있다. 더군다나 이 계층에 속하는 사람들은 자신들의 다양한 투자자산들을 우량자산으로 계속 전환하고 싶어 한다.

현재 투자 중인 부동산의 종류도 다양하며 그 외에 증권, 예금, 채권 등 투자처도 다양하다. 이들은 '계란은 한 바구니에 담지 말라'는 경제이론에 충실하여 다양한 부동산 상품에 분산투자해 자신들만의 투자 포트폴리오를 구성하고 있다.

부동산 투자의 경우, 셀 수 없을 만큼 많은 발품을 팔아야 하는 것은 기본이다. 투자자본이 준비되어 있는 만큼 항상 투자에 대한 귀를 열어놓고 있으며 투자처에 대해 고정적이지도 않다.

재건축 단지, 뉴타운 재개발지역, 토지, 상가 어느 상품이라도 투자가 자유로운 만큼 적절한 투자처를 찾을 경우 빠른 결정이 가능해야 항상 발 빠른 투자를 하는 집단이라고 인정받을 수 있다.

 최적의 웰빙 주거단지를 찾아라

현재 소득 수준 향상 등으로 중대형 아파트가 부족해 강남 집값을 상승시키는 원인이 되고 있다는 주장이 우세하다. 하지만 한편에서는 중대형 아파트에 대한 투기적 수요가 붙은 것으로 장기적으로 공급이 충분하다는 목소리도 나오고 있다.

부동산 정보업체인 '닥터아파트'에 따르면 현재 입주를 마친 서울 108만 4,193가구를 평형별로 조사한 결과 강남권 아파트 22만 9,412가구 중에서 40평형대 이상 중대형 아파트는 6만 5,018가구로 강남권 아파트 가운데 28.3%를 차지했다. 이는 강남권을 제외한 22개 구청 평균(1.52%)보다 2배 가까이 높은 것이다. 강남권 중대형 아파트는 강남구 2만 4,233가구, 서초구 2만 1,027가구, 송파구 1만 9,758가구 등 절대 수량에서는 다른 구청보다 높다.

강남에 중대형 아파트가 부족하다는 것은 강남으로 집을 옮기려는 수요에 비해 공급이 적다는 것이며, 투기적 수요가 붙은 상황에서는 중대형 아파트 값이 오를 것이라는 심리적 요인 때문이라는 의견도 있다.

중대형 평형의 공급이 부족하면 전세물량이 부족하고 이는 전세수요에 반영되어 매매가를 상승시킨다. 그러나 강남의 중대형 아파트에 투기적 가수요가 지나치게 많기 때문으로 교육적 차원에서 강남으로 옮기려는 것도 허구라는 주장이 있기도 하다. 강남지역에 20억 원을 주고 60평대를 살 수 있는 사람들은 대부분 자녀를 외국에 유학을 보내기 때문인데, 강남지역 중대형 평형공급 부족은 재건축 사업 지연에 따른 것으로 장기적으로는 공급에 큰 무리가 없는 것으로 보인다.

최고의 자본력에는 최고의 입지조건을 선택할 수 있는 특권이 주어진다. 그러므로 재건축 아파트 가격의 상승을 주도할 수 있는 지역의 최고 평형을 배정받을 수 있는 곳을 선택하는 것은 당연하다 할 것이다.

현재 재건축추진 단지 내에서 최대 평형으로 매입을 하게 되면 향후 평형 배정 시 대형 평형으로의 진입이 용이하다. 과거와는 달리 30평형대 보다는 40~50평형대의 평당 매매금액이 높게 형성되어 가격상승을 주도하고 있다. 지역에 따라서는 평당 금액이 300~400만 원에서 800만 원 이상 차이가 나기도 하며 재건축 투자자들은 자본력에 따라 40평대 이상 분양 배정받을 수 있는 평형을 매입하는 것이 바람직하다. 또한 투자 재건축 단지 주변의 입지환경을 고려하여 풍부한 녹지공간과 교육, 교통 등이 좋은 대단위 신축 단지를 선별 투자할 수 있으므로 강남, 송파 등을 중심으로 최적의 웰빙주거 단지를 고른다면 안정적이고 수익성 좋은 재테크를 하는 것이라 할 수 있을 것이며, 강남, 송파지역의 주거단지를 집중 분석해 알아보자.

잠실아파트 지구는 우리나라 아파트 역사상 최초의 대규모 단지로 탄생되었다. 잠실1, 2, 3, 4단지 및 시영단지의 2만 1,000여 세대의 단지가 현재 재건축 공사 진행 중으로 2006년 말 4단지 입주를 시작으로 2~3년 내에 입주 완료를 앞두고 있다.

잠실지역은 지하철 2호선과 8호선 그리고 분당선이 연결되어 있어 교통망의 최고 요충지로 입주 후에는 쾌적한 주거환경을 갖춘 주거 최고지역으로 급부상 될 것으로 보인다.

잠실5단지의 경우 3,930세대 대단지로 34평, 35평, 36평으로 구성되어 있으며 이 지역의 경우 최근 상업지역 용도변경 등으로 논란이 많이 일어나고 있다. 제2롯데월드 세계최고층 빌딩 사업계획을 추진 중으로 주택수요가 증가할 것으로 예상된다. 송파 신도시 사업이 완료되어 입주할 경우 송파지역의 소비계층이 잠실로 유입될 가능성이 높아 주변상권은 강남 최고 단지에 필적할 만큼 확장이 예상되므로 투자가 유망한 지역으로 꼽을 수 있다.

송파 최고의 고급주택단지인 올림픽선수기자촌아파트는 30, 40, 47, 51, 53, 57, 64평으로 5,540세대의 대형 단지로 구성되어 있다. 특히 국내 최고의 올림픽공원을 마주하고 있으며 1988년 올림픽 선수·기자 숙소로 1차 제공한 후 분양된 아파트로 건축 18년이 지난 상태이다.

올림픽아파트 34평의 경우 대지지분이 약 20평 정도로 민영아파트 단지로는 대지지분비율이 매우 크다. 지하주차장과 지상주차장이 잘 갖추어져 있으며 성내천이 단지 내에 흐르고 있어 주민 산책로가 찾는 사람들의 부러움을 사는 곳이다. 올림픽아파트 단지 내 학군은 강남권의 최고명문 학군과 견주어질 정도로 입주 선호도가 매우 좋다.

올림픽아파트에선 소형 평수라 애기하는 34평형의 매매가는 8억~9억 5,000만 원으로 최상의 고급단지를 이루고 있다. 먼 훗날이지만 지분이 많아도 재건축보다는 기반시설 및 부대시설이 완벽하므로 향후 리모델링을 통해 전용면적을 확대하여 평형대비 구조가 약한 단점만을 보완한다면 올림픽공원을 마주한 강남권 최상의 주거단지로 평가받을 만한 단지이다.

또한 향후 9호선(김포공항-반포-올림픽아파트)이 계획되어 있으며 현재 1차로 김포공항에서 반포까지 지하철 공사 중에 있다. 2단계로 반포에서 올림픽선수촌역까지 9호선이 완공되면 5호선이나 8호선보다 더 편리한 강남권 교통지로 각광 받을 수 있을 것이다. 또한 3호선 연장구간 수서-방이동간 공사를 앞두고 있는 등 올림픽선수촌아파트는 재건축 호재에 못지않은 대형 호재를 안고 있어 거주를 겸한 투자도 좋은 지역으로 생각된다.

아시아선수촌아파트는 1986년 아시안게임 당시 지어져 총 대지 4만 8,000여 평으로 38평, 47평, 52평, 66평으로 1,356세대의 대단지로 구성되어 있다. 특히 동과 동 사이의 동선 간격이 매우 넓어 서울시 아파트 주거환경여건 사정으로 따져 볼 때 쾌적성 면에서 우수한 아파트이며, 아파트 맞은편으로 잠실종합운동장과 지하철 2호선 순환선이 있어 교통환경 또한 우수한 곳이다. 이런 여러 장점 때문에 재건축지역의 상승바람에도 꾸준한 가격상승을 보인 단지이며 고급 대형 평형을 물색하는 상류층들의 꾸준한 사랑을 받고 있는 단지이다.

 법조타운으로 수혜 받는 올림픽훼밀리아파트는 송파구 문정동
에 위치, 1988년 12월에 입주하였으며 32~68평형의 중대형으로
4,494세대의 대단지를 이루고 있다. 올림픽 때 VIP용으로 지어져
건물 내구성도 좋은 편이다.

 지하철 3호선 연장(2009년 12월 개통)과 법조타운 조성(2010년 완
공) 시 주변상권 형성 등 주택수요 증가로 든든한 자본가들이 많이
찾는 지역이다. 또한 송파 신도시 개발 등 각종 호재로 문정동 일
대 단지들의 가격이 상승하고 있다.

 단기적으로는 3호선 수서역 연계로 인한 가치상승과 추후 가락
시장 이전 등 기대가치가 커 꾸준한 인기단지로 평가 받을 것으로
예상된다.

 7억 원대 이상의 투자상품

투자유망 재건축지역 현황

(단위 : 만 원)

소재지	아파트명	평형	사업진행단계	매매가	실투자비
서울시 강남구 개포동	시영	19	정비구역	83,750	75,000
강남구 개포동	주공1단지	16	정비구역	85,000	77,000
강남구 개포동	주공2단지	22	정비구역	104,000	87,000
송파구 신천동	진주	47	추진위구성	100,000	71,000
송파구 신천동	진주	55	추진위구성	120,000	88,000
송파구 잠실동	주공5단지	34	추진위구성	97,500	78,000
송파구 잠실동	주공5단지	35	추진위구성	112,500	92,500
강남구 일원동	대우	32	안전진단	95,500	76,000
강남구 일원동	현대사원	32	시공사 선정	95,000	75,000
강남구 대치동	은마	34	추진위 구성	97,000	75,000
강남구 대치동	청실2차	49	추진위 구성	145,000	100,000
서초구 서초동	우성1차	65	조합설립인가	129,000	84,000
서초구 서초동	우성2차	52	조합설립인가	110,000	73,000
서초구 서초동	우성3차	52	조합설립인가	117,500	72,000
서초구 방배동	삼호3차	88	조합설립인가	127,500	87,500
서초구 반포동	한신15차	46	안전진단통과	130,000	98,000
서초구 반포동	한신1차	51	사업 승인	147,500	110,000
서초구 반포동	한신3차	50	사업 승인	124,000	85,000
서초구 잠원동	대림	49	사업 승인	100,000	70,000
서초구 잠원동	한신11차	47	추진위 구성	105,000	72,000
서초구 잠원동	한신17차	49	추진위 구성	113,000	80,000
송파구 잠실동	아시안수촌	47		130,000	90,000
송파구 잠실동	아시안수촌	52		150,000	100,000
송파구 잠실동	우성	53		115,000	80,000
송파구 방이동	올림픽선수 기자촌	47		148,000	120,000
송파구 방이동	올림픽선수 기자촌	57		170,000	135,000

※ 경기 하락 시에도 가격대는 고급 아파트일수록 변동률이 낮다. 또한 상승 시에는 대체적으로
   상승 변동률이 높게 형성되므로 이러한 명품단지를 선택해보는 것도 좋다.

확실한 노후대책은
"상가투자" 뿐이다

전 국토의 개발 사업과 저금리의 여파로 부동산 가격이 폭등하여 서민들의 내 집 마련 기회가 줄어들고 그에 대한 파급효과가 커짐으로 인해 강력한 규제정책이 쏟아져 나오고 있다. 특히 재건축 아파트 가격의 높은 상승은 집중적인 규제대상이 되고 있는데 이러한 규제 속에서도 투자할 만한 상품은 늘 있기 마련이다.

재건축 아파트 단지 내 상가의 경우, 아파트 사업진행과 더불어 가격이 동반 상승할 가능성이 큰 투자처이다. 재건축 사업완료 후 사업 전 대비 신규 상가의 형성 및 입주민의 유입으로 유동인구가 증가해 상가가 활성화된다. 그래서 임대수익은 물론 상가 매매가치 역시 높기 때문에 노후생활을 즐겁고 편안하게 보낼 수 있는 대체상품을 찾는 이들에게 적절한 투자처라 할 수 있다.

또한 도시및주거환경정비법에서는, 기존 제도에서 상가 소유자에게 상가만 공급하거나 상가를 건설하지 않은 경우에만 주택을 공급하였다. 하지만 새로 개편된 내용에서는 상가 소유자가 주택을 공급 받을 수 있는 경우를 명시하고 있는데, 조합원 전원이 동의한 경우 기존의 부대 복리시설을 건설하지 않는 경우 그리고 기존 부대 복리시설의 평가액에서 신규 부대 복리시설 평가액을 뺀 금액이 최소 평형의 분양주택가격에 정관이 정한 비율을 곱한 금액 이상일 경우가 이에 해당한다. 즉, 신규 부대 복리시설을 공급 받더라도 (기존 부대 복리시설의 평가액－신규 부대 복리시설의 가격) 〉 (최소 평형의 분양주택가격에 정관이 정한 비율을 곱한 금액)인 경우에는 주택공급을 받을 수 있어 상가 소유주에게 또 하나의 가치를 부여하는 것이다.

상가는 일반적으로 임대수익률을 중심으로 하는 일반 상가와 재건축 사업단계가 진행될수록 가격이 상승하는 재건축·재개발 상가로 투자를 구분할 수 있다. 재건축 상가의 경우 노후화로 인하여 대형 백화점이나 할인점과의 경쟁에서 뒤떨어져 임대수익률이 현저히 떨어지긴 하나, 투자가치로 따져볼 때 재건축 사업추진 시점부터 주목을 받아 사업단계에 따른 가격상승의 변화가 높은 투자처이다.

일반 투자자들의 관심이 재건축시장으로 쏠리고 있는 현상에 비해 주택과 같이 전매제한 등의 규제가 없고 종합부동산세 과세대상에서 제외된 상가투자로의 방향전환을 고려한 투자자는 아직까지 많지 않다. 8·31부동산종합대책 발표 이후 수익성 부동산에 대한 관심이 높아져 있으나 후분양제 실시로 사기 분양 등의 위험이 줄어든 반면 미분양 물량 상가 판촉전이 치열하다는 것을 염두에 두고 신중히 판단할 필요가 있다.

상가 투자에 경험이 없는 초보 투자자에게 권할 만한 첫 번째 대상은 흙 속의 진주 같은 것으로 재건축 추진 중에 있는 단지 내 아파트 상가이다. 재건축이 추진 중인 경우, 초대형 단지로 건설될 예정인 곳이 대부분이며 사업완료 후 단지 내 상가를 이용할 만한 유입인구가 늘어날 것이므로 입주민을 위한 편의시설 등에서 고정고객을 확보할 수 있다.

가까운 거리에 대형 마트나 할인매장 등이 입점해 있을지라도 아파트 단지 내 상가를 이용하여야 하는 공인중개사사무소, 제과점, 인테리어, 문구점, 미니 슈퍼마켓, 반찬가게, 스낵하우스, 세탁소 등 필수 입점대상 점포들은 고정고객을 확보할 수 있는 것이다.

현재 재건축이나 재개발지역의 1,000세대나 2,000세대 이상의 단지 내 상가의 경우, 공개 입찰 시에 투자자금이 몰리면서 매점가보다 훨씬 높은 가격으로 낙찰되고 있다. 그러나 재건축 단지 내 상가의 경우, 공개경쟁 입찰방법을 거치지 않는다. 대신 조합원들은 유리한 위치의 상가를 배정 받을 수 있는 권리와 일반분양가보다 낮은 조합원 분양가로 분양을 받을 수 있는 특혜가 주어진다.

단지 내 상가 투자는 가급적 큰 단지를 끼고 있어야 좋다. 재건축 추진 단지 중 적어도 1,500~2,000가구 이상의 배후 주거단지를 갖춘 단지 내 상가에다. 지하철이나 버스정류장 등과의 연계성이 좋고, 유동인구가 많은 곳으로 선택해야 한다.

이와 함께 아파트 평형은 20~30평형이 많이 분포된 단지라야 소비계층이 많아 매출증대를 꾀할 수 있다. 또한 주변 상권이 대형 상권이 아닌 소형 상권으로 형성돼야 단지 내 상가로 유입시킬 수 있는 반면 대형 상권은 시너지 효과를 발휘하기보다는 수요층을 빼앗음으로써 수익성 저하를 가져올 수 있다.

재건축이 추진되고 있는 아파트 단지 내 상가의 경우, 노후화 되어 임대수익을 기대하기 어려운 것이 현실이다. 그러나 재건축 사업이 추진되고 기존의 소형 평수에서 아파트 조합원들이 사업성에 따라 대형 평수로 분양받게 됨으로써 매머드급의 수준 높은 단지를 구성하게 된다. 이런 경우 아파트의 단지 내 상가를 조합원이 독점 분양받게 될 경우 이것에 대한 가치는 추산하기 어려울 정도로 높아질 수도 있다.

대표적 예를 들자면 대치동 주공아파트 재건축의 경우, 재건축 후 동부센트레빌아파트 단지 내 상가와 도곡동 1차주공아파트 단지 내 상가이다. 최근 동부센트레빌아파트 단지 내 상가의 경우, 보증금 1억 5,000만 원에 월 500만 원대 이상의 임대수익을 보고 있다. 그리고 재건축 전 열악한 위치에서 임대료는 상가 임대보증금이 1,000만 원에 50만 원 정도로 매수 당시 임대수익이 매매금액에 비해 형편없이 열악했다. 그 당시 재건축 추진 중 상가 매매가는 4~5억 원으로 일반인들은 매매상승가치를 계산치 않고 임대수익률이 너무 낮다는 현실만 생각하고 발길을 돌리곤 했었다. 그렇지만 재건축 사업완료 후 강남권에서 인기 있는 대표적인 고급 주거단지로 변모해 현재 15억 원대를 상회하고 있는 실정이다.

# 주택 수와 관계없는
알짜상품 단지 내 상가를 주목하라

상가의 경우, 일반적으로 분양면적이 10평이라면 대지지분은 분양평형의 약 50% 정도인 5평인 경우가 많다. 그러나 주공아파트 단지 내 상가지분의 경우, 지역과 신축년도에 따라 다르나 분양평형 대비 대지지분율이 90% 이상이다.

따라서 재건축 추진지역에선 아파트 조합과 상가조합과의 협의 과정에서 보상금액과 신축될 상가의 설계에 따라 서로 의견차이로 분쟁이 많이 발생한다. 때로는 협의가 이루어지지 않아 전체적인 사업진행이 지연되기도 한다.

단지 내 상가라도 도로나 상가규모에 따라서 아파트와의 필지분할이 이루어진 지역에서는 단독으로 건설사를 선택하여 설계용역을 통해 최적의 가치창출을 모색할 수 있다. 이런 경우 대지지분율이 높은 단지 내 상가에 투자할 경우, 그만큼 수익률이 크다는 것을 의미한다.

강남권의 대표적 재건축 단지인 잠실 2~3단지의 경우, 초대형 단지로 둘러싸여 장점도 있지만 입주를 1년 6개월 남은 시점인 현재 1층 평당 가격이 1억 4,000만 원에서 높은 곳은 그 이상의 금액을 호가하고 있다.

아직 예비 안전진단을 통과하여 정비구역 지정 중인 둔촌동 주공아파트 단지 내 상가는 보기 드물게 분양평형 대비 상가의 대지지분율이 무려 116%대로 강남권지역 중 최대로 많다. 현재 1층 평당가는 5,000~8,000만 원대를 형성하고 있다. 안전진단을 통과한 고덕동 주공아파트 재건축 단지의 경우 분양평형대의 1층 평당가는 세대 수, 규모, 위치에 따라 다르나 5,000만 원에서 7,000만 원대로 형성되어 있다. 매수시점 임대수익은 낮으나 사업진행 후 상권형성 및 임대수익을 예상할 때 추후 아파트의 재건축 사업단계 진행과 더불어 상가매매가치 상승여력을 기대해 볼 만하다.

서울을 포함한 수도권 내 재건축 추진 단지들의 분양평형 대비 대지지분율을 알아보자. 재건축 상가에 대한 분양평형 대비 대지지분율은 여타 부동산 전문가들도 주공아파트와 민영아파트의 분양평형 대비 대지지분율에 따라 사업성의 차이점 등에 대한 상가의 세밀한 분석이 비교 평가되지 않은 게 현실이다. 이 점에 유의하여 상가에 대한 전문지식이 많은 유능한 공인중개사의 도움을 받아 신축 세대 수와 주변 상권의 유입 가능성 등을 판단해 결정함으로써 추후 노후연금처럼 매달 임대료를 받을 수 있는 유망 투자상품이다.

재건축 단지 내 상가 분양평형대비 대지지분율

소재지	아파트명	현재세대수	사업진행단계	대지지분율
서울시 강동구 둔촌동	주공	5,930	정비구역지정	약116%
강동구 암사동	시영	4,300	재건축 공사중	약80%
강동구 고덕동	시영	2,500	안전진단통과	약70%
강동구 상일동	주공6단지		재건축 추진중	80%
강동구 길동	진흥	750	사업승인	약55%
송파구 잠실동	주공2단지	3,720	재건축 공사중	90%
강남구 개포동	주공1단지	5,040	안전진단	86%
강남구 개포동	주공3단지	1,160	안전진단	90%
강남구 대치동	은마	4,424	정비구역	61~84%

소재지	아파트명	현재세대수	사업진행단계	대지지분율
서울시 송파구 잠실동	주공3단지	3,280	재건축 공사중	90%
고양시 원당구	주공	1,050	재건축 추진중	120%
수원시 천천동	주공	1,990	재건축 공사중	115%
과천시	주공3단지	3,140	안전진단	118%
인천시 서구	신현주공	1,820	재건축 추진중	110%
광명시 하안동	하안주공	1,900	재건축 추진중	94%
서울시 서초구	반포2단지	2,444	재건축 추진중	60%
강남구 개포동	주공2단지	1,420	안전진단	110%
강동구 길동	신동아	1,210	재건축 추진중	58%

※ 아파트와 분리된 단지 내 상가의 경우 대지지분율이 높은 상가는 개별적 추진도 가능하여 주변에 상권도 유입시킬 수 있는 경쟁력 있는 설계로 최대의 효과를 볼 수 있다. 또한 조합원의 자산가치를 높게 평가받으며 무상 지분율도 높일 수 있어 상가구입 시 많은 지분을 가진 단지 점포를 선택한다.

 ## 인기 없는 지하상가를 주목하라

재건축 진행 중인 단지 내 상가의 투자분석은 복잡하다. 일반적으로 상가구입의 경우, 위치 좋은 1층의 전면부로 약국이나 제과점, 슈퍼마켓 등 높은 임대료 수익을 연상한다. 하지만 이런 위치는 임대 권리금만 해도 5,000만 원~1억 원 이상의 높은 프리미엄이 형성되어 있어서 임차자들이 물건을 대기하는 실정이다. 그렇지만 투자라면 상황은 달라진다. 물론 자금이 풍부해 1층의 위치 좋은 자리를 구입해 높은 임대료를 받을 수 있지만 그만큼 임대수익률 안에 가격이 반영돼 높은 매매가격이 형성된다. 재건축 추진 단지 내 상가 중 지하상가는 어느 지역에 가도 규모나 시설도 열

악하여 영업이 간신히 유지되거나 그 단지에 필수종목들로 구성 운영되는 게 현실이다. 그러므로 일반 투자자는 가격이 아무리 싸도 임대 등을 고려해 투자를 기피하는 경향이 있다. 하지만 이것이 숨겨진 알짜 투자상품이 될 수 있다는 것을 아는 사람은 많지 않다. 임대가 열악해 심지어는 공실로 비어 관리비만 내는 실정의 단지 내 상가도 있다. 사실 관리비는 분양평형 8평 정도의 월 5만 원 정도로 1년 정도 공실상태라도 60만 원 정도의 투자비만 증가할 뿐이다. 재건축 사업이 완료되어 초대형 단지를 이루고 단지 내 상가의 임대료와 가격이 높게 형성되고 나면 그 가치를 비로소 알 수 있다.

또한 최근의 재건축 아파트 단지들의 매매상승추이를 보면 금년 초만 해도 강남지역의 33평형 대비 작게는 8,000만 원에서 높게는 1억 원대 이상의 상승을 보였다. 이에 비해 상가금액은 아파트 상승률에 비해 늦게 반영되는 특징이 있다. 아직 가격 반영이 덜 되어있는 만큼 중·장기적 투자처로 비교적 적은 금액으로도 목돈을 만들 수 있는 좋은 상품으로 여겨진다. 일반적으로 재건축 사업단계가 안전진단시점에 있는 재건축 단지 지하상가의 경우 평당 1,500~2,300만 원 정도로 형성되어 있다. 잠실지역의 재건축 상가의 경우 지하상가는 평당 4,000만 원 이상으로 형성되어 있으므로 저렴한 금액으로 재건축 추진 사업단계 중 초기단계나 중간단계에 구입한다면 향후 사업단계 진행으로 인한 높은 투자가치를 예상할 수 있다.

재건축 지역 단지 내 상가 상승추이

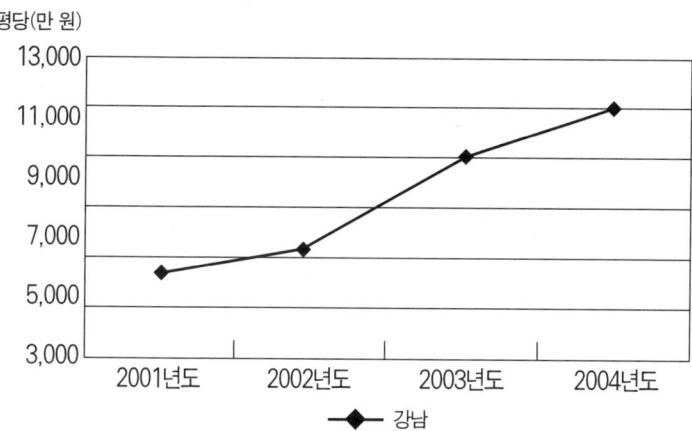

평당(만 원)

※ 대표적 재건축단지 대치 · 도곡 · 잠실지역 등이 이주 및 분양을 거쳐 입주가 다가옴에 따라
아파트의 가격상승에 따른 상가의 가격반영과 입점 후의 가치변화에 따른 임대수익률의 예상
기대치가 높아져 가격변동률이 커진다.

재건축지역과 비재건축지역 단지 내 상가 비교표

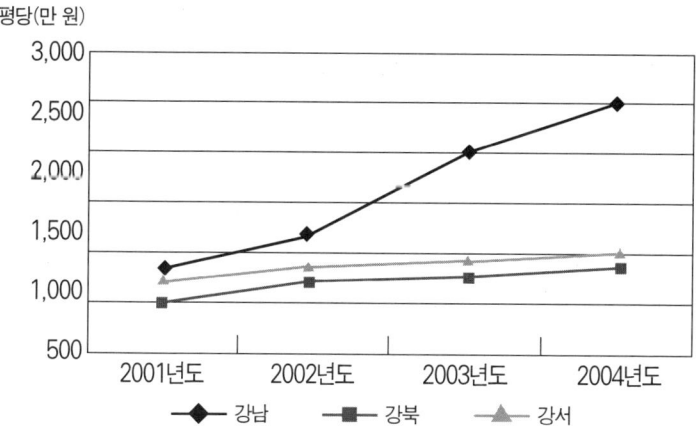

평당(만 원)

※ 미래가치가 높은 재건축 단지와 비재건축 단지의 가격차는 사업추진 진행단계에 따라 현저한
차이를 보인다.

 재건축 단지 상가 '진주' 찾는 법

18년차 이상 노후 대단지 아파트 지역을 선택하라

재건축상가에서도 기본적인 입지나 재건축에 관한 기대심리 상승작용에 따라 건축 후 18년차 이후에서부터 관심을 끌기 시작한다.

2천 세대 이상의 재건축 추진 아파트 단지 내 상가를 선택하라

상가의 최유효이용가치를 고려할 때 2,000세대 이상이 되어야 안전한 투자 수익을 볼 수 있다. 재건축 사업완료 후 증가된 세대수와 새로운 유입인구의 입주로 상가이용률이 높아져 주변 상가와 비교하여 경쟁력에서 우위를 차지할 수 있다.

재건축 사업 초기단계인 추진위원회의 결성단계 이전에 매수하라

어느 투자든 초기단계에 매수하는 것이 유리한 것은 당연한 사실이다. 재건축·재개발 사업 역시 초기사업단계 투자에 민감하여 '소문에 사고 발표에 팔라'는 부동산 격언처럼 빠른 투자일수록 투자 성공률이 높아진다.

학군·금융·자연환경 등 쾌적성이 높으며 기반시설이 갖춰진 역세권 아파트 단지를 선택하라

기반시설이 잘 갖추어진 역세권의 대단지 아파트 상가는 매매·

임대의 경우 소점포 사업 수요자들의 꾸준한 관심대상이며, 상가가 활성화 될 경우 인근지역 상가의 동종 업종의 수요자들을 단지 내 상가로 유입시킬 수 있다는 장점이 있다.

상가 대지지분율이 90% 이상인 단지 내 상가를 선택하라

재건축 단지 내 상가는 지분이 많아야 사업성이 높아져 일반분양 점포 수가 많아지며, 조합원의 무상 지분율이 높아진다. 일반적으로 민영아파트 단지보다 주공아파트 단지가 비교적 낮은 택지 원가로 조성되어 있어 상가지분율 또한 큰 것이 일반적이다. 지역에 따라 다를 수는 있겠으나 대체적으로 주공아파트의 단지 내 상가 대지지분율은 90% 이상인 경우가 많다.

지하점포가
'보석'으로 바뀔 수도 있다

오래된 재건축 단지의 지하상가는 인기가 별로 없다. 20년이 넘은 단지 내 상가는 더욱 그렇다. 지역 곳곳에 대형 할인점들이 대거 입점해 단지 내 상가의 소규모 점포는 열악한 상태로 고객 수요층으로부터 저평가 되어 형편없는 거래가 형성되어 있다.

지역마다 다를 수 있겠으나, 지하점포 분양평형 8평 기준으로 보증금 200~500만 원에 월세 5~15만 원 선으로 그나마 단지의 필수품목인 인테리어, 스넥하우스, 세탁소, 미니 슈퍼마켓 등이

명맥을 이어주며 공실로 비어 있는 경우도 허다하다.

그러면 이 지하점포가 보석으로 바뀔 수 있는 경우는 어떤 경우일까?

일반적으로 재건축 아파트 부지는 평지에 건축을 한 경우와 외곽지역에서는 약간의 경사도가 있는(산과 접해 있는 아파트 단지) 단지를 볼 수 있는데 여기서 보석으로 바뀔 수 있는 지하점포는 경사지에 단지 내 상가가 지어져 있는 경우다.

공부상에는 지하층으로 되어 있으나 상가 밖에서는 1층으로 보이게 된다. 즉, 지하점포인데도 불구하고 고객에게는 1층으로 보여 지상 1층 상가와 비슷한 매출을 올리게 된다. 임대료와 상가 매매가격은 최상의 대접을 받을 수 있으며, 전문가가 아닌 경우는 그냥 1층으로 알고 있는 경우도 많다.

반면에 같은 경사지에 지어져 있으나 1층이 지하로, 2층이 1층으로 인식되어지는 경우(예로, 송파동 삼익아파트 상가, 성남시 신흥주공 아파트 정문 상가, 강동구 명일동 삼익아파트 상가 등)도 있다.

여기에서 중요한 것은 상가신축사업계획을 면밀히 검토하는 것이다. 현재 지하층(공부상)으로 되어 있으나 재건축 진행으로 기존 상가 위치에서 새롭게 설계되어 아파트 단지 지형상 경사지에 신축계획을 하여, 지하층이지만 1층 같은 곳으로 설계된다면 향후 재건축 완료 후에 상가 입점 시 임대수익률과 매매상승여력은 매우 클 것으로 예상(고덕시영아파트 상가-1차상가계획안의 경우)된다.

재건축 사업단계가 시행단계 이전의 재건축 단지라면 아직 그런

변화에 대한 예상이 가격으로 반영이 안 된 시점이므로 원래의 지하층 가격으로 구입할 수 있다. 남과 같이 해서는 남 이상 될 수 없다는 명제가 있듯이 기회가 왔을 때 놓치지 않는 순발력과 안목이 필요하다.

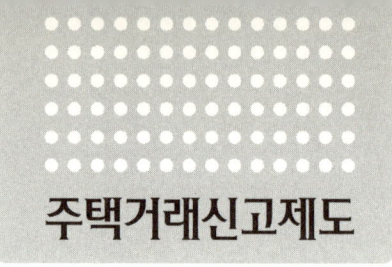

주택거래신고제도

주택거래신고제란?

주택에 대한 투기수요를 억제하고 투명한 주택거래 관행을 정착시킴으로써 주택가격을 안정시키기 위한 제도이다. 시행지역은 투기지역 중 주택에 대한 투기가 성행하거나 성행할 우려가 있는 지역으로서 주택거래신고지역으로 지정된 지역을 대상으로 한다.

신고대상주택

주택거래신고지역의 공동주택의 종류에 따라 다음과 같이 구분된다.

- 아파트거래신고지역 : 전용면적 60㎡ 초과 아파트, 재건축 · 재개발 정비구역 안에 있는 모든 아파트
- 연립주택거래신고지역 : 전용면적 150㎡ 초과 연립주택, 재건축 · 재개발 정비구역 안에 있는 모든 연립주택
- 아파트 · 연립주택거래신고지역 : 전용면적 60㎡ 초과 아파트, 전용면적 150㎡ 초과 연립주택, 재건축 · 재개발 정비구역 안에 있는 모든 아파트 및 연립주택

지정효과

- 일정면적 이상의 공동주택을 매입할 때 실거래가로 취득세 및 등록세를 납부한다.
- 도시 및 주거환경정비법상 정비구역(재건축 및 재개발구역) 안에 있는 아파트와 연립주택은 규모와 관계없이 모두 포함한다.

지정현황

2005년 9월 8일 기준

구분	종전		변경
	아파트거래신고지역	지정일	아파트거래신고지
서울	강남구 전 지역	2004.4.26	강남구(세곡동 제외)
	송파구 전 지역	2004.4.26	송파구(풍납동 제외)
		2005.9.8	거여동, 마천동 추가

구분	종전		변경
	아파트거래신고지역	지정일	아파트거래신고지
서 울	강동구 전 지역	2004.4.26	강동구(길동 · 하일동 · 암사동 제외, 다만 암사동 강동시영 재건축 1.2단지는 그렇지 않다)
	용산구 전 지역	2004.5.28	용산구 전 지역
	서초구 전 지역	2005.3.28	서초구 전 지역
	영등포구	2005.7.8	영등포구 여의도동
	양천구	2005.8.4	양천구 목동, 신정동
	마포구	2005.9.8	마포구 상암동, 성산동, 공덕동, 신공덕동, 도화동
	성동구	2005.9.8	성동구 성수동, 옥수동
	동작구	2005.9.8	동작구 본동, 흑석동
경 기	성남시 분당구 전 지역	2004.4.26	성남시 분당구 전 지역
		2005.9.8	성남시 수정구 신흥동 전 지역
	고양시	2004.8.4	고양시 일산구 마두동, 장항동, 일산동, 주엽동
	과천시 전 지역	2004.5.28	과천시 전 지역
	용인시	2005.4.18	신봉동, 죽전동, 성복동, 풍덕천동, 동천동
		2005.8.4	구성읍, 기흥읍, 상현동
	안양시	2005.7.8	안양시 동안구
		2005.9.8	안양시 만안구 석수동
	수원시	2005.7.8	수원시 영통구
	의왕시	2005.8.4	의왕시 내손동, 포일동
	광명시	2005.9.8	광명시 철산동
	군포시	2005.9.8	군포시 산본동 · 금정동
경 남	창원시	2005.6.7	중북동, 소답동, 중동, 동정동, 서상동, 소계동, 반계동, 사화동, 차용동, 내리동, 삼농농, 넉정통, 두대동, 대원동, 팔용동, 도계동, 명곡동, 명서동, 서곡동, 봉곡동, 봉림동, 지귀동, 용동, 사림동, 퇴촌동, 반림동, 반지동, 반송동, 내동, 중앙동, 외동, 용호동, 신월동, 용지동, 상남동, 사파동, 사파정동, 토월동, 대방동, 남산동, 기음동, 남양동, 가음정동, 성주동, 불모산동, 삼정자동

주택 투기지역

투기지역이란?

전국 부동산 가격상승률 및 물가상승률 등을 감안하여 부동산 가격이 급등하거나 급등할 우려가 있어 소득세법 제96조의 규정에 의거하여 재경부 장관이 부동산가격안정심의위원회의 심의를 거쳐 지정하는 지역을 말한다.

지정기준

월별 집값 상승률이 전국 소비자 물가상승률보다 30% 이상 높은 지역 중 2개월간 집값상승률이 전국 평균보다 30% 이상 높거나, 1년간 연평균 상승률이 3년간의 전국 연평균 상승률보다 높은 지역에 지정한다.

지정효과

투기지역의 부동산 거래에 대하여는 양도소득세를 기준시가 대신 실거래가액으로 과세한다.

지정현황

2006년 1월 20일 기준

구분	투기지역	지정일
서울	강남구	2003. 4. 30
	강동구, 마포구, 송파구	2003. 5. 29
	서초구, 영등포구, 용산구	2003. 6. 14
	금천구, 동작구, 양천구, 은평구	2003. 7. 19
	성동구	2005. 6. 27
	구로구	2005. 8. 19
	종로구	2005. 9. 15
경기	과천시, 수원시, 안산시, 안양시, 화성시	2003. 5. 29
	구리시, 김포시, 성남시 수정구, 파주시	2003. 6. 14
	고양시 일산구, 용인시	2003. 7. 19
	오산시	2003. 8. 18
	성남시 분당구, 안성시, 평택시	2003. 10. 20
	광명시	2005. 4. 26
	의왕시	2005. 4. 30

구분	투기지역	지정일
경기	군포시	2005. 7. 15
	이천시, 광주시	2005. 8. 19
	부천시 소사구	2005. 9. 15
부산	수영구	2005. 6. 27
울산	남구	2005. 7. 15
대전	중구, 서구, 유성구, 대덕구	2003. 4. 30
대구	동구, 북구, 수성구, 달서구	2005. 6. 27
	중구	2005. 8. 19
	달성군	2005. 9. 15
광주	광산구	2005. 6. 27
충남	천안시	2003. 2. 27
	아산시	2003. 8. 10
	공주시	2003. 10. 20
충북	청원군	2004. 2. 26
	청주시 흥덕구	2005. 7. 15
경남	창원시	2003. 6. 14
경북	포항시 북구	2005. 6. 27
	구미시	2005. 7. 15
토지		
서울	강남구, 강동구, 강서구, 구로구, 서초구, 송파구, 양천구, 용산구	2004. 2. 26
	중구, 성동구, 동대문구, 중랑구, 은평구, 마포구, 동작구, 관악구	2005. 6. 27
	광진구, 금천구	2005. 7. 15
	강북구	2005. 8. 19
	서대문구, 성북구	2005. 12. 23
	종로구, 노원구, 영등포구	2006. 1. 20
인천	중구, 연수구, 부평구, 계양구, 서구	2005. 6. 27
경기	강화군, 옹진군	2005. 6. 27

재건축 용어

≫ 대지지분이란?

각 세대가 현재 가지고 있는 토지 소유분을 말하며 단지 내 대지면적을 전 세대수의 아파트 평형을 고려해 나눈 대지에 대한 몫이다. 따라서 아파트 대지면적이 넓은 반면 세대 수가 적고 건축면적이 작을수록 대지지분은 늘어나며 결과적으로 용적률이 낮을수록 대지지분은 높아진다.

대지지분은 무상입주 평형과 추가부담금 산정의 기준이 되며 대지지분이 넓을수록 재건축 사업 이후 조합원이 무상입주하게 되는 아파트의 평형이 커지게 된다. 이에 따라 추가부담금이 줄어들게 되므로 대지지분은 재건축 사업의 수익성을 결정하는 핵심사항이다.

≫ 용적률이란?

전체 대지면적에 대한 건축물의 연면적 비율로 건축물의 대지면적을 지상층 전체의 바닥면적으로 나눈 값이다. 재건축은 기존의 아파트를 헐고 기존보다 넓은 평형의 아파트를 많이 지을수록 수익성에서 유리하다. 기존 아파트의 용적률이 낮고 새롭게 지어지는 아파트의 용적률이 클수록 재건축 사업에 유리하게 작용한다. 재건축에 있어 시공사는 조합원용 세대 수를 제외한 잔여 세대를 일반분양하여 건설비용 및 수익을 충당하기 때문에 일반분양분이 많다는 것은 사업진행에 있어 유리하다는 의미이며 용적률은 재건축 사업의 수익성을 나타내는 지표라 할 수 있다.

≫ 무상지분율

무상지분율은 재건축 사업에 있어 시공사가 대지지분을 기준으로 조합원들에게 부여할 수 있는 어느 정도의 평형을 추가부담금 없이 조합원들에게 부여할 수 있는가를 나타내는 비율이다. 즉, 갖고 있는 재산으로 몇 평을 무상으로 받을 수 있는가를 계산하는 기준이다.

무상지분율은 용적률, 분양가, 총 사업비 등이 확정되어야 정확히 계산할 수 있다.

≫ 추가부담금

추가부담금은 대지지분과 무상지분율을 고려하여 산출하는 것으로 재건축에 따라 자신이 무상으로 받을 수 있는 평형이 입주예정 평형보다 적을 경우 부담하게 되는 비용을 말한다.

≫ 지구단위계획

지구단위계획은 재건축 계획 등을 수립함에 있어 주변여건을 감안해 학교나 공원, 도로 등 공공시설을 일정부분 반드시 갖추도록 하는 한편 필요에 따라 건축물의 배치, 형태, 색채, 경관 등도 규제할 수 있도록 하는 도시계획관리기법이다. 지구단위계획의 적용대상은 대지면적이 1만 m^2 이상인 재건축을 하고자 하는 경우와 주변지역이 저층건축물로 밀집된 지역에서 아파트를 건축하고자 하는 경우 등 대부분의 재건축 아파트가 이에 해당된다.

≫ 수익률

수익률(Rate of return)이란 투자에 대한 백분율로 표시되는 투자에 대해서 실현되거나 기대되는 가치에 있어서의 소득(또는 손실) 또는 변화의 금액을 말한다. 기대수익률이란 투자에서 예상되는 수입과 지출을 근거로 산정되는 수익률, 요구수익률이란 투자위험이 있는 경우에 대상 부동산에 자금투자를 위해 만족되어야 할 최소한의 수익률, 실현수익률이란 투자 후 실제적으로 획득된 수익률을 말한다. 요구수익률이란 투자에 대한 위험이 주어졌을 경우에 투자자가 대상 부동산에 자금을 투자하기 위해 충족되어야 할 최소한의 수익률을 말한다.

≫ 미래가치

미래가치(Future value)란 현재의 일정금액을 장래 일정시점의 가치로 환산한 금액을 말한다. 부동산 투자 시 투자자에게 회수시점에서의 투자가치를 계산해 봄으로써 현재 조달하는 비용과의 경제성을 파악해야 하는 경우가 있는데 이때 사용하는 개념이 미래가치다.

≫≫ 현재가치

현재가치(Present value)는 장래 발생될 현금흐름을 현재시점의 가치로 환산한 금액을 말한다. 미래 현금흐름은 현재시점에서의 가치에 미래까지의 사차보상이 곱해져 있으므로 사차보상부분을 나누어 줌으로써 현재가치를 구한다.

≫≫ 포트폴리오 이론

포트폴리오 이론(Portfolio theory)이란 자산관리의 원리 또한 방법을 말한다. 즉 포트폴리오란 여러 개의 자산을 소유함으로써 한 종목에 집중 되어 있을 때에 발생할 수 있는 불확실성을 제거하여 분산된 자산으로부터 안정된 이익을 획득하도록 하는 자산관리의 방법이나 원리를 의미한다.

≫≫ 환금성

현금화에 걸리는 시간의 다소와 거래비용의 다소를 환금성(Liquidity)이라 한다. 거래비용과 시간은 일정한 함수관계를 가진다. 이 환금성은 당해 자산시장의 조직의 정도에 크게 영향을 받는다. 부동산의 경우는 환금성이 가장 불리하고 주식은 비교적 신속한 환금(Realization)이 가능하다.

≫≫ 안전성 (Security)

투자의 위험과 관련되어 있으며 위험은 결과가 예측보다 다른 확률을 의미한다. 투자에는 어느 정도의 위험(Risk)이 뒤따르기 마련이다. 부동산의 경우는 여러 가지 위험부담 문제가 있고 주식의 경우도 예외는 아니다.

≫≫ 수익성

투자의 결과에 의한 수익성(Productivity)도 다양한 차이가 있으므로 모든 투자시장을 하나로 묶어 말할 수는 없다. 수익성에 있어 예금은 가장 불리하고 주식은 유리한 경우가 많다. 부동산도 대체로 유리하다. 미국의 경우는 주식이 부동산보다 유리하다고 한다.

제 2 장

땅!

그 무한한 창조의 매력

땅!
그 무한한 창조의 매력

　자연을 배경으로 나무 한 그루, 꽃 한 송이 심고 가꾸는 것은 새로운 생활의 활력과 함께 땅의 부가가치를 상승시켜 준다. 도시생활에 식상한 이들이 전원으로의 일탈을 꿈꾸어 보며 전원에 대해 갖는 환상만큼 그에 적합한 법률관계나 이해는 반드시 숙지해야 한다. 부동산시장에 관한 규제들이 쏟아지고 새로운 정책에 익숙해지기도 전에 새로운 법률이 생기는 어수선한 상황에서 새로운 규제에 대한 올바른 이해를 바탕으로 한다면 꿈꾸는 전원생활과 재테크의 성공 모두를 잡을 수 있는 훌륭한 투자가 될 것이다.

　각종 규제에도 불구하고 양도소득세 중과세 대상에 제외되는 주말 체험 농지(1000m² 이하, 303평)의 경우 평수가 작은 만큼 투자금액에 대한 부담이 다소 적은 편이며 소유에 대한 규제가 다른 부동산보다 덜하다.

　비사업용 토지, 농지·임야의 외지 소유자(부재지주)에 대한 양도소득세의 경우 비투기지역에서도 2006년 1월 1일부터 실거래가로 시행되고 있다. 종전까지는 비투기지역에서는 양도세의 경우

시가보다 훨씬 싼 공시지가를 적용하였으나 2007년 1월부터 비사업용 토지 등에 대한 양도세율 60% 중과 및 장기보유특별공제 배제가 실시된다. 거주요건 등의 강화로 취득을 까다롭게 하는 규제사항으로 인하여 토지시장이 위축될 것으로 예상되는 바, 이런 규제를 벗어난 주말 체험 농지, 농가주택 등의 투자처는 당연히 관심의 대상일 수밖에 없다.

또한 기업도시, 혁신도시 등의 토지에 대한 수용보상금이 본격적으로 풀리게 되면 개발 예정지 주변으로 땅값이 상승할 가능성이 높다. 그러나 각종 거래 규제 등이나 토지거래허가구역 내 부재지주의 보상금 중 1억 원 초과분은 채권으로 지급하게 됨으로써 상승압박이 생각보다 크지는 않을 것이다. 또한 2006년 3월 군사시설보호구역 해제지역도 주목해 볼 만하다. 전국 139곳 7,146만평이 해제 또는 완화가 됨으로써 군사시설보호구역이 많은 인천 강화, 경기 김포, 원당, 고양 등의 지역은 개발이 활기를 띨 것으로 예상된다.

호재와 규제 속에서 정책에 민감한 소비자들의 매물이 늘어나게 될 경우 공급이 늘어나고 가격이 하락할 수 있는 여지가 보이게 마련이다. 모든 가격은 수요와 공급의 법칙을 따르게 되므로 공급보다 수요가 많을 때 가격은 올라간다. 부동산 가격이 오르면 공급은 줄어드는 경향이 있다. 남보다 앞서 미래가치를 바라보는 시각으로 투자설계를 할 수 있다면 좋은 성과를 얻을 수 있을 것이다. 적극적인 투자자는 남이 하는 투자를 결코 따라하지 않는다.

1가구 2주택 비과세특례 혜택을
누릴 수 있는 농가주택

1가구 2주택자에 대한 양도세 중과 방침으로 전원주택 수요가 위축돼 있지만 실거주 목적이거나 양도세 비과세 특례를 받을 수 있는 농어촌주택(주말주택용) 수요자에게는 이번 법 개정이 좋은 기회가 될 수 있다. 2006년 1월 22일부터 농지법 개정안이 시행되면서 토지거래허가구역이나 투기지역 규제가 없는 지역의 주말농장이나 농가주택의 경우 소액으로 투자가 가능하다.

또한 2008년 말까지 연장된 '농어촌주택 취득자에 대한 양도소득세 과세특례' 제도는 자신이 지은 주말주택이 읍·면 단위지역에 소재하며 대지면적 660㎡(200평), 건축연면적 150㎡(45평), 땅값과 건물값을 합친 기준시가 7,000만 원 이하로 농지법의 농가주택 기준에 부합할 경우 종전 주택을 팔아도 양도세가 부과되지 않는다.

그러나 주의할 것은 읍·면 단위 지역에 위치하고 있다 하더라도 해당 지역이 토지거래허가구역, 토지투기지역, 관광단지개발 지역으로 지정되어 있다면 농가주택에서 제외되어 1가구 2주택에 포함된다. 이는 용도지역과는 무관하며 용도지역상 도시지역에 속해 있더라도 행정구역상 읍·면 단위에 위치하고 있다면 농가주택이 될 수 있다. 그와는 반대로 용도지역상 농림지역이라 하더라도 행정구역상 시에 속한 지역이라면 농가주택이 될 수 없다.

농가주택을 매입하거나 신축할 경우 여러 가지 세금혜택도 받을 수 있다. 농민이 농지전용을 해서 신축할 경우 농지전용부담이 감면되며 매매할 때에는 취득세가 면제되고 보유 시에는 종합토지세가 면제된다. 도시민의 경우, 도심에 아파트를 보유한 채 읍·면 지역의 농가주택을 구입한 경우라면 1가구 2주택에 해당되지 않는다.

농가주택에 관심을 가져볼 만한 지역으로는 강원도 횡성·홍천·영월, 충북 괴산 등 토지거래허가구역이나 투기지역에서 제외된 지방이 적합하다. 이들 지역처럼 서울·수도권에서 자동차로 1시간 반~2시간 이내 거리에 위치해 있으면서 토지거래허가, 투기지역 등의 규제를 벗어난 지역이 인기를 끌 전망이며 무엇보다 2주택자의 집 한 채가 수도권은 공시가격 1억 원, 지방은 3억 원 미만일 경우 양도세 중과 대상에서 제외된다.

 2,000만 원으로 농가주택 구입

주5일 근무제로 여유로워진 A씨는 가족을 위한 주말 주택을 마련하고 싶었다. 서울이 고향이라 시골에 사는 친척이 없어 평소 자신의 자녀들에게 전원생활을 보여줄 수 없는 안타까움과 세컨드 하우스를 마련하게 되면 지방의 여러 관광지를 자유롭게 즐기며 생활할 수 있으리라는 생각에서였다. A씨는 자신이 보유하고 있는 금액으로는 수도권 내 주택 구입이 어려울 것으로 여겨 수도권이 아니더라도 집에서 2시간 이내 거리라면 주말에 가족이 사용할 세컨드 하우스를 만들어도 좋을 듯했다.

여기저기 마땅한 곳을 물색하던 중 바닷가 근처의 조그만 항구가 있는 곳의 땅을 찾을 수 있었다. 2차선 도로와도 20~30m 거리를 두고 접해있고 무엇보다 마음에 드는 것은 184평 규모의 땅을 2,000만 원 정도의 소액으로 구입할 수 있다는 점이었다.

용도지역상 관리지역 전으로 2개의 필지로 되어 있었다. 다른 권리관계 또한 별다른 이상이 없는 것으로 판단되어 현장 방문을 해보니 공부상에 나타나지 않았던 건물이 나타났다.

 # 주의해야 할 관습법상 법정지상권

여기에서 주의해야 할 것은 공부상에는 나타나지 않은 무허가 건물이 있다는 것이다. 무허가 건축물이 소재하고 있는 토지를 구입하는 경우에는 관습법상 법정지상권의 존재 여부를 따져봐야 한다.

토지와 건물이 동일인 소유로 있다가 매매 또는 기타 원인에 의해 소유자가 서로 다르게 된 때 그 건물에는 관습법상 법정지상권이 생긴다(대판 1999. 3. 16, 98다 64189 참조).

이처럼 관습법상 법정지상권이 있는 경우에는 재산권 행사가 제한받을 우려가 있으므로 건축물관리대장을 통해 토지와 건물의 소유자가 동일인인지 확인해야 하며 만약 건축물관리대장이 없어 건물의 소유자를 확인할 수 없을 경우에는 건물을 철거해주는 조건으로 매입하는 것도 좋은 방법이다.

A씨의 경우 버려진 폐가는 땅 소유주와 일치하는 건물로 구옥의 골조 상태가 양호해 새로 주택을 짓지 않고 수리해서 사용해도 좋을 듯했다. 농가주택을 멸실해서 다시 신축하여 많은 돈을 들이기보다 살아보고 확신이 선 다음에 신축해도 늦지 않다. 처음부터 무리하게 신축을 하는 것보다는 기존의 허름한 농가주택을 잘 수리하여 주말주택으로 이용하는 것이 훨씬 경제적이며 이후에 새 주인이 나타나면 오히려 재테크 상승효과가 더 커질 수도 있다.

 # 버려진 농가주택의 양성화 절차

지방의 구옥 같은 경우 40~50년 지난 것들이 많다. 이런 경우 면사무소의 가옥대장에 등재되어 있어 이를 근거로 세금만을 납부하고 있는 경우가 종종 있다. 정부에서 일정기간 건물 양성화 장려기간을 주기도 하였으나 농가주택들의 경우 미등기 상태로 사용하고 있는 집들이 많다.

A씨는 사용하지 않는 구옥의 등기 가능 여부를 면사무소에서 확인해 보았다. 몇 가지 조건이 부합되어야 하는 것이지만 다행히 이 폐가의 경우 면사무소 가옥대장에 등재되어 있고 등기양성화 조건에도 일치하였다. 매입 후 매수자가 대지전환 시 부담해야 하는 전용비용보다 훨씬 저렴한 1/10 정도의 금액으로 매도자가 직접 대지 양성화 신청을 할 수 있어 매매계약 조건에 대지전환 신청을 포함시킬 수 있었다. 이 경우 몇 가지 조건에 부합해야 하는 절차가 있으므로 모든 폐가에 적용되는 것은 아님에 유의해야 하며 해당기관에서 확인이 가능하다.

A씨처럼 공부상에 나타나지 않는 버려진 폐가의 매수 전 대지양성화 절차에 따른 대지전환을 성취하고 1가구 2주택 농어촌주택 취득자에 대한 양도소득세과세특례제도에도 부합하는 등 두 마리 토끼를 잡으려면 투자에 대한 지속적인 관심이 필요하다. 그것만이 성공 재테크의 행운을 얻을 수 있는 지름길이 될 것이다.

 ## 토지 매입 시 땅의
기초 관계서류 점검은 필수이다

토지를 매입할 때는 몇 가지 기본적인 사항을 반드시 점검해야
한다. 그 중에 첫 번째가 관계서류 검토인데, 서류를 떼어본다고
해서 누구나 쉽게 알 수 있는 것은 아니다. 그러나 땅에 대한 투자
를 하기 위해서는 반드시 노력을 기울여야 할 부분이다.

땅은 용도지역, 용도지구 등 종류도 많고 규제도 많으며 각종 규
제들은 지방마다 조례로 각각 달리 정할 수도 있다. 아파트처럼
정해진 형태나 구체적인 가격도 없으며 여러 가지 서류를 놓고 종
합적으로 검토 · 판단하는 능력과 현장 감각 능력까지 골고루 갖
춰야 하는 종합예술 같은 것이다.

토지의 관계서류에는 토지이용계획 확인서, 토지대장(임야대장),
건축물대장, 지적도(임야도), 등기부등본(토지, 건물) 등이 있다.

 ## 토지이용계획 확인서에는
땅의 모든 것이 들어있다

토지상에 적용되고 있는 도시계획사항이나 국토이용계획사항
등은 토지이용계획 확인서를 통해 검토가 가능하다. 그러나 일반
인들은 여기에 기입된 내용만을 가지고 토지상에 건축할 수 있는
건물에 어떤 것이 있는지 알기는 어렵다. 따라서 한 가지라도 해

당되는 내용이 기재되어 있다면 관련 공무원에게 문의하는 것이 가장 안전하다. 이는 구청이나 군청, 또는 동사무소와 면사무소 등의 관청에서 떼어 볼 수 있다. 토지가 속해있는 지역의 관청에서는 즉시 발급이 가능하나 다른 지역의 경우 팩스 민원 서비스를 통해 신청 후 발급받을 수 있다.

토지이용계획 확인서에서 확인할 사항은 우선 토지의 지번, 위치, 면적 등의 표기 내용이며 그 아래로 1번에서 12번까지의 사항이 있다.

이 중 1번 사항의 도시관리계획을 보면 다시 용도지역, 용도지구, 용도구역, 도시계획시설, 지구단위계획구역, 기타로 분류된다. 이것은 용도에 따라 기본적인 분류와 용도를 구분한 것으로 중요하게 파악해야 할 것은 용도지역이다. 용도지역은 다시 도시지역, 관리지역, 농림지역, 자연환경보전지역으로 나뉜다. 이 4가지 용도지역은 9가지 항목으로 세분화되고 그것들은 다시 21가지 항목으로 분류된다. 토지의 가치는 이 용도지역에 따라 운명이 달라지므로 용도지역 파악이 최우선이라 할 수 있다.

이외에 용도지구, 용도구역, 도시계획시설, 지구단위계획구역, 기타 항목 등이 있다. 이러한 세부항목은 용도지역의 기본분류만으로는 특정목적을 이룰 수 없기 때문에 부수적으로 설정된 특수 지정현황들이다. 따라서 토지이용계획 확인서를 보면 해당사항이 표시되어 있을 수도 있고, 아무런 기재사항이 없을 수도 있으며 기재 사항이 있을 경우에는 해당되는 상황내용에 따라 입지나 건축 등에 제한을 받게 된다.

다음 2번부터 12번까지는 각종 규제사항을 표시한 것이다. 1번이 도시관리계획의 국토의 기본적인 쓰임새를 구분해놓은 것이라면 2번부터 12번까지는 특별한 조치사항이라 볼 수 있다. 기본적인 분류만으로는 어렵기 때문에 특정분야나 시설물 보호를 위한 추가설정 지역인 셈이다.

이 항목은 농지법, 문화재관리법, 산지관리법 등 각각의 법률과 상황에 영향을 받으며 규제사항이 없다면 "해당사항 없음"으로 표기된다. 만약 기재된 사항이 있다면 어떠한 규제가 있다는 의미로 재산권을 행사하는 데 걸림돌이 될 수도 있다. 그러므로 "해당사항 없음"으로 표시된 토지가 활용도가 높고 따라서 가치도 올라간다.

주의할 점은 토지이용계획 확인서가 땅에 영향을 주는 여러 가지 법령상의 제한사항을 망라한 것이기는 하지만 모든 제한사항이 기재되어 있는 것은 아니라는 점이다. 따라서 해당 토지가 토지투기지역인지 등의 여부는 이를 통해 알 수 없다.

3,000만 원으로 10평 이하
초소형 전원주택 만들기

　과거 전원주택 수요층은 주로 노년층이었었는데 주5일 근무제 실시 및 웰빙 생활에 대한 지속적인 추구와 관심으로 인해 젊은 층에서도 전원생활에 대한 관심이 모아지고 있다. 기존의 전원주택이 큰 평수의 대지에 잘 가꾸어진 정원이 있는 것이라면 젊은 수요자들에게는 가격이나 관리비용 면에서 부담이 적은 새로운 욕구에 부합되는 주거형태가 필요해졌다.

　바로 이러한 욕구에 부응할 만한 주거공간이 초소형 미니주택이다. 주말주택으로 새로운 주거형태의 변화를 가져올 것으로 보이는 미니주택은 초소형인 만큼 관리비용이나 건축비용면에서 저렴하게 장만할 수 있다는 것이 장점이다.

　또한 농업진흥지역 밖의 주말농장에 짓는 연면적 10평 이하의 소형주택은 농지전용부담금을 50% 감면해주므로 이를 이용한 비용

절감의 효과를 볼 수 있다. 토지 소유면적에 있어 외지인이 소유한 주말농장(303평 이하)은 부재지주의 양도세 중과(60%)대상에서도 제외되며 토지거래허가구역 내의 경우는 대지가 75평 넘으면 취득 후 3년간 전매 제한의 영향을 받을 수 있으므로 주의해야 한다.

 가족을 위한 초소형 주말주택 만들기

K씨는 아파트에 살고 있다. 주5일 근무제가 실시되고 나서 주말이 다가올 때마다 이번에는 어디로 가야 할까 걱정이다. 휴일내내 집에만 버티고 있자니 아내의 눈총이 따갑다. 아이들 또한 주말이 되면 당연히 여행을 떠나거나, 극장에서 영화라도 보기를 기대했다. 처음 주5일 근무가 시행되었을 때는 많은 시간적인 여유가 생겨 이곳저곳 여행도 다녀보았지만 한 달 후 나타난 가계부 지출액을 보니 큰 부담이 아닐 수 없었다.

주 5일 근무로 휴일이 많아진 것은 좋았으나 커가는 가계부담 때문에 주말을 위한 다른 대책을 생각해봐야만 했다.

여러 고민 끝에 K씨는 가족을 위한 초소형 주말주택을 마련하기로 결정했다. 도시에서 자라는 아이들의 학교와 학원만 오가는 생활이 안타깝기도 했으며 아이들과 함께 주말에 자연과 함께하는 학습을 한다면 가계지출의 절감과 함께 재테크의 효과도 볼 수 있다는 생각에서였다.

K씨는 가까운 양평이나 용인을 찾아보았으나 몇 년 사이 높아진 지가상승으로 엄두가 나지 않았으며, 구입하기에는 보유한 자금이 턱없이 부족했다.

그러던 중 K씨 주변의 A씨가 자녀의 유학자금을 위해 주말농장으로 보살피고 가꾸던 지방의 땅을 팔고 싶어 했다. 땅의 앞쪽으로 강이 흐르고 경계 옆쪽으로는 뒷산에서 흘러내려오는 조그만 계곡물이 있어 이를 농업용수로 사용하고 있었다. 또한 도시에 살던 전 주인이 주말에 이용하기 위해 컨테이너 박스로 만든 임시거주 목적의 원룸형 방도 있었다.

거리가 이천이나 여주보다는 벗어난 지역이었으나 자동차로 2시간이면 충분히 다닐 수 있으며 무엇보다 주변 자연환경이 마음에 들었다. 수도권에서는 많은 돈을 줘야만 살 수 있는 강가의 땅을, 지방에서는 저렴하게 구입할 수 있다는 것과 전 주인의 손길이 닿았던 곳이어서 주말농장으로서는 모든 것이 수월해 보였다.

K씨는 농장을 구입하면서 컨테이너 박스를 철거하고 초소형 미니 목조주택을 건축했다. 연면적 10평 이하로 농업진흥지역 밖의 주말농장에 건축을 할 경우, 농지전용에 따른 부담금도 50% 감면받을 수 있으며 초소형 주택인 만큼 원룸형으로 꾸미고 실내가 좁은 대신 강을 바라보며 즐기는 시간이 많을 것을 고려하여 연면적에서 제외되는 데크 부분을 넓게 설계했다.

연면적 10평 미만으로 짓는 소형주택의 건축비는 3,000만 원정도 들었다. 또한 돌을 고르고 나무를 가꾸는 여가생활을 즐기는 동안 평범했던 시골농장은 고급 주말주택으로 변모해 가고 있으며 K씨가 흘리는 땀의 대가로 땅은 새로운 부가가치를 창출해 주고 있다.

농업진흥지역은 농지를 효율적으로 이용 · 보전하기 위한 지역

농업진흥지역이란 쉽게 말해 농업을 위해 사용되는 농지를 말한다. 농지법 제30조에 의하면 시 · 도지사는 농지를 효율적으로 이용 · 보전하기 위하여 농업진흥지역을 지정하는데 이는 농업진흥구역과 농업보호구역으로 나뉜다. 농업진흥지역의 경우 농업의 진흥을 도모하여야 하는 농지가 집단화되어 있어 농업목적으로 이용할 필요가 있는 지역이다. 농업보호구역은 농업진흥구역의 용수원확보, 수질보전 등 농업환경을 보호하기 위해 필요한 지역이다.

농지전용 시 부담해야 하는 농지보전부담금제도

10평 이하로 건축을 하더라도 전용에 따른 농지전용부담금을 내야 한다. 농지보전부담금제도는 전용허가 농지별로 개별공시지가의 30%를 부과하는 것으로 농지조성원가를 기준으로 m²당

13,000~21,900만 원을 물리는 대체농지조성비제도를 대체하는 새로운 제도이다.

2006년 1월 22일 개정 시행되고 있는 농지법에 의해 농지보전 부담금의 상한액을 m²당 5만 원으로 정했으며 수도권 등 지가가 비싼 지역의 경우에는 현행 수준의 최고 5배까지 늘어날 수 있다. 농지보전부담금을 5만 원으로 상한선을 설정한 이유는 상한액이 설정되지 않을 경우 서울 주변 등 땅값이 비싼 지역의 농지는 과도한 부담금의 증가가 예상되기 때문이다.

농지보전 부담금 = 전용농지의 개별공시지가 × 30% × 전용면적

농지전용부담금은 분할 납부할 수도 있으며 이 경우 예치해야 하는 보증서의 범위로 보증보험뿐 아니라 관련 법률에서 정하는 다른 보증서도 허용된다. 공시지가가 낮은 농촌지역의 경우 농지 전용에 따른 부담이 줄어들어 농업인의 농가주택이나 농업에 필요한 창고시설 등의 설치가 활성화 될 것으로 보이며 수도권 지역 개발사업의 수익성은 개발부담금제에 이어 농지보전부담금까지 올라갈 것으로 예상된다.

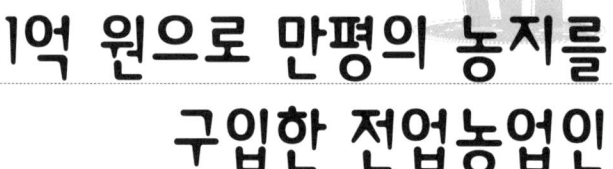

1억 원으로 만평의 농지를
구입한 전업농업인

　도시민이 농지를 취득해 직접 농사를 지을 수 없다면 한국농촌
공사가 운영하는 농지은행에 위탁할 수 있다. 2005년 10월부터 도
시민들이 300평(1000m²) 이상의 농지를 구입할 경우 농지취득자
격증명을 받아 농지은행에 위탁하면 농사를 짓지 않고도 소유할
수 있다. 다만 이 경우 재촌(在村) 및 자경(自耕)규정에 부합되지
않으므로 2007년부터 실시되는 60%의 양도세 중과대상에 포함되
므로 유의해야 한다.

　외지인이 농지를 구입할 경우 재촌(실제거주)과 자경(직접 농사를
짓는 것)의 규정을 잘 지켜야 양도세 등의 부담을 줄일 수 있다. 농
사 등을 목적으로 한 사업용 토지로 인정받아야 세금이 중과되지
않기 때문이다. 양도일(잔금지급일이나 등기신청일 중 빠른 날) 현재
농지 소재지 시 · 군 · 구나 연접 시 · 군 · 구에 살고 있어야 하며

특별시나 광역시는 구(區)를 기준으로 적용하므로 주의해야 한다.

자경조건이란 상시 농업에 종사하거나 농사기간의 절반 이상을 자신이 직접 지어야 하는 것으로 재촌과 자경요건을 갖췄다고 해서 모두 사업용 토지로 인정받는 것은 아니다.

양도일 현재 3년 이상 보유기간 중 2년 이상을 직접 농사목적으로 사용했거나 5년 이상 보유기간 중 3년 이상을 사업에 직접 사용한 경우와 보유기간 중 80% 이상을 직접 사업목적으로 사용한 경우에만 사업용 토지로 인정받게 된다. 그러나 주말 체험 영농(300평, 1000m^2 이하)은 재촌 규정을 지키지 않아도 사업용으로 인정받을 수 있다.

이렇게 외지인의 비사업용 토지에 대한 규정이 까다로워지고 농지에 대한 투자가 위축될 때 농업생산을 전문으로 하는 전업농업인의 경우 농지확장과 투자를 겸한 재테크를 고려해 볼 만하다.

1997년 IMF구제금융 사태가 터지고 남대문에서 잡화수입을 하던 M씨는 외환위기를 견디지 못해 고향인 평택으로 귀농을 선택했다. 귀농 후 5년 동안 농업에 종사하여 전업농업인의 조건을 갖추게 되었고 1억 원 정두의 저축을 할 수도 있었다.

한국농촌공사에 농지원부 등의 사업장이 등록되어 있던 M씨는 전업농업인에게 주어지 대출 혜택을 활용하고 싶었으나 확인해야 할 절차도 까다로웠으며, 무엇보다 개발붐으로 인한 인근지역의 농지가격 상승으로 인해 저축액 1억 원을 합한 대출금으로 마음에 드는 농지를 구입하기가 어려워 고민에 빠졌다.

고급 별장은
내가 만들기 나름

별장이라 하면 누구나가 꿈꾸어보는 그림 같은 집을 떠올린다. 이런 별장을 소유하기 위해서는 많은 자금이 필요다. 그래서 보통은 실현하기 어려운 꿈으로만 남겨두게 된다. 그러나 "꿈은 이루어진다"는 2002월드컵 응원 메시지처럼 이루어지도록 노력하는 것이 꿈이다.

구리에 사는 A씨는 자신만의 별장을 갖고 싶었다. 집에서 가까운 양평의 강 주변보다 평소 바다낚시를 좋아하던 자신의 취미와 개발호재 등 여러 투자가치를 고려하여 서울과 거리가 멀긴 해도 자연환경이 잘 갖추어져 있는 곳을 찾아보기로 했다. 남들처럼 가까운 지역에의 투자보다 좋은 자연조건을 갖춘 곳을 선점할 수 있는 별장은 특별한 가치를 줄 것으로 생각되었다. A씨는 여러 곳을 답사한 끝에 태안군 Y 국립공원 내 270평의 대지를 찾을 수 있었다.

　태안은 반도라는 특성에 어울리게 국립공원구역이 많은 지역이
다. 따라서 토지 이용계획 확인서에 나타나는 용도지역 등에 관한
행위제한에 따른 이해가 반드시 필요하다. A씨가 찾은 대지는 70
년대 초 A사에서 개발했던 별장이 밀집되어 있는 곳으로 건축 형
태로 보아 당시엔 최고의 건축물들이 모여 있었던 것으로 보였다.
그러나 답사할 당시에는 폐가들만 모여 있는 것처럼 흉물스럽기
그지없었다.
　국립공원이라는 특성 때문에 공원법의 행위규제 등 겹겹의 제한
들로 새로운 건축허가 등이 어려워 건물들이 오랫동안 방치상태로
남아 있었던 것이었다. 이런 국립공원의 황폐한 모습을 탈피하기
위해 태안군에서 일정 조건의 제한을 전제로 건축을 양성화 시킬
수 있는 기간이 주어졌다. A씨는 다행스럽게 이 기간을 이용할 기
회를 얻을 수 있었고 새로운 건축허가를 받을 수 있었다.
　건축면적 20평으로 종전규모와 동일한 건축을 해야 한다는 제
한이 따랐지만 별장을 크게 짓게 되면 관리비용이나 유지비용 등
의 부담이 될 수 있으므로 반드시 큰 규모일 필요는 없어 괜찮았
다. 국립공원 내의 건축행위라는 것 때문에 건축 중 건물주변의
훼손 가능한 범위를 국립공원 관리공단측에서 직접 나와 가능한
선을 지정해 주었으며 건축 면적, 건물의 높이 등 까다로운 절차
들을 철저하게 준수해야 했다. 국립공원 내에 서식하고 있는 나무
한 그루, 풀 한 포기라도 마음대로 할 수가 없었으며 국립공원관

리공단 직원들이 수시로 공사 진행상황을 직접 점검하는 까다로움을 보이기도 하였다.

별장을 만들기 위해 A씨가 지불한 돈은 부지 매입비용 2억 원과 건축비용 1억 원으로 건축완공까지 총 3억 원이 소요되었다. 그러나 황폐화 되었던 별장지에 그림 같은 집을 그려 넣음으로써 자산 상승효과는 3억 원 이상의 것이 되었다. 공사 도중 얼마간의 웃돈을 얹어 줄테니 되팔 생각이 있는지 의뢰를 받을 정도였다. 그냥 지나쳐 버리기 쉬운 폐허로 인식 되었던 곳에 새로운 가치를 부여해준 A씨의 투자는 남이 하는 투자를 따라하지 않는 최고의 선택이었으며 그림 같은 별장은 물론 재테크의 성공으로까지 이어졌다.

무엇이든 하나보다는 둘이, 둘은 다시 여러 집단을 형성해 줄 수 있다면 땅의 가치는 더욱 상승하기 마련이다. A씨의 건축 후 주변의 낡은 별장들이 하나 둘씩 재건축을 하게 되어 고급 별장지로 바뀌어 갔다. 이곳에 대한 수요는 점차 늘어났고 이에 대한 공급은 제한되어 새로 단장한 별장지는 공급에서 상대적 희소가치를 보여줌으로써 누구나 정할 수 없는 새로운 가격을 만들어 갈 수 있게 되었다.

여기에서 유념해야 할 것은 국립공원 내의 땅은 공원법 등 여러 가지 겹겹의 행위규제 적용을 받아야 함에 주의하여야 한다. 일반적 경우와는 달리 시·군·구의 지방조례 적용을 받지 아니하고 공원법의 적용을 받는 국립공원 내의 행위 제한은 매우 까다롭고 철저한 점검절차가 필요하므로 전문인의 도움이 반드시 필요하다.

땅에도
그림의 떡이 있다

3,000~6,000만 원 미만

고사성어 중에 화중지병(畵中之餠)이란 말이 있다. 그림 속의 떡이란 뜻으로 바라만 보았지 소용이 닿지 않음을 비유한 말로 한마디로 실속이 없다는 것을 의미한다. 믿기지 않겠지만 땅에도 이런 그림의 떡이 있다.

M 해수욕장은 국립공원구역으로 해수욕장 앞으로 시원스럽게 탁 트인 해변과 백사장의 전경은 도시에 사는 사람들의 가슴을 시원하게 뚫어줄 듯한 곳이다. 수심이 깊지 않고 전 지역이 고운 모래로 뒤덮여 있으며 수분이 많아 봄이면 백사장에는 해당화가 곱게 피어 찾는 이들의 마음을 설레게 해준다. 백사장 옆쪽으로는 M씨가 조성한 C수목원이 있는데 식물들의 낙원이라 할 정도로 잘 가꾸어져 있다.

중소기업을 운영하는 L씨는 사업가였다. 그는 서해바다가 시원하게 트인 이런 곳에 주말을 이용할 수 있는 작은 집을 짓고 싶었다. 집을 지어 가족들이 이용하며 회사 직원들에게도 개방하여 같이 사용하게 해주고 싶은 마음으로 여러 중개업소를 방문한 끝에 M국립공원에서 C수목원 가는 길목 언덕에 바다가 시원하게 내려다보이는 고추밭을 찾을 수 있었다. 300평 규모에 평당 30만 원이라는 금액으로 누구나가 탐낼 만한 위치와 좋은 가격조건이었다.

 개발행위를 할 수 없다면 그림의 떡

L씨는 땅을 구입하기 전 필요한 관계서류 등의 점검을 통해 국립공원관리구역 내의 공익임지라는 것을 알 수 있었다.

국립공원관리구역 내에 위치한 대상토지를 현지 중개업자는 조립식 가건축물을 세워 사용할 수 있을 것으로 L씨에게 매입을 권유했다. 그러나 중개업자의 설명대로 땅을 매입해 국립공원 내 가건축물을 세워 이용한다 하더라도 인근지역 주민들의 민원이 제기되면 가건축물철거 및 벌과금 등의 제재가 가해질 수 있다는 염려가 있었다.

L씨는 구체적인 제한행위들이 이해하기 어려워 국립공원관리공단에 직접 찾아가 행위허용 여부에 대해 문의했다. 그 결과 대상토지에 대한 국립공원관리공단측은 건축이 절대 불가능한 것으로

판명해 주었다. 이렇게 구입한 자기 땅에 아무런 개발행위를 할
수 없는 경우, 말 그대로 그림의 떡에 불과한 것이다.

 ## 국립공원에는 까다로운 공원법 적용이 우선이다

국립공원에는 특별한 것이 있다. 사람들의 발길을 끄는 만큼 그
에 대한 관리와 보존이 필요하며 이를 위한 제한들은 당연한 것이
다. 국립공원구역에 대해서는 토지이용계획 확인서를 통하여 자
연공원에서 공원구역이나 공원보호구역에 해당하는지의 여부를
알 수 있다. 공원구역은 공원으로 조성되고 있는 지역이고, 공원
보호구역은 유명사찰이나 국립공원주변이 대부분이고 이런 경우
건축이 거의 불가능하다고 봐야 한다.

국립공원은 건설교통부장관이 관계 부처의 장과 협의하여 관할
도지사의 의견을 청취한 후 국토건설종합계획심의회의를 거쳐 지
정하게 된다.

국립공원으로 지정되려면 자연의 보존상태가 양호해야 하고 훼
손 또는 오염이 적으며 희귀식물이 서식하거나 지형의 경관이 수
려해야 한다. 또한 문화재 또는 역사적 유물이 있어 보존의 가치
가 있어야 하며 각종 산업개발에 의하여 지형의 경관이 파괴되지
않았거나 파손이 없는 곳이어야 한다.

사유지의 면적이 국유지 또는 공유지의 면적보다 비교적 적은

곳이어야 하는 등의 조건이어야 국립공원이 될 수 있다. 국립공원에는 공원의 효율적인 보호와 이용을 위한 자연보존지구, 자연환경지구, 농어촌지구, 집단시설지구로 구분하여 일정의 허용행위를 따로 규제하고 있다.

 공익임지란

임야에는 준보전임지와 보전임지가 있다. 준보전임지의 경우 어느 정도 개발의 여지가 있으나 보전임지는 말 그대로 보전성이 매우 강하다.

보전임지는 다시 생산임지와 공익임지로 나뉘며 공익임지의 경우 임업생산, 자연환경의 보전, 국민보건 휴양 및 산사태나 재해방지 등 공익에 필요한 보안림, 천연보호림, 휴양림, 사방지, 조수보호구역, 사찰림, 상수원보호구역, 개발제한구역, 보전녹지지역, 자연생태계보전지역 등이 있다. 보전임지는 타용도로의 전용이 극히 제한되어 규제면에서 아주 까다로운 임야이다. L씨와 같이 국립공원구역 내의 공익임지라면 더욱 강력한 규제가 적용됨은 물론이며 개발에 필요한 행위가 불가능에 가깝다는 것을 쉽게 알 수 있을 것이다.

전원으로
일탈을 꿈꾸어 보다

　스트레스에 지쳐있는 도시생활을 하면서 신선한 공기를 마시며 자연을 즐길 수 있는 생활을 누구나 한 번쯤 꿈꾸어 보기 마련이다. 어쩌면 숲이 우거지고 강이 내려다보이는 곳에 예쁘고 작은 집을 지어 전원생활을 만끽할 수 있는 전원주택지에 대한 관심은 당연한 것이라 할 수 있다. 또한 여행 레저에 대한 수요도 증가하면서 투자를 겸한 전원주택을 수유할 수 있다면 이보다 좋은 재테크는 없을 것이다.

　최근에 고속도로나 전철 등의 교통 여건이 좋아지면서 서울에서 출퇴근이 가능한 남양주, 양평, 용인, 김포, 광주 등에는 전원주택들이 늘어나고 있다. 이 지역들은 전원주택이라기 보다 교통망의 확충으로 서울로의 진입시간 거리가 짧아져 웰빙 생활을 추구하는 도시민들이 출퇴근 할 수 있는 거리인 교외주택으로 이해해야 할 것이다.

 유비쿼터스화에 따른 주택 거주개념 변화 예상

　유비쿼터스화에 따른 재택근무자들이 늘어날 것으로 예상되면서 이런 재택근무자들은 복잡한 도시생활을 피해 자연을 즐기며 지낼 수 있는 교외주택을 선호할 것으로 보인다.

　유비쿼터스(Ubiquitous)란 물이나 공기처럼 시공을 초월해 "언제 어디에나 존재한다"는 뜻의 라틴어로 사용자가 장소에 상관없이 네트워크에 접속할 수 있는 환경을 말한다.

　유비쿼터스화가 본격적으로 이루어지면 집안과 자동차안에서는 물론 심지어 산꼭대기에서도 정보 기술을 활용할 수가 있게 되었다. 아직 일반화 되지는 않았지만 장래 주택의 거주개념에 많은 영향을 미칠 것으로 보인다. 앞으로 재택근무자가 늘어나면서 현재의 아파트 중심 생활보다는 자연과 함께 할 수 있는 전원 생활로의 욕구가 커질 것이다. 주거공간에 대한 거주개념의 형태를 바꿀 것으로 예상된다.

 1권역에 짓는 전원주택

　S씨는 정년퇴직이 가까워 오면서 평소 꿈꾸어 왔던 전원생활을 실현하기 위해 전원주택지를 찾았다. 자녀들을 모두 출가시키고

난 후라 부부가 퇴직 후 조용히 전원생활을 즐기며 주말에는 자식들이 찾아올 수 있는 가깝고 자연경관이 좋은 지역을 선택하고 싶었다.

몇 군데 전원주택지를 찾아 답사해본 결과 서울과 인접하고 강이 시원스럽게 내려다보이며 자식들의 왕래가 편한 양평을 선택했다. 용도지역상 농림지역의 전으로 300평 규모의 땅을 구입한 S씨는 퇴직하기 전에 미리 건축을 하여 주말주택으로 이용하고 싶었다.

건축 결정 후 S씨는 평소 알고 지내던 지인에게 건축을 의뢰했고 퇴직 전에 미리 건축하여 조금씩 집을 가꾸어 나갈 꿈에 부풀었다. 그러나 지인에게서 들려온 말은 현재 건축허가를 받을 수 없는 상태이며 건축허가를 받기 위해선 구입한 땅 지역 내에 가족이 6개월간 거주해야 한다는 것이었다. 정년퇴직을 몇 년 앞둔 S씨는 건축을 위해 양평으로 이사하여 서울로 출퇴근을 하기엔 무리였다. 결국 퇴직한 후 구입한 땅이 있는 1권역 지역으로 이사 하여 거주요건을 충족해야만 건축이 가능한 상태였다.

S씨는 전원주택의 꿈을 몇 년 뒤로 미루어야 했다. 이는 땅을 구입할 당시 주의할 상수원수질특별대책지역 1권역에 속한 지역이라는 것에 대한 이해부족 때문이었다. 구입 후 바로 전원주택을 건축할 생각이었다면 거주요건을 충족시켜야하는 등의 수질관련 규제를 꼼꼼히 따져보았어야 한다.

양평처럼 강이 있는 지역은 토지거래허가구역이나 토지투기지역 등의 규제가 없는 대신 보다 강력한 수질관련 규제가 있다. 이에 대한 용도지역 확인은 토지이용계획 확인서상에 용도지역 및 6번 수도칸에서 확인할 수 있으며 남한강을 접해 있는 양평읍·강하면·강상면·서종면·옥천면·양서면·개군면의 7개 읍면 지역은 상수원수질보전특별대책지역 1권역으로 되어있다.

이 지역에는 1필지 내에서의 건축 연면적 800m²(242평) 이하로만 건축이 가능하며, 양평군이나 기타 지역에서 수질보전특별대책지역 1권역에서는 농지나 임야 등을 매입해서 건축 등을 위한 개발행위허가를 신청할 때에는 세대주를 포함한 전 세대원이 6개월 이상 현지에 거주해야 한다. 여기서 주의해야 할 점은 거주지가 같은 수질보전특별대책지역 1권역에 주소를 두고 거주해야 한다는 것이다.

강가의 땅에선
수질관련 규제를 점검해야 한다

전원주택에 관심을 갖고 있다면 실수요, 투자 어느 쪽으로든 관련 법규의 이해와 숙지는 반드시 필요하다. 특히 서울 인근지역의 전원주택지로 선호도가 높은 양평, 여주, 이천 등 강가와 인접한 지역에 대해서는 물 관리 종합대책인 수질관련 규제에 대한 이해가 필수적이다.

우리가 먹고 마시는 물을 보호한다는 전제하에 개발제한을 두고 있는 수질관련 규제들은 오염원의 입지를 금지하고 있다. 경우에 따라서는 특정 시설물 등의 입지가 제한되며 허가를 받더라도 각종 자체 정화시설을 갖추어야 한다. 이런 규제들은 토지이용계획확인서 6번 수도 란에 그 여부가 기재되어 확인할 수 있으며 해당사항이 기재되어 있다면 관할 시·군·구청에 입지나 건축가능 여부를 반드시 확인해야 한다.

우리가 먹고 마시는 물을 보호하자는 취지에서 만들어진 수질관련 규제들은 상수원 관리지역의 경우 수질보전특별대책지역, 수변구역, 상수원보호구역 등 3종류의 구역으로 나뉜다.

상수원보호구역으로 지정된 상류의 물이 강을 따라 호수나 댐에 모이고 이 댐은 식수를 퍼올리는 취수원이 된다. 이때 취수원을 보호하기 위해 설정하는 것이 상수원 수질보전대책지역(행위제한: 환경정책기본법제22조 및 동법시행령제5조 환경부고시 90-15호 및 2004-72호)이다. 해당지역으로 지정되면 취수원으로부터 1km 이내에는 건축이나 입지가 강력히 제한되어 주택, 공장, 음식점, 숙박업소, 관광시설 등의 입지가 어렵고 조건부 허가의 경우에도 엄격한 정화시설을 갖춰야 한다. 상수원 수질보전특별대책지역은 환경정책기본법에 의한 특별대책으로 팔당호와 대청호 주변이 이 지역으로 선포돼 있다. 오염물질 배출량이 엄격히 제한받으며 1권역, 2권역으로 세분된다.

상수원 수질보전특별대책지역 내 1권역으로 지정될 경우 세대주를 포함한 세대원이 6개월을 거주하여야 하는 거주요건이 충족되어야 건축허가가 가능하며 기타 까다로운 규제가 많다. 건축허가의 경우 1세대 1주택 허가를 원칙으로 하고 1997년 7월 이후 거주자는 건축연면적 800m²(242평) 미만의 건축에 한하게 된다.

오폐수 배출시설과 관련하여서는 800m²(242평) 이상의 건물, 기타 시설물 및 건축연면적 400m²(121평) 이상의 숙박업 및 식품접객업이 1권역에서 금지된다. 이는 지정규모 이하는 가능할 수 있다는 의미이기도 하며 오폐수를 전량 처리한다는 것을 전제한다.

2권역의 경우 규모에 제한을 두지 않으며 공공복리시설이 아니어도 된다. 오수 처리에 대한 기준은 1권역과 같으며 허가요건이 까다롭기는 하나 이는 불가능을 의미하는 것은 아니다. 반면 양식장, 골프장, 집단묘지 등은 허용되지 않는다는 것에 유의해야 한다. 2권역의 경우 6개월 전 세대의 거주요건의 제한 없이 농지나 임야 구입 후 건축허가 신청이 즉시 가능하다.

수변구역(행위제한 : 한강수계상수원수질개선 및 주민지원등에관한법률제5조 환경부고시 99-153)은 상류로부터 물이 흘러 취수원이 되는 댐에 물이 모이기까지 중간 과정의 수질관리가 제대로 이루어지지 않아 상수원보호구역과 상수원 수질보전특별대책지역을 보완하기 위해 생긴 것이다. 이것으로 물의 이동경로인 강, 그리고 최종적으로 물이 모이는 댐까지 완벽한 규제가 가능하다.

예를 들어 한강수의 수질보전을 위하여 팔당호, 남한강, 북한강 및 경안천의 양안, 특별대책지역인 경우에는 하천, 호소의 경계로부터 1km이내, 그 외 지역일 경우 500m 이내에는 행위 제한을 목적으로 건축이나 음식점, 기타 오폐수 배출 시설의 입지를 제한하는 것이다. 1999년 9월 30일 지정되었고 건축허가권 및 지도단속권이 모두 환경부가 아닌 해당 지자체에 있으며 지정 당시 기존

취락지가 제외됐기 때문에 강 바로 옆임에도 불구하고 소규모의 개인주택은 수변구역이 아닌 곳이 많았다. 사실상 건축규제가 불가능한 맹점을 이용하여 현재 여러 가지 편법 펜션 등이 들어서 있기도 하다.

상수원보호구역(행위제한 : 수도법 제5조 제4항 동법시행령제9조 상수원관리규칙 제11조, 제12조)은 주로 강의 상류지역으로 우리가 마시는 근본인 샘물의 원천수를 보호하기 위해 설정한 구역이다. 수도법에 근거하여 형질변경이나 건축허가 등이 엄격히 제한되고 상수원이 있는 경우라면 어디든 해당될 수 있어 전국적으로 고루 분포되어 있다. 경기도에서는 남양주시, 하남시, 광주시, 양평군 등이 여기에 해당된다. 이는 상수원의 확보 및 수질보전을 위해 필요하다고 인정되는 지역으로, 이 구역 내에 허용되는 행위들은 공익상 필요한 건축물 기타 공작물, 생활기반시설, 소득기반시설이 있다.

생활기반시설로는 상수원보호구역 안 거주 주민의 대지에 신축하는 농가주택(100m² 이하) 및 연면적 66m² 이하인 부속 건축물, 증축(기존포함 100m² 이하)을 의미하며 일정한 제한을 받게 된다. 그리고 소득기반시설로는 농림업 또는 수산업에 종사하는 자가 건축하거나 설치하는 잠실, 버섯재배사, 생산물 저장창고, 관리용 건축물 등이 있다.

또한 마을회관, 유치원, 경로당 등의 주민 공동이용시설과 건축물 기타 공작물의 종전의 용도와 규모의 범위 안에서 개축, 재축, 이전은 가능하며 어떠한 법일지라도 현지 주민을 위한 보상 차원에서 접근하며 새로운 틈새 투자시장이 보이기 마련으로 주민피해에 대한 배려는 존재할 수밖에 없다. 이것을 이용한 투자가 여러 곳에서 이루어지고 있는데, 불법 건축은 차라리 하지 않을지언정 수질관련 법규를 위반하지 않는 것은 전원을 꿈꾸는 투자시장에서의 기본 자세이다.

대청호 상수원 수질보전특별대책지역 권역별 지정현황

시 · 군	특별대책지역 1권역	특별대책지역 2권역
대전광역시 동구	추동, 비룡동, 주산동, 용계동, 마산동, 효평동, 직동, 신하동, 신상동, 사성동, 오동, 세천동, 내탑동, 신촌동, 주촌동	
청원군	문의면(남계리, 등동리를 제외한 전 지역)	
보은군	회남면, 회북면(갈치리를 제외한 전 지역)	
옥천군	안남면, 안내면(오덕리를 제외한 전 지역), 군북면(이백리, 자모리, 증약리를 제외한 전 지역)	옥천읍, 군서면, 이원면, 동이면, 청성면(능월리, 도장리를 제외한 전 지역), 군북면(이백리, 자모리, 증약리)

※ 대전광역시 · 충청북도 지역

팔당호 상수원 수질보전특별대책지역 권역별 지정현황

시 · 군	특별대책지역 1권역	특별대책지역 2권역
양평군	양평읍, 강상면, 강하면, 양서면, 옥천면, 서종면, 개군면 ☞ 7개면	용문면, 청운면(여물리, 비룡리), 단월면(향소리, 부안리, 덕수리, 보룡리, 봉상리, 삼가리), 지제면(송현리, 월산리, 지평리, 망미리, 대평리, 곡수리, 수곡리, 옥현리)
남양주시	조안면, 화도읍 (가곡리를 제외한 전 지역)	화도읍(가곡리), 수동면

시·군	특별대책지역 1권역	특별대책지역 2권역
광주시	경안동, 송정동, 광남동, 오포읍, 초월면, 퇴촌면, 남종면, 중부면, 실촌면, 도척면 (방도2리를 제외한 전 지역)	도척면(방도2리)
이천시		창전동, 중리동, 관고동, 안흥동, 갈산동, 증포동, 송정동, 증일동, 율현동, 진리동, 사음동, 단월동, 장록동, 고담동, 대포동, 부발읍(가좌리, 신하리, 마암리, 무촌리, 신원리, 대관리, 죽당리, 산촌리, 아미리, 고백리), 신둔면, 호법면, 마장면, 백사면, 모가면(신갈리)
가평군	설악면(천익1리, 방일리, 가일리), 외서면(하천리, 청평리, 대성리, 삼회리)	설악면(사룡리, 선촌리, 신천리, 회곡리, 천안2리, 이천리), 외서면(호명리, 고성리), 하면(대보2리), 상면(항사리, 덕현리, 임초1리)
용인시	모현면	동부동, 중앙동, 유림동, 역삼동, 양지면, 포곡면

※ 경기도 지역

테마 펜션 만들기

   퇴직 후 어떤 일을 하고 싶은지 물으면 그림 같은 곳에 멋진 집을 지어 노후 생활을 즐기고 싶다고 말하는 경우가 많다. 웰빙 시대에 주 5일 근무제 실시로 인해 주말을 이용한 가족 여행이 늘어나고 전원주택처럼 펜션의 수요 역시 꾸준히 증가하고 있다. 또한 기업의 단합대회, 워크숍, 가족과 친족의 친목도모, 동호회 등 기타 모임들의 휴양 시설로 이용하기 적합하여 펜션을 찾는 수요자는 점차 증가되고 있는 추세이다.

   펜션을 찾고 이용하는 수요가 증가하는 만큼 일반인들도 펜션 사업에 관심을 보이고 있다. 이런 펜션의 위치나 자연환경, 편의 시설의 다양성만큼이나 펜션 이용료 역시 천차만별이다.

   최근 펜션이 우후죽순처럼 늘어나 포화상태가 되면서 뒤늦게 펜션 사업에 뛰어들어 수입을 올리지 못하는 펜션들이 늘어나고 있다.

펜션 사업은 여유자금이 아닌 전 재산으로 투자할 경우 모험이나 마찬가지이다. 위험 요인을 줄이기 위해서는 특별한 테마나 이벤트를 잘 활용할 필요가 있으며 관광지가 접해 있지 않을 경우 실패할 우려가 많으므로 특히 주의해야 한다.

 퇴직 후 꿈꾸어 보는 펜션 사업

펜션은 원래 '연금(年金), 은급(恩給)'의 뜻으로 유럽에서 노인들이 퇴직 후 여생을 연금과 민박경영으로 보내는 데서 유래되었다. 호텔의 합리성과 가족적 분위기를 살린 숙박시설로서 주로 가정의 빈방을 이용하여, 부업으로 식사제공 등을 하는 간이숙박 시설이었다.

가정적인 서비스를 제공해 가족들이 주말을 이용해서 즐길 수 있으며 독일, 프랑스 등지에서는 펜션이 전체 숙박시설의 35%를 차지하고 있다. 최근에는 펜션 건물이 화려해지면서 본래의 의미가 퇴색되어가고 있다.

수원에 사는 A씨는 명예퇴직 후 펜션 사업을 하고 싶었다. 펜션 사업을 시작하기 위해 끊임없이 발품을 팔며 수익성 등을 고려한 도시권과의 근접성과 자연환경조건 등이 잘 갖추어진 곳을 찾아다닌 결과 선택한 곳이 조령산이었다.

조령산은 산림이 울창하여 기암괴석과 암봉이 노송과 어우러진 한 폭의 동양화 같은 산으로 백두대간 마루능선 상에 위치하여 크고 작은 암봉과 암벽 지대가 많은 것이 특징이다. 주능선 골짜기에 수옥폭포, 용소골, 절골, 심기골 등 아름다운 계곡이 있으며 충북 괴산의 경계와 경북 문경의 경계에 조령제3관문이 있다.

인근지역 관광지로는 조령산 자연휴양림, 수안보온천, 사조스키장, 화양구곡, 쌍곡계곡 등이 유명하여 펜션 사업을 하기엔 좋은 위치로 생각되었다. 뿐만 아니라 조령산 내에 펜션 영업이 잘 될지라도 또 다른 펜션이 우후죽순 들어설 만한 넓은 땅이 없는 것이 장점으로 기존의 펜션들끼리 어우러져 단지를 형성시킬 수 있었다.

예전에는 중부고속도로를 이용하여 음성을 거쳐 괴산으로 진입해야 하는 불편 때문에 자연경관이 빼어남에도 불구하고 타지 사람에게 많이 알려지지 않은 관광지였다. 그러나 2004년 말 개통된 중부내륙고속도로를 이용하면 동서울에서 출발하여 괴산까지의 진입이 2시간 이내로 줄어 펜션을 이용할 잠재 수요 고객이 많은 서울과의 접근성이 좋아졌다.

A씨는 조령산이 전면으로 펼쳐져 보이는 계곡 옆에 500평을 평당 20만 원씩 1억 원에 구입했다. 땅 구입비 1억 원과 토목공사비 3,000만 원, 건축비 평당 300만 원씩, 기타 전용허가에 따른 비용 등의 예산을 세워 공사를 시작했다. A씨는 펜션 사업을 위한 전체 구입금액이 그리 높지 않은 것 같아 내심 흡족한 상태였다.

그러나 산세가 험하고 기암괴석이 많아 빼어난 경치를 자랑하는 곳답게 토목공사 때부터 암반이 나와 많은 어려움을 겪기도 하였다. 처음 3,000만 원에 계약했던 토목공사비는 암반으로 인해 9,000만 원 정도로 6,000여 만 원이 추가 부담되는 상황이 발생한 것이다. 또한 산세가 험한 곳답게 통행도로와 계곡 사이의 다리를 연결해야 하는 비용이 1,000만 원을 초과해 예상 비용 3,000만 원을 초과하는 등 착공 후 예상하지 못했던 여러 문제가 발생했다.

다리공사의 경우 도로와 계곡 사이에 통행로를 연결하는 단순한 문제만이 아닌 경사진 계곡인지라 양쪽간의 높이를 서로 맞추기 위해 돌쌓기를 하는 등 토목비 부담이 큰 공사였다. 단순한 건축공사로 생각했던 펜션 건축은 처음 예상과는 다르게 어려움을 겪었으며 비용문제에서도 추가 부담해야 하는 금액이 1억여 원을 넘겼다.

여러 어려운 난항 끝에 무사히 펜션은 완공 단장할 수 있었고, 조령산을 찾는 산손님들에게 펜션이 알려지기 시작했다. 펜션 사업의 특징이 인터넷이 매개체인 사업임에도 불구하고 조령산을 찾아온 등산객들은 멋진 펜션에 반해 직접 찾아오는 경우가 많았다.

이곳 펜션 수익을 계산해보면 성수기 7월, 8월의 경우 5개실 평균사용료 15만 원씩 60일 계산으로 따져볼 때 성수기에 4,500여 만 원의 수익을 올리고 있다. 성수기를 제외한 나머지 10개월의 경우 주말 이용 손님만 계산하여도 2일(토, 일요일)×5개실(7개실 중 공실감안)은 150만 원으로 한 달 평균 600만 원 가량 수익으로 1년 평균수입을 환산해 볼 때 1억 원 정도의 수익을 올리고 있다.

이곳 펜션의 주이용 고객은 봄부터 가을까지는 등산객들이며 여름철엔 가족동반 피서객이다. 펜션 근처의 군에서 운영하는 수영장은 특히 어린 아이들에게 인기가 많다. 평소 등산을 좋아해 직접 거주하며 등산객과 허물없이 지내는 주인장의 따뜻한 인심은 한 번 찾아왔던 손님이 같은 곳을 5번이나 찾아오도록 하는 비결이기도 한다.

 펜션을 운영하려면 민박사업자로 지정받거나 숙박업자로 등록해야 한다

펜션을 운영하려면 보이지 않는 곳에 여러 가지 어려움이 숨어 있기 마련이다. 겉보기에 화려해 보이나 직접 관리를 하려면 주변 환경 관리나 객실청소, 이불빨래, 비품제공 등의 어려움이 수없이 많다.

이런 어려움들을 이겨내고 펜션 사업에 성공하기 위해서는 우선 운영자의 취미와 특기를 최대한 활용할 수 있는 테마펜션을 만들어 주인과 고객이 같이 즐길 수 있도록 할 필요가 있다. 예를 들어 영농체험을 할 수 있는 팜스테이 형태나 산악회 등 동호인 중심으로 모일 수 있는 운영이라든가 라이브카페 운영 외에도 각종 이벤트를 많이 만들어 고객의 관심을 끌어야 한다.

또는 단체 혹은 가족, 연령대별 대상고객을 명확하게 설정하는 것도 좋으며 지역 내의 전통문화나 각종 행사를 적절하게 접목하여 운영하는 것도 펜션 사업의 성공전략이라 할 수 있다. 소음발생에 따른 지역주민 민원에 주의해야 하며 공유면적(주차장, 쉼터)

등은 충분히 확보하여 이용고객의 불편함을 최소로 줄여야 한다.

펜션은 그동안 특별한 규제 없이 노후 부동산 재테크 상품으로 인기를 끌어왔으나 이에 대한 규제가 강화되어 앞으로는 펜션을 운영하려면 민박사업자로 지정을 받거나 숙박업자로 등록하여야 한다.

시골의 농가주택들은 대부분 벽돌로 담을 하고 슬레이트 지붕을 한 형태가 주를 이루어 왔었으나 최근의 건축 양상은 스틸하우스나 전원주택 등의 양식으로 변모하고 있는 추세이다. 이런 주택들로 농어촌 민박사업자 지정을 받으려면 직접 거주하여야 하며 건물 연면적 150m²(45평) 이하로 단독주택 또는 다가구주택이어야 한다. 또한 45평 이상은 민박이 아닌 숙박업으로 신고하도록 규정이 달라져 세금 및 시설 설치 부담이 커졌다.

현지에 사는 농민에게 펜션 위탁경영을 맡길 수도 있으며 2005년 11월 5일 농어촌 정비법 시행 이전부터 펜션을 운영해 왔다면 객실 수 7개실 이하로 맞춰 2006년 5월 4일까지 지자체로부터 민박지정을 받아야 민박영업이 가능하다. 건물의 규모가 크거나 민박사업자 등록기준에 맞지 않으면 숙박업자로 등록하여야 한다. 만약 숙박업 허가가 날 수 없는 곳에 들어서 있다면 문을 닫아야 하는 경우도 생길 수 있고 자연경관이 수려한 자연녹지지역 등의 경우에는 허가가 나지 않는다는 점에 유의해야 한다.

앞으로 연면적 45평이 넘는 펜션을 신규로 운영하려면 무조건 숙박업으로 신고해야 하며 화재예방용 단독 경보형 감지기와 화재에 대비한 수동식 소화기 등을 설치해야 한다. 이런 요건을 갖춘 뒤 주택면적, 객실 수, 오수처리 및 정화용량 등을 써넣은 농어촌 민박사업자지정 신청서를 작성해 관할지역 시장 또는 군수에게 제출하고 농어촌 민박사업자지정 증서를 받아야만 펜션 운영이 가능하다. 숙박업으로 등록하면 공중위생법에 따른 각종 규제를 받게 된다.

법 개정 이후 달라지는 내용 중 세금도 포함되어 있다. 민박이나 숙박업 모두 사업자가 되는 만큼 종합소득세와 부가가치세를 내야 한다. 수익률이 그만큼 떨어질 수 있다는 의미로 종합소득세는 과세표준액에 따라 9~36%의 세율이 적용된다. 여기에 별도의 부가세가 추가될 경우 소득의 최고 40% 이상을 세금으로 내야 한다. 다만 농지원부를 갖고 있는 농민이 운영하는 펜션이라면 부업소득으로 인정되어 연간 1,200만 원 이하의 범위에서 종합소득세 비과세 혜택이 주어진다.

땅에 숨어 있는
보석 맹지

지적도상에서 도로와 조금이라도 접하지 않은 땅으로 도로와 해당 토지 사이에 직접 진입할 수 없는 곳을 '맹지'라고 한다. 타 지번으로 사방이 둘러싸여 있으므로 '자루형 대지'라고도 하며 지적도상으로 볼 때 도로에서 직접 진입할 수 없으나 실제로는 사람은 다닐 수 있고 차량으로는 들어갈 수 없는 토지인 경우가 많다.

건축법에 의하면 도로에 2m 이상 접하지 않은 토지는 건축이 원칙적으로 불가능하다. 그러나 인근 토지 소유자로부터 타 토지 사용에 대한 승낙을 받은 뒤 시장이나 군수로부터 사도개설허가를 받으면 건축물을 지을 수 있다.

'사도'란 토지소유자가 자기 토지의 이익을 위하여 스스로 설치한 도로로서 시장이나 군수로부터 사도개설허가를 받아야 한다. 만약 해당 토지가 도로 2m 이내에 접하였더라도 자동차가 필요한 건축물을 세울 계획이라면 주차장법에 의거 4m 이상의 도로가 확보 되어야 건축이 가능하다.

지적도상 도로가 없는 '맹지'일지라도 현황도로라는 것이 있을 수 있어 이런 경우 다수인이 통행하는 유일한 통로이거나 5가구 이상의 주출입 통행로일 경우 원지주의 도로사용 동의서를 받지 않아도 건축허가가 나올 수 있다. 또한 수년간 주민들이 도로로 이용하는 관습상의 도로이거나 시장이나 군수가 이미 "도로"로 인정한 경우 건축허가가 가능할 수 있지만 각 지자체별 허가권자의 판단에 따라 다를 수 있으므로 해당 관청에 확인해야 한다.

남다른 투자 마인드가 보석을 알아본다

지방에서 직장생활을 하는 A씨는 조금씩 저축한 돈으로 인근지역 땅에 투자를 시작했다. 몇 번의 투자에 성공을 거두고 또 다른 투자처를 찾던 어느 날 주위 선배로부터 마을의 땅을 소개받을 수 있었다. 대지 300평과 전을 합해서 700평 규모의 땅으로 토지이용계획 확인서에는 관리지역 전 상태였다.

들판이 전면으로 시원스럽게 펼쳐보였으며 탁 트인 시야만큼 지적도상의 땅 모양도 반듯하고 좋았다. 대지에는 사람이 살던 집터는 사라졌고 도보로 걸어 다니던 조그만 현황도로는 있었으나 그것은 앞 땅 소유자의 사유지였다. 현황도로란 지적도상에는 없으나 실제로 사용하고 있는 도로로서 이 경우 도로를 이용할 수 있는지의 여부를 도로 주인에게 확인 받아야 한다.

다시 말해 도로 사용승락서를 받아야 건축이 가능하다는 것이다. 그러나 이 맹지의 경우 현황도로의 폭이 1m도 채 안되는 도보용 도로로 결국은 앞 땅 소유자를 통한 도로 확보용 토지를 구입해야만 하는 상황이었다. A씨는 도로 확보문제가 해결될 수 있다면 구입하고 싶었다.

건축을 하기 위해서 공식적인 도로에 접하지 않으면 건축행위를 할 수가 없다. 맹지의 여부는 지적도를 보고 확인이 가능하며 우리나라에서는 지적법과 도로법상의 도로만을 도로로 보기 때문에 이 땅의 경우 도로에서부터 30m 정도 떨어져 있으므로 폭이 4m인 도로를 확보하려면 120m² 즉, 40평에 가까운 토지를 구입해야만 했다.

앞 토지는 200평 정도의 농림지역의 전으로, 현재 도보로 이용하는 길을 조금 더 넓혀 40평 정도만 구입할 수 있다면 제대로 된 진입로가 확보될 수 있었다. 그러나 통로이용을 위한 도로를 만들기 위해 앞 토지 소유자를 무작정 찾아가면 오히려 거부반응이 생겨 터무니없는 가격을 부르거나 매도하지 않을 수도 있다. 땅의 경우 다른 부동산과 달리 소유에 대한 의지가 강하기 때문에 잘못 의사를 전할 경우 맹지로 남을 우려가 크다.

다른 지역에서 음식점을 하는 앞 토지 소유주에게 찾아가 조심스럽게 도로부분을 매도할 의사가 있는지를 물었으나 거절하였다. 그러나 시세보다 좀 더 높은 가격을 제시하니 마음을 바꾸어 매도의사를 보였고 통로만 이용할 수 있게 토지분할을 하게 되면 나머지 땅이 볼품이 없어지므로 200평 전부를 매도하겠다는 것이었다.

앞 토지의 경우 농림지역이라 조금 비싼 감이 없지 않았지만 통로를 확보해야만 맹지의 가치도 상승하게 된다. 앞 토지까지 합하여 900평이면 그리 크지 않은 규모의 땅이고 전체를 매입할 경우 금액계산을 해도 7,000여만 원이었으므로 구입이 가능했다. 이 당시 충청권의 땅값이 들썩이기 시작인 상황인 것을 감안하면 저렴하게 구입하는 셈이었다. 평균적으로 관리지역 토지 값이 10만 원 정도로 형성되어 있던 시세에 비교해 보아도 좋은 가격으로 구입하게 되는 것이었다.

900평 내에 300평 규모의 대지와 나머지는 전 상태였으며 맨 위쪽 부분의 필지는 공부상 면적이 200평 정도이나 실제 사용 평수는 300평이 넘게 사용되고 있었다. 이곳에서 농사를 짓던 매도인이 밭을 일구며 뒤쪽 임야부분을 차지하여 사용한 상태로 농사를 지어 실제 면적보다 훨씬 넓었다. 뒤쪽의 임야 또한 맹지로 이 땅을 거쳐야 진입이 가능하여 뒤쪽 맹지의 통로를 재확보하게 된 셈이다. A씨는 앞 토지 소유자와 도로문제를 먼저 해결한 후 나머지 맹지부분도 사들일 수 있었다.

여기서 주의할 점은 도로확보를 위한 농림지역의 농지를 계약한 뒤 가장 먼저 해야 할 일은 농업경영계획서와 함께 농지취득자격증명을 신청하는 것이다. 이는 부동산 매매계약서와 함께 시·군·구·읍·면사무소에 접수하면 된다. 접수 후 해당 관청에서 영농의지와 기타 사실관계를 확인 후 농지취득자격증명원을 발급

한다. 그리고 등기소에 농지취득자격증명원을 첨부하여 접수해야 등기자 앞으로 등기이전이 가능하다는 사실에 주의해야 한다.

맹지는 적당한 가격에 구입할 수 있는 도로를 확보하는 것이 가능하다면 재테크의 반은 성공한 것으로 볼 수 있으며 이런 경우 도로부분의 토지 소유자와의 협상이 중요한 관건이 되므로 전문가의 조언이 필요하다.

 ## 용도지역의 파악은 토지투자의 기본

토지투자 시 점검해야 할 관계서류가 준비되었을지라도 그 내용까지 파악하는 것은 매우 어렵다. 대개의 경우 관리지역, 농림지역, 녹지지역 등의 용도지역명에 대해서는 한두 번쯤 들어보았을 것이다. 그러나 그 의미까지는 아는 경우는 드물다.

막연하게 관리지역이 투자하기 좋은 지역으로만 인식되어 있어 관리지역이 무엇인지, 농림지역이 무엇인지, 그 안에서 이루어질 수 있는 행위제한은 어떤 것이 있는지의 여부는 알지 못하는 경우가 많다.

「국토의계획및이용에관한법률」에 의해 전 국토는 도시지역, 관리지역, 농림지역, 자연환경보전지역의 4가지로 분류된다. 용도지역의 4가지 분류는 다시 9가지 분류로 세분화되고, 또 다시 21가지 항목으로 나뉜다. 이 분류에 따라 땅의 용도와 가치의 운명이 달라지게 된다.

용도지역은 정부에서 국가의 다각적인 균형발전을 고려하여 결정된다. 20년 단위로 국토의 균형발전을 위해 결정 고시되며, 5년 단위로 재설정하도록 되어 있다. 이는 토지의 이용 및 건축물의 용도, 건폐율(건축법 제47조의 건폐율), 용적률(건축법 제48조의 용적률), 높이 등을 제한함으로써 토지를 경제적, 효율적으로 이용하고 공공복리의 증진을 도모하기 위하여 서로 중복되지 않게 도시관리계획으로 결정한다.

 ## 개발의 가능성이 높은 관리지역

토지투자 시 4가지 용도지역(도시지역, 관리지역, 농림지역, 자연환경보전지역)의 분류 외에 관리지역인지 농림지역인지의 여부부터 확인하게 되는 경우가 많다.

관리지역의 경우 개발행위가 가능한 토지이기 때문에 생산과 보존에 비해 가격이 비싸게 형성되어 있다. 토지 투자자들이 대부분 관리지역에 집중된 까닭은 이런 이유 때문이다.

지목상 대지에 비하면 싸다고 볼 수 있겠지만 투자개념으로 지방의 대지를 매수하는 경우는 드물며 토지투자로는 관리지역이 비싸다.

관리지역이란 도시지역의 인구와 산업을 수용하기 위하여 도시지역에 준해 체계적으로 관리하거나 농림업의 진흥, 자연환경 또는 산림의 보전을 위하여 농림지역 또는 자연환경보전지역에 준하여 관리가 필요한 지역을 말한다. 관리지역은 수도권, 광역시, 광역시에 인접한 시·군 등 48곳은 2005년 말까지 2003년 1월 시행된 국토법에 따라 세분화 대상이다. 기타 시·군은 2007년 말까지 세분화 완료계획될 예정이다.

관리지역인 땅에 투자할 개인은 관리지역이 세분화되면 계획관리지역과 생산관리지역, 보전관리지역간의 가격 차이가 최고 두 배 이상 벌어질 수 있다는 점에 유의해야 한다.

 ## 세분화되는 관리지역

옛 준농림지와 준도시지역이 합쳐져 관리지역이 되었으며 관리지역은 다시 계획관리지역, 보전관리지역, 생산관리지역으로 나뉜다.

계획관리지역은 도시지역 편입이 예상되거나 제한적 개발을 위해 관리가 필요한 곳을 말하며 개발을 염두에 둔 지역인 만큼 가치면에서 가장 높게 평가받는다.

보전관리지역은 자연환경보호, 수질오염방지 등을 위해 보전이 필요한 곳을 말하며 생산관리지역은 농림, 어업 생산을 위해 관리가 필요한 곳이다.

투자가치로 따져본다면 계획관리지역이 가장 높고, 보전관리지역이 가장 낮다고 볼 수 있다. 적용된 건폐율이나 용적률에서도 그 순서를 알 수 있듯이 보전관리지역과 생산관리지역의 용적률과 건폐율이 80%와 20%인데 반해 계획관리지역은 100%와 40%이다.

토지이용계획 확인서를 보면 단순히 관리지역으로 표시된 경우가 많다. 이는 아직 세분화 작업이 진행 중이기 때문에 토지적성평가 즉, 토지의 성질을 파악한 후 세부용도를 결정하는 심사가 현재 진행 중이기 때문이다. 지금의 관리지역이라는 표현 자체로는 변화가 많을 것으로 예상되며 다른 용도지역에 비해 비교적 개발가치와 투자가치가 높은 것은 사실이나 거기서 또 다시 세분화되고 있는 만큼 주의가 필요하다.

 건폐율과 용적률

건폐율과 용적률은 도시미관을 아름답게 하자는 취지에서 나온 용어로 투자 시 반드시 알아야 할 용어들이다. 이는 대지의 면적 대비 건축 가능한 규모로 건폐율은 대지에 건축물이 깔고 앉아 있는 비율을 말하며 용적률은 2층 이상인 경우 건물의 각층(지하층 제외)의 바닥면적 합계인 건물의 연면적을 제한하는 범위이다.

예를 들어 건폐율이 50%라면 100평의 땅을 기준으로 바닥면적은 최고 50평까지 지을 수 있으며 용적률이 200%라면 건물의 연면적을 200평까지 건축할 수 있다. 이는 50평의 바닥면적을 가진 건물을 4층까지 짓거나 40평의 바닥면적으로 5층까지 지을 수 있는 경우로 바닥면적이 50평이 넘지 않는 범위에서 연면적 200평까지 건축이 가능하다.

이론상으로는 고도제한이 없다면 20평의 바닥면적으로 10층의 건물도 지을 수 있으나 실제 공간의 활용이 효율적이지 못하기 때문에 이처럼 건축하는 경우는 없다.

건폐율과 용적률은 땅의 가치를 평가하는 기준이 되기도 하며 일종의 규제 역할도 한다. 예를 들어 자연환경보전지역이나 농림지역의 경우 건폐율과 용적률이 낮은 반면 상업지역에서는 매우 높다.

특히 중심 상업지역에 고층건물이 즐비하게 들어설 수 있는 것이 바로 이 건폐율과 용적률이 높기 때문이므로 용적률에 대한 사항은 건축물대장에서 확인할 수 있다.

 농림지역

주로 농업이 중심이 되는 지역으로 대개의 경우 농지를 말하며 농지란 말 그대로 농사짓는 땅을 말한다. 농림지역은 「국토의계획 및이용에관한법률」상 도시지역에 속하지 아니하는 농지법에 의한 농업진흥지역 또는 산지관리법에 의한 보전산지 등으로 농림업의

진흥과 산림의 보전을 위하여 필요한 지역을 말한다.

농지란 전, 답, 과수원을 말하며 농지법상에는 좀 더 포괄적이다. 농지법에는 지목여부와 관계없이 농작물을 3년 이상 경작했었다면 농지로 본다. 다만 임야의 경우 3년이 경과되는 동안 농작물을 재배했더라도 형질변경을 하지 않았다면 농지에 해당되지 않는다. 농지는 관리지역인지 농림지역인지 여부에 관계없이 지목의 기준이 되거나 일정한 기간 이상 농지로 이용됐느냐에 따라 기준이 되는 것이다.

용도지역상 관리지역이나 도시지역도 전, 답 등의 농지가 존재한다. 또한 용도지역상 농림지역이라 하더라도 전, 답 등의 농지만 있는 것은 아니다. 대지도 있고 임야도 있으며 다른 지목들의 땅도 있다. 보통 농림지역이라 부르는 곳은 다른 용도지역에 비해 농지의 비율이 훨씬 많고 집단화되어 있다. 이것은 도시계획적 분석에 근거하여 지역별로 도시지역, 관리지역, 농림지역, 자연환경보전지역으로 분류되기 때문이다.

 ## 제한적 개발의 여지가 있는 자연녹지지역

도시지역계획구역안의 도시계획법상 도시지역으로 도시지역에는 주거지역, 상업지역, 공업지역, 녹지지역이 있다. 이 중 토지투자와 관련이 깊은 녹지지역의 경우 보전녹지, 생산녹지, 자연녹지

로 분류되어 있다.

보전녹지는 도시의 자연환경, 경관, 산림 및 녹지공간으로 구성되고 생산녹지는 주로 농업적으로 생산을 위해 개발을 유보할 수 있게 되어있다. 자연녹지는 녹지공간보전을 해하지 않는 범위 안에서 제한적으로 개발의 여지가 있는 곳을 말한다.

녹지지역 중 가장 매력적인 곳은 당연 자연녹지로 쓰임새가 다소 유동적인 곳이며 현재는 개발이 제한되지만 향후에 도심이 확대되면 가장 먼저 개발될 곳이다. 지금은 그 여부가 불확실하고 시기도 막연하여 큰 값어치를 못하나 개발의 여지가 있어 장기적으로 본다면 투자가치가 가장 크다고 할 수 있다.

녹지지역을 투자가치의 기준으로 따져 볼 경우 자연녹지, 생산녹지, 보전녹지의 순서로 볼 수 있다. 보전녹지라 해서 투자가치가 전혀 없다는 것은 아니다. 나중에 도심이 팽창해 용도지역이 변경되고 개발이 되면 다른 땅보다 투자가치가 높아질 수 있다. 다만 변경될 가능성이 적고 시점을 알 수 없기 때문에 저평가되어 있는 것이다. 실제로 보전녹지라 해도 가격이 높은 곳이 있는데 이것은 장래에 개발될 가능성이 있는 곳으로 평가되었기 때문이라고 보아야 한다.

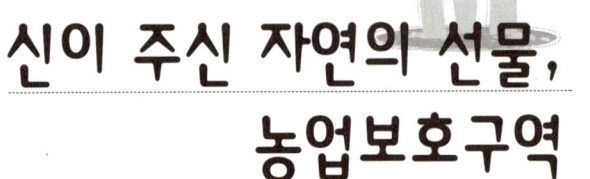

신이 주신 자연의 선물, 농업보호구역

　종합부동산세 시행으로 인한 다주택 소유자들의 포트폴리오를 구성할 만한 투자처를 꼽는다면 공장용지, 임야, 농지 등이 있다. 이는 종합부동산세 적용대상에서 제외되는 분리과세 방식이기 때문이다. 이 중 높은 활용성에 비해 저렴한 가치를 형성하고 있는 농업보호구역은 일반투자자들이 농지라는 점에서 멀리 했었던 것이어서 숨겨진 보물과 같은 곳이다.

　농지법상 농지는 농업진흥지역 내 농지와 농업진흥지역 밖 농지로 구분되며 농업진흥지역 내 농지는 다시 농업진흥구역과 농업보호구역으로 세분화된다.

　농업진흥구역은 말 그대로 농업진흥을 위한 지역으로 효율적인 영농 기계화가 가능해 농지조성사업 등으로 농업경영으로 이용하고 있거나 이용할 토지가 대규모로 집단화되어 있다.

이에 반해 농업보호구역은 농업진흥구역의 용수원 및 수질보전을 위해 필요한 지역으로, 농업진흥구역에 인접해 있어 농업환경을 보호하여야 하는 지역이다. 따라서 농지 전용을 하게 될 경우 농업진흥구역에 비해 관대하며 쓰임새는 국토이용관리법상 관리지역과 유사해 농지투자의 대표적 대상으로 볼 수 있다.

농업보호구역은 대개 농업용수로 사용하고 있는 저수지와 하천 등을 끼고 있어 자연환경조건이 수려한 것이 특징이다. 따라서 전원주택의 용도로 찾는 투자가 많다.

관리지역에 비해 규제가 비교적 까다롭기는 하나 시세가 조금 낮게 책정된 경우가 많은 것이 장점이 될 수 있다. 저렴한 가격으로 매수하여 합리적으로 이용할 수 있다면 높은 투자수익을 낼 수 있는 좋은 투자처가 될 수 있다. 농업보호구역의 땅을 매입하고자 할 때는 전용에 대한 심사규정이 더 까다로운 하류 쪽보다는 가급적 저수지 상류 쪽을 선택하는 것이 좋다.

 자연은 신이 주신 선물

A씨는 땅 투자를 하기 위해 여러 곳의 현장답사를 하며 찾아보았으나 7,000만 원으로 적당한 땅을 고르기는 어려웠다. 우선 서울과 가까운 수도권지역의 경우 최근 몇 년 사이 높은 지가상승을 보여 A씨가 원하는 금액의 토지를 찾기가 힘들었다. 투자는 하고

싶었으나 도심과 가까운 지역의 경우 마음에 드는 토지를 구하기가 어렵다고 생각한 A씨는 지방 땅에 관심이 갔다. 잘만 고르면 지방은 적은 금액으로 마음에 드는 땅을 고를 수 있다는 생각에서였다. A씨는 몇 군데 지역 중에 서울에서 2시간 이내 거리인 괴산 지역에 관심이 갔다.

땅 투기가 기승을 부리지 않은 지역이라 가격이 저렴했고, 수려한 자연경관의 토지를 다른 사람보다 먼저 선점하여 구입할 수 있다는 장점이 있었기 때문이었다.

땅 투자의 선점은 매수, 매도 타이밍에 있어 중요한 역할을 할 수 있기 때문에 투자의 큰 장점으로 작용할 수 있다.

괴산지역의 여러 곳을 답사한 끝에 고속도로 IC에서 10분 정도의 거리에 위치한 농업보호구역 내 전을 찾을 수 있었다. 땅 뒷쪽으로 야산이 포근히 감싸 안았고 전면으로는 제법 규모가 큰 낚시터가 내려다 보였다. 겨울엔 빙어낚시를 즐기러 오는 발길이 끊이지 않은 곳으로 사시사철 낚시 마니아들의 사랑을 받고 있는 곳이었다. 입구 쪽엔 계곡에서 흘러내려오는 물이 영험하기로 소문난 약수터가 있었으며 저수지 상류 쪽에 위치하여 배산임수의 지형으로 주말농장으로 이용할 수도 있고 재테크의 효과까지 거둘 수 있어 일석이조의 투자라 생각되었다.

일반적으로 강이나 바다, 저수지, 계곡 등을 낀 토지의 경우 도시와 멀리 떨어진 지방이라 할지라도 최소 평당 20~30만 원에 형성되어 있는 것으로 보아 매우 저렴한 가격인 6,000만 원대에 마을 원주민에게서 땅을 직접 구입할 수 있었으며 이곳을 구입한지

몇 개월 후 1억 원에 재매도할 의사가 있는지의 여부를 제의 받았으나 거절하고 매도시기를 좀 늦추고 있었다.

도시에서 아파트 조망권이 돈으로 환산되는 것처럼 토지에서도 자연환경이 주는 가치는 시간이 지날수록 점점 높아질 것이다. 내 땅에서 계곡, 저수지, 강, 바다 등이 보인다면 실제로 토지 가치에 상당한 플러스 작용을 하게 된다. 토지 구입 시 용도지역이나 행위제한에 관한 관계서류를 주의 깊게 살피는 것도 중요하지만 무엇보다 중요한 것은 현장 답사 시 땅의 모양이나 입지조건 외에도 자연환경에 관심을 가질 필요가 있다.

자연환경의 가치란 인간이 인위적으로 만들 수 없는 것으로 설령 많은 자금을 들여 만들어낸다 할지라도 자연이 만든 천연의 가치와는 비교대상이 될 수 없다. 이는 신이 주신 선물이며 단순한 서류검토만으로는 확인할 수 없는 것이다. 꾸준한 현장 답사만이 구석구석에 숨겨진 보물을 찾아내는 열쇠이다.

 배산임수란

배산임수(背山臨水)란 뒷쪽으로 산이 자리 잡고 앞쪽으로 내가 흐르는 곳으로 뒷산의 산세가 온화하고 내의 물은 흐르는 속도가 빠르지 않아야 한다.

풍수적으로 길지는 산지나 구릉이 세 방향을 에워싸고 한쪽 방향으로 터져 있으며 터진 입구로 하천이 흐르는 곳을 배산임수의 조건으로 본다.

배산임수를 풍수지리에선 두 가지 설로 구분한다. 하나는 택지를 정하는 이상적 배치라는 설과, 다른 하나는 자연환경과 조화를 이루는 과학적 택지요건이라는 설이다.

왜냐하면, 풍수지리적으로 볼 때 뒷산은 집에 생기를 불어넣는 지맥이 있는 곳이며 지맥은 산을 따라 흘러 내려와 집에 생기를 넣어준다. 그래서 집 뒤에 산이 없으면 산천의 생기가 집으로 전해지지 않고 생기가 바람을 만나 흩어져 버리며 물을 만나면 멈추어 버리기 때문이다. 그러므로 집 뒤의 산은 바람을 막아주고 집으로 들어오는 생기를 보호하는 역할을 한다. 그리고 집 앞의 물은 산으로부터 흘러온 땅의 기운이 모이는 곳으로 땅의 기운이 더 이상 앞으로 나아가지 못하게 한다. 따라서, 배산임수란 산의 기운인 음(陰)과 물의 기운인 양(陽)이 서로 합해지는 곳으로 산천의 생기를 북돋우어 만물이 잘 자라도록 한다고 본다.

전통적인 촌락은 뒤쪽에 산이 자리잡고 앞쪽으로 하천이 흐르는 곳에 모여 있으며 산에서는 땔감이나 산나물을 얻고 하천을 이용하여 농사를 지을 수 있기 때문에 자연과 조화를 이룬 면에서 과학적 택지요건설이 비롯된 것으로 보인다.

보통의 경우 저수지나 강을 끼고 있는 곳에 배산임수의 지형이 많은 것이 특징이다.

임야의 가치를
상승시켜라

부동산시장 격언 중에 '돈은 길을 따라 움직이고 길은 땅에 새로운 가치를 부여해준다' 라는 말이 있다. 부동산의 잠재가치는 길을 떠나서는 생각하기 어렵다. 쓸모없어 버려진 땅도 주위에 새로운 길이 뚫리거나 확장되면 도로와의 접근성이 좋아진다. 따라서 이를 찾는 수요자가 늘어나고 수요가 늘어나면 수요공급의 원칙에 의해 공급은 줄어들게 되어 가격이 상승하는 효과를 누리게 된다.

문제는 길이 뚫리는 정보를 파악하는 것과 실제로 혜택을 누릴 수 있는 곳이 어디인가를 판단하는 것이다. 그렇다고 해서 반드시 정보에만 집착할 필요는 없다.

무엇보다 중요한 것은 자신만의 개발 마인드를 갖는 것이다. 남이 파악하기 전에 부동산시장이 어떻게 달라질 수 있는지의 흐름을 읽는 능력과 어떤 개발이 가능한지를 파악하는 능력을 키우고 실천하는 것이 성공 재테크의 기본이라 할 것이다.

우리나라는 국토가 좁기 때문에 강이나 바다처럼 물이 보이는 곳은 수도권이 아닌 지방의 경우에도 높은 가격으로 책정되어 있다. 도로가 발달되고 전국이 1일 생활권인 요즘 지방의 수려한 자연조건을 갖춘 땅의 미래가치를 알아보고 찾아내는 것은 꾸준한 현장 답사를 할 때만이 가능하다. 또한 좋은 땅을 만났을 때 땅의 가치를 상승시킬 수 있는 사람만이 성공할 수 있다.

지방 임야의 경우 강이나 바다를 낀 경우가 많다. 임야는 넓은 평수만큼 가격이 싸다는 것이 장점인 반면 확인해야 할 사항이 많고 많은 법률검토가 필요하다. 2006년부터 실시되는 비사업용 토지나, 농지, 임야의 외지 소유자에 대한 양도세 중과는 임야소유에 대한 재촌 규정을 갖추어야 한다. 양도일 현재 3년 이상 보유기간 중 2년 이상, 5년 이상 보유기간 중 3년 이상, 보유기간 중 80% 이상 임야 소재지 시·군·구와 연접 시·군·구에 거주해야 한다.

모든 투자가 그렇지만 임야는 투자 시 목적을 명확히 하여 향후 용도를 변경할지라도 전원주택용인지, 공장용지인지, 펜션용지인지 등을 잘 파악해야 한다. 그래야 투자 리스크가 적어지며 개발 시에도 임야의 가치를 상승시키는 효과를 제대로 얻어낼 수 있다.

# 개발계획으로 매입하는 땅은
연접개발제한 여부를 확인해야 한다

아파트를 짓는 건설회사에 근무하면서 수많은 아파트 부지를 찾아다녔고 현재는 직접 건축업을 하고 있는 S씨는 좋은 땅과 투자처를 찾아서라면 어디든 달려가는 투자전문가이다.

S씨처럼 개발을 염두에 둔 경우 주변의 연접개발제한 등 여러 관련 규제나 확인할 사항이 많음에 주의해야 한다. 연접개발제한이란 용도지역별로 개발면적을 제한하는 것으로 관리지역의 경우 3만㎡(약9,074평) 이상의 개발허가를 받은 곳이 구입예정지로부터 직선거리 500m 이내에 있는지 확인해야 한다. 만약 500m 이내에 개발허가를 받은 곳이 있다면 그 이상의 면적은 허가가 나지 않는다. 3만㎡(9,074평) 허가란 자신이 허가받을 면적과 직선거리 500m 이내에 허가를 받은 면적을 합하여 3만㎡를 말하며 직선거리 500m 이내에 개발허가를 받은 토지가 있다면 먼저 개발허가를 받은 부분을 제외한 나머지 부분만큼만 허가받을 수 있음에 유의해야 한다.

예를 들어 직선거리 500m 이내에 2만㎡의 개발허가를 먼저 받은 곳이 있다면 1만㎡ 만큼만 개발허가를 받을 수 있다는 뜻으로 이 경우 인근에서 먼저 받은 2만㎡와 자신이 허가 받고 싶은 부분이 2만㎡일지라도 1만㎡만 허가를 받을 수 있다는 것이다. 개발의 경우 연접제한 여부를 살펴야 하는 이유가 여기에 있다.

용도지역별 개발행위 허가규모

용 도 지 역		개발행위 허가규모(㎡)
도 시 지 역	주거, 상업, 자연녹지, 생산녹지	1만㎡미만
	공업지역	3만㎡ 미만
	보전녹지지역	5천㎡미만
관 리 지 역		3만㎡ 미만
농 림 지 역		3만㎡ 미만
자 연 환 경 보 전 지 역		5천㎡ 미만

 **충분한 현장 확인과
관계서류 검토절차**

S씨는 10회가 넘는 현장 확인을 하고 토지이용계획 확인서 등 관계서류를 철저하게 분석하며 복잡해 보이는 권리관계는 직접 군청을 찾아가 확인하거나 전문인의 도움을 받았다.

임야의 경우 여러 가지 현장 확인이나 법률검토, 분묘나 지표상태, 법률적 규제 등 예상하지 못한 일이 생길 수 있으므로 전문인의 도움이 필요하다. 임야에는 백두대간 보호법, 공원법, 사찰법, 휴양림, 보호림, 보안림 등의 여러 가지 독자적인 법률규제가 많다는 것에 유의해야 한다.

 # 현장 답사 시 반드시 챙겨야 할 분묘

임야매매의 경우 분묘 상황에 대한 현장 확인을 반드시 하여야 한다. 분묘의 경우 관계서류에 나타나지 않으며 현장 답사로만 확인 가능한 것이다.

S씨는 임야 내에 있는 2기의 분묘는 매매 계약 시에 매도자에게 이장할 것을 조건으로 내세워 계약했다. 임야의 경우 분묘 상황에 대해 확인절차를 거치지 않을 경우 분묘기지권이란 법정지상권이 발생할 수 있다. 분묘는 토지 소유주라 할지라도 후손이나 묘지 관계인과 합의가 이루어지지 않으면 함부로 훼손할 수 없는데 이는 분묘기지권 때문이다. 이는 오랜 관습과 전통을 법으로 반영해준 경우로 우리 민족의 조상을 섬기고 분묘를 신성시 여기는 정서를 소중히 여기는 것으로 자기 땅이라 하더라도 권리행사를 마음대로 할 수 없다. 이것은 처음 묘지를 쓴 당시에 양자간 합의 또는 승낙이 이루어졌다고 보는 일종의 관습법이다.

또한 토지매매 시 특별한 약정 없이 토지를 매각한 전 토지 소유자의 경우에도 분묘기지권이 발생될 수 있음에 유의해야 한다. 타인의 토지에서 20년 이상 경과되었을 경우에도 분묘기지권이 발생하나 모든 묘가 분묘기지권이 성립하는 것은 아니다. 토지 소유주 모르게 묘지가 갑자기 생겼다면 묘지관계인이나 후손에게 당연히 이장을 요구할 수 있다.

분묘기지권의 경우 등기되어 있는 것이 아니므로 경매 시 토지가 매각되어도 소멸되지 않고 인수되어지는 권리이므로 임야 등을 취득할 때는 반드시 현장을 답사하여 분묘 설치에 대한 세심한 확인이 필요하다.

 임야는 입목 밀도와 경사도를 확인하여야 한다

임야의 경우 경사가 너무 급하거나 임목본수의 밀생정도가 50%를 넘어가면 산지전용 허가가 잘 나지 않는다는 점에 유의해야 한다. 임목본수란 나무의 밀생정도를 수치화한 것이며 경사도가 25도 이상인 경우 산지전용 허가를 내주지 않기 때문이다.

산지관리법이 시행되고 임야의 경사도, 연접개발, 준공 등에 대한 절차가 까다로워지긴 하였으나 농지보다는 임야가 전원주택 등의 개발을 하기에는 훨씬 수월하다. 농지의 경우 농지취득자격증명을 발급받아야 소유권 등기이전절차가 가능하지만 임야는 그러한 절차 없이 등기이전이 가능하다. 농지전용허가처럼 허가를 받은 경우 2년 이내 집을 지어야 하는 규정이 없고 토목준공 후 바로 대지로 전환되기도 한다.

농지전용을 할 경우에는 농지전용 부담금을 내야 하듯이 임야의 경우에도 대체조림비를 납부한다. 산림이 건축행위 등으로 인하여 전용됨에 따라 감소되는 산림자원에 대해 대체 조성하는 비용을 '대체조림비' 라 한다. 만약 산림이 훼손되지 않은 상태에서 개발행위 허가가 취소되었다면 대체조림비를 전액 환급받을 수 있으며 일부만 형질변경된 상태에서 허가취소 등이 발생한 경우라면 나머지 형질 변경되지 않은 부분에 대해서 환급받을 수 있다. 산림의 형지변경 허가를 받고 복구를 완료했을 때는 복구 준공검사를 받아야 하며 준공검사 후에 발생하는 하자 보수를 위해 하자 보수보증금을 예치해야 한다. 그러나 면적이 660m² 미만인 경우와 기타 대통령령이 정하는 경우에는 복구비를 예치하지 않아도 된다.

임야의 경우 형질변경 허가를 받는 데 드는 비용은 평당 4,200원으로 농지전용 부담금에 비해 훨씬 저렴한 것이 장점이다. 그러나 농지보다 개발이 쉽고 형질변경허가에 있어 비용이 저렴한 반면 전체 평수가 넓다보니 투자금액의 크다는 것이 단점이다.

이런 면에서 일반인의 투자로는 부담이 가는 금액이지만 대규모 전원주택 단지 등의 개발을 하고 싶어 하는 S씨의 경우라면 적당한 투자라고 할 수 있으나 임야라고 해서 무조건 개발이 가능한 것은 아니다. 임야는 산지관리보전법상 보전임지와 준보전임지로 구분되며 보전임지는 말 그대로 보전 목적이 강하여 개발이 제한되나 준보전임지의 겸우 보전임지보다는 개발이 가능하다는 특징이 있다.

준보전임지에서 건축행위 등의 허가를 받기 위해서는 산림훼손 허가를 받아 형질변경을 해야 한다. 산림훼손허가가 났다 하여도 무조건 훼손할 수 있는 것은 아니며 허가증 교부 전까지 산림훼손 복구비를 예치해야 한다. 시장이나 군수는 도로 상황, 묘지와의 거리, 주민민원 여부 등을 검토한 후 허가를 내주게 된다.

보전임지는 다시 생산임지와 공익임지로 나뉘며 생산임지는 산림자원의 조성과 임업생산 및 산림업을 촉진시키기 위해 국유림, 채종림, 시험림 등에 적합한 산림을 말한다.

공익임지는 임업생산 및 자연환경의 보전, 국민보건 휴양 및 산사태나 재해방지 등 공익에 필요한 보안림, 천연보호림, 휴양림, 사방지, 조수보호구역, 사찰림, 상수원보호구역, 개발제한구역, 보전녹지지역, 자연생태계보전지역 등으로서 타용도로의 전용이 극히 제한되는 임야를 말한다.

보전임지의 경우 개발이 전혀 안되는 것은 아니며 조림 목적을 위한 이용은 가능하다. 수목갱신을 위한 벌목이나 현지 거주인인 농업인이 전용허가를 받아 농가주택을 지을 수 있으며 종교 시설의 신축, 개축도 가능하며 1만m²(3,025평)까지 버섯재배를 하거나 과수원 등을 만들 수도 있다.

 개발부담금제도

택지, 골프장 등 30종 개발 사업 때 시행자에게 개발 전후 땅값 차액의 25%를 부과하는 개발부담금제도는 개발 사업자에겐 부담스럽다. 2006년 1월 1일부터 부활된 개발부담금제도의 부과대상은 30종류 개발 사업으로 특별시, 광역시는 200평 그 외 도시지역 300평, 농어촌 등 비도시지역은 500평 이상이다. 이들은 사업종료

지가에서 사업 착수 시 땅값 개발비용, 정상 지가 상승분을 제외한 개발이익 중 25%를 납부해야 한다.

2006년 1월 1일부터 승인 · 허가되는 사업분부터 적용하며 용도변경 시 이루어지는 사업은 토지 취득시점부터 사업종료까지의 개발이익이 대상이다. 단, 국가가 추진하는 사업이나 지자체가 진행하는 택지개발 등 5개 사업에 대하여서는 부담금을 100%, 지자체의 기타 25개 사업과 정부투자기관의 택지개발 등 5개 사업에 대해서는 50%를 각각 감면해준다.

거두어들인 부담금은 해당지역으로 50%를 배분하고 나머지는 국가 균형발전특별회계에 편입하여 균형발전 사업에 사용된다.

 토지분할제한

8 · 31 부동산종합대책의 후속으로 「국토의계획및이용에관한법률 시행령」 개정안이 2006년 3월 14일 국무회의에서 심의 의결된 바에 따르면 앞으로 비도시지역(관리, 농림, 자연환경보전지역 등)에서의 토지분할이 개발행위 허가대상에 포함됨에 따라 이에 대한 허가기준을 마련하였다.

비도시지역의 토지분할 시 투기가 우려되어 건교부 장관이 지정 · 고시하는 지역이 아니어야 하고 건축법에 의한 분할제한면적 이상이어야 한다.

단순히 토지가격 상승을 목적으로 한 토지분할을 근절하기 위하여 건축물의 건축 등 의도하는 개발행위가 다른 법령에서 제한되지 않아야 토지분할이 가능하게 된다. 비도시지역에 토지분할을 제한하는 지역은 소득세법에 의한 투기지역 지정요건에 해당하는 지역 중에서 토지분할을 통한 투기진행 여부를 보고 지정할 계획이다.

토지거래허가를 받아야 하는
토지거래허가구역

　토지거래허가구역이란 말 그대로 토지거래를 할 때에 허가를 받으라는 것이다. 일반적인 규제들이 특정한 시설이나 현재 용도 상태대로의 보전이 목적이라면 토지거래허가구역은 투기목적이 없는 실수요자가 적합한 토지이용계획서 등을 작성해야 하는 등 일정한 요건에 적합해야만 등기이전을 허가해주는 제도이다. 쉽게 말해 투기세력을 차단하기 위한 장치이다 이는 토지의 높은 지가 상승과 투기적인 거래 우려가 있는 지역에 대해 5년 이내의 기간을 정하여 건교부 장관이 지정한 것이다. 특히 개발 호재가 많은 지역일 경우 대부분 토지거래허가구역으로 묶여 있다.

　현재 전 국토의 22% 정도가 토지거래허가구역으로 묶여 있으며 토지거래허가구역에 대한 확인은 토지이용계획 확인서 10번 항목 "토지거래"에서 확인이 가능하다.

# 토지거래허가신청은
당사자끼리 공동협력이 필요하다

　2, 3년 전부터 경기도 화성, 평택지역의 경우 안산이나 서울지역 등에서 이주해오는 공장들로 인해 많은 개발이 이루어진 곳이다. 불과 몇 년 사이 곳곳에 공장이 들어서기 시작하면서 많은 임야가 사라져가고 개발이 진행되어 갈수록 높은 땅값 상승을 보였다. 높은 땅값 상승을 보이는 만큼 매매거래 시, 계약금 지급 후 또는 중도금 지급 등 계약진행 상황 중에 여러 예상하지 못한 크고 작은 거래사고가 발생할 우려도 많다. 이런 거래사고에 대한 우려만큼 토지거래허가구역은 제도의 법률적인 이해를 반드시 숙지한 다음 접근해야 할 필요가 있는 곳이다.

　L씨는 평택의 관리지역 전(田)을 매수하는 매매계약을 체결하면서 중도금 지급기일 전에 쌍방이 협력하는 조건으로 토지거래허가 신청을 하기로 했다. 그러나 매도인 쪽에서 토지거래허가신청에 협력하지 않는 상태로 중도금 지급기일을 경과시키자, 중도금을 지급하지 않았다는 이유로 계약위반을 주장하며 계약금 몰수를 통지해왔다.
　이 계약은 매도인이 토지거래허가신청에 협력하지 않을 뜻을 표시한 것이다. 때문에 매도인의 책임 있는 사유로 계약이 무효가 된 것이므로 L씨는 계약금을 돌려받을 수 있다.
　L씨의 경우 토지거래허가구역 내에 있는 토지 매매계약은 허가

가 되지 않는 것으로 확정되거나 당사자가 허가신청을 하지 않을 것을 명백히 한 경우 확정적으로 거래는 무효가 된다. 그러므로 매도인이 허가신청에 협력하지 않을 것을 명백하게 드러냈다면 계약금을 돌려받을 수 있는 것이다.

「국토의계획및이용에관한법률」에 따라 토지거래허가구역 내에 있는 토지에 관한 소유권과 지상권을 대가를 받고 이전 및 설정하는 계약을 하고 계약을 체결하고자 하는 당사자는 공동으로 시장·군수 또는 구청장 허가를 받아야 한다. 허가를 받지 아니하고 체결한 토지거래 계약은 그 효력이 발생하지 않는다는 것을 유념해야 한다.

 ## 일정면적 이상의 토지거래는 허가를 받아야 한다

토지거래허가구역으로 지정된 경우 일정면적 이상의 토지거래는 토지소재 관할 시·군·구의 허가를 받아야 한다. 그러나 지정 전에 토지의 매매계약을 체결했다면 지정 후 등기이전을 할 때에는 허가를 받지 않아도 된다. 토지거래허가구역에서 받아야 하는 허가면적은 원칙적으로 도시지역 내 주거지역 180㎡(54평), 상업지역 200㎡(60평), 공업지역 660㎡(200평), 녹지지역 200㎡(60평), 도시지역 외에서 농지 1,000㎡(302평), 임야 2,000㎡(605평)를 초과하는 경우이다. 자기 주거용 주택용지(대지)를 매입하는 경

우 1가구 1주택자에 한해서만 매입할 수 있으며, 직장 이전 등의 불가피한 경우에만 예외를 인정한다.

토지거래허가구역이라 하더라도 별도로 토지거래특례구역으로 지정되었을 때는 기준면적이 다시 줄어들어 관할 행정청에서 확인해야 하며 토지거래허가 기준면적에 부합되더라도 토지거래허가가 무조건 되는 것은 아니다.

토지거래허가를 받기 위해서는 토지 매수자가 투기목적이 없는 실수요자에, 이용면적이 도시계획 등에 적합하여야 한다. 거래하고자 하는 토지의 면적이 이용목적에 적합하여야만 되는 것이다.

토지거래허가를 신청함에 있어 첨부하여야 하는 토지이용계획서를 작성할 때는 허가요건에 부합되어야 한다. 매매가 아닌 상속이나 증여 등의 경우 거래 허가대상에서 제외되며, 농지의 경우 과거 거주지가 경작거리(20km) 이내에서만 매매가 가능했지만 현재는 이런 규제는 없어졌다.

 토파라치

2006년 3월부터 토지거래허가구역에서 비농업인이 농지나 임야를 매입할 때 사전 거주기간(전세대원)이 6개월에서 1년으로 늘어나고 개발계획 수립 후 2년 이내에 개발행위에 착수해야 한다. 만약 그러지 못할 경우엔 토파라치에 걸릴 위험이 있다. 왜냐하면

토지거래위반신고포상제가 도입되었기 때문이다.

토(土)파라치에 걸릴 수 있는 경우는 농지와 임야를 매수한 사람의 전 세대원이 1년 이상 해당 시·군에 거주하지 않았거나 토지 취득 당시 자금조달 내역과 함께 제출하는 이용계획서대로 토지를 활용하지 않았을 때 등이다.

허가를 받은 날로부터 일정기간의무사용 및 전매제한기간도 있어 농지는 2년, 임야 3년, 개발사업용 토지 4년, 나대지 등 기타 토지는 5년 등으로 정해진 토지의무이용기간 내에 불법으로 땅을 팔거나 허위 토지분할을 했을 때도 신고대상이 된다. 땅을 허가 받은 대로 이용하지 않게 되는 경우 공시지가의 5~10%의 이행강제금이 부과된다.

토지거래허가구역 내 거래제한 강화내용

구 분	내 용
전매제한 강화	• 허가일로부터 일정기간 의무사용.전매제한 　- 농지 2년(종전 6개월) 　- 임야 3년(종전 1년) 　- 개발사업용 4년(종전 6개월) 　- 나대지 등 기타 토지 5년(종전 6개월) • 위반시 과태료 능 저벌 • 입영, 이민, 재해 등으로 이용불가 시 예외 적용
자금조달계획 제출	• 토지거래허가 신청시 자기자본, 금융권 대출계획 등 제출 • 자금조달계획 불확실하면 거래 불허가 • 자금조달계획 국세청에 통보해 조사자료로 활용

토지거래허가구역 지정현황

지정자	지 역	기 간 (공고일, 공고번호)	사 유
건교부	서울시 강북 뉴타운 개발지역 성북·성동·동대문·종로·중구의 11개동 15.65km²	2002.11.20~2007.11.19 (2002.11.14, 299호)	서울 강북 길음·왕십리 뉴타운지역
	대전·청주·청원·천안·공주·아산·논산·계룡·연기 등 충청권 7시 2군(13개 시군구)의 녹지지역 및 비도시지역 3,567.1km²	2003.2.17~2008.2.16 (2003.2.11, 31호)	행정중심복합도시 건설
	김포시 전역·파주시 9읍면동·고양시 9동·인천시 검단동 25.07km²	2003.5.20~2008.5.19 (2003.5.14, 101호)	수도권 김포·파주 지구 신도시 건설지역
	수도권 및 광역권(부산·대구·광주·대전·울산·마창진권)개발제한구역 4,294km²	2005.12.1~2006.5.30 (2005.11.25, 360호)	개발제한구역 조정 등에 따른 투기방지 ('03.11.25, 268호 재지정) ('01.11.26, 325호 재지정)
	수도권(서울·인천·경기)의 녹지·용도미지정지역 및 비도시지역(동두천 비도시지역은 제외) 5,578.85km² ※ 지정제외 : 가평·이천·여주·양평·옹진·연천		수도권 투기방지와 토지시장 안정 추진 ('02.11.14, 300호 재지정)
	성남시 및 용인시 판교지역의 택지개발예정지구 14동 2리 38.981km²	2003.12.1~2007.11.30 (2003.11.25, 264호)	판교 신도시건설 ('01.11.26, 326호 재지정)
	인천 연수구·중구·서구 일부 7.20km²	2003.12.1~2008.11.30 (2003.11.25, 266호)	인천 경제자유구역 지정(8.5) 지역
	부산시 강서구 17개동 및 경남 진해시 15개동 일부 80.39㎢	2003.12.1~2008.11.30 (2003.11.25, 267호)	부산·진해 경제자유구역 지정(10.24)지역

지정자	지 역	기 간 (공고일, 공고번호)	사 유
건 교 부	수원시 이의동 등 4개동, 용인시 상현동 등 5개동, 기흥·구성읍 15.93km²	2003.12.1~2008.11.30 (2003.11.25, 268호)	시가화예정지역 지정
	전남 해남군 7읍면, 영암군 4읍면, 무안군 5읍면 854.51km²	2005.3.26~2009.8.20 (2005.3.21, 82호)	기업도시 거론지역
	충남 천안시의 22동 2읍, 아산시의 3면 28리 318.102km²	2005.4.8~2008.2.16 (2005.3.22, 83호)	아산신도시 건설지 일원 고속철도 건설 (2002-74호 및 248호 재지정)
	서산·금산·부여·청양·홍성·예산·태안·당진 등 충남 1시 7군 녹지·용도미지정 및 비도시지역 4,509.676km²	2005.7.2~2008.2.16 (2005.6.27, 201호)	행정복합도시 건설 영향권
	전남 신안군, 무안군 해제면 665.507km²	205.7.2~2009.8.20 (2005.6.27, 202호)	개발계획 거론지역
	전북 전주시(6개동), 김제시(용지면), 완주군(이서면) 전지역 89.415km²	2005.10.4~2010.10.3 (2005.9.29, 295호)	혁신도시 후보지 신청
서 울	종로구·용산구·동대문구·중랑구·강북구·서대문구·마포구·양천구·강서구·동작구·영등포구·강동구 12개구 8.318km²	2003.11.26~2008.11.25 (5년)	제2차 뉴타운 (11.19) 지정
	동대문구·성북구·강북구·서대문구·구로구의 14개동 1.9km²	2003.12.30~2008.12.28 (5년)	서울시의 균형개발 촉진지구 지정
	장위·상계·수색·북아현·신길·신림·거여·마천(6.9km²-3차 뉴타운), 구의·자양·망우·천호동(1.1km²-제2차촉진지구) 8.0km²	2005.12.27~2010.12.26 (5년)	제3차 뉴타운 및 제2차 촉진지구
	금천구 시흥, 동작구 흑석동 1.53km²	2006.1.3~2011.1.2 (5년)	제3차 뉴타운지역
	동대문구 이문·휘경동 일부지역 1.0km²	2006.2.7~2011.2.6 (5년)	

지정자	지 역	기 간 (공고일, 공고번호)	사 유
대구	달성군 현풍면 7개리, 유가면 12개리, 구지면 2개리 69.1km²	2005.3.1~2008.2.29 (3년)	대구 테크노폴리스 예정지 및 주변지역
	동구 신평동 등 11개동 5.7km²	2006.1.10~2008.12.31 (3년)	혁신도시 예정지역
인천	연수구 동춘동 4.3km²	2004.8.8~2008.11.30 (4년 4개월)	경제자유구역 송도지구(1공구)
울산	울산시 언양읍 · 삼남읍 · 두서면 · 두동면 · 삼동면 일원 70.58km²	2003.11.19~2008.11.18 (5년)	경부고속철도 울산역 신설지역
	울산시 북구 무룡동 · 산하동 · 정자동 1.372km²	2005.1.1~2009.12.31 (5년)	강동유원지 개발지역
	울산시 상북면 길천리 · 거리 · 산전리 · 향산리 · 양등리 · 궁근정리 3.301km²	2005.1.18~2010.1.17 (5년)	지방산업단지 조성예정지
	울주군 울주군 언양읍 반연리 6.6km²	2006. 2. 1~2011. 1.31	울산 국립대 건설
경기	고양시 대화동 · 장항동 · 법곳동 6.24km²	2002.4.22~2007.4.21 (5년)	관광문화숙박단지 및 국제전시장 건립
강원	원주시 지정면 가곡리 · 간현리 · 신평리 · 월송리 · 보통리, 호저면 매호리 · 무장리 · 산현리 2개면 8개리 77.21km²	2005.5.27~2008.5.26 (5년)	기업도시 유치예정지역
	원주시 행구 · 반곡 · 관설 · 단구동 24.142km²	2006. 2. 2~2009. 2. 1 (3년)	혁신도시 건설
충북	충북 제천시 7개동(왕암.천남.강제.명지.산곡.청전.신월동) 및 봉양읍 및 금성면 일부 주거 · 상업 · 공업지역 제외, 54.68km²	2005.9.22~2008.7.28 (2년 10월)	지방산업단지조성,제천개발촉진지구 지정지역
	진천군 덕산면 두촌 · 석장 · 옥동 · 구산 · 기전 · 용몽리 16.8km²	2006.1.4~2011.1.3 (5년)	혁신도시 예정지
	음성군 맹동면 통동 · 두성 · 본성 · 신돈 · 쌍정 · 군자리 22.7km²	2006.1.4~2011.1.3 (5년)	혁신도시 예정지
	제천시 봉양읍 마곡리 · 구곡리 삼거리 · 연박리 39.67km²	2004.7.29~2008.7.28 (4년)	제천개발촉진지구 리조트단지조성지역

지정자	지 역	기 간 (공고일,공고번호)	사 유
충북	충주시 주덕읍 · 이류면 · 노은면 · 가금면 15개리 87.14km²	2005.4.28~2010.4.27 (5년)	기업도시 개발사업 예정지 및 주변지역
전북	무주군 설천면 청량리 · 소천리 두길리 9.8km²	2005.2.18~2010.2.17 (5년)	태권도공원 조성지역
	전주시 송천동 · 전미동 · 호성동(5.331km²), 임실군 대곡리 · 정월리(7.273km²), 무주군 안성면 금평리 · 덕산리 · 공정리(8.095km²) 총 20.699km²	2005.6.2~2010.6.1 (5년)	35사단 이전(전주) 35사단 유치(임실) 기업도시 유치(무주)
	무주군 안성면 전지역(기 지정지역 및 국립공원 제외)50km²	2005.8.31~2010.8.30 (5년)	투기예방 및 토지 거래 안정성 확보
	부안군 하서면 백련리 · 장신리(2.941km²)		신재생 사업단지 조성지역
	익산시 삼기면 · 낭산면 · 망성면 어량리 · 용동면 · 화배리 · 함열읍 다송리 · 석매리 · 흘산리 · 황등면 율촌리 · 오산면 · 목천동 · 석탄동(124.214km²) 총 127.155km²	2005.8.10~2010.8.9 (5년)	익산 신도시 개발지역
	전주 완산구 상림 · 효자동2·3가 · 삼천동3가 · 용복동 11.303km²	2005.12.7~2010.12.6 (5년)	
전남	고흥군 봉내면 예내리 4.03km²	2004.2.4~2006.2.3(2년)	우주센타 건설지역
	신안군 압해면 11개리 52.0km²	2003.10.27~2008.10.26 (5년)	신도시 건설 예정지역
	담양군 금성면 금성리 · 원율리 9.0km²	2003.10.25~2006.10.24 (3년)	금성 종합레저타운 개발지역
	여수시 화양면 장수리 · 이목리 · 서촌리 · 화동리 · 안포리 40.3km²	2003.12.11~2008.12.10 (5년)	여수 종합 리조트 단지 조성
	순천시 해룡면 신대리 · 상삼리 · 남가리 · 성산리 · 선월리 15.99km²	2004.4.1~2007.3.31 (3년)	광양 경제자유구역 배후단지 조성
	해남군 산이면, 화원면 청용리 · 금평리 · 영호리 · 성산리 61.967km²	2004.8.21~2009.8.20 (5년)	서남해안 해양레저타운 조성예정지역

지정자	지 역	기 간 (공고일, 공고번호)	사 유
전 남	담양군 금성면 덕성리 4.8km²	2004.10.27~2006.10.24 (2년)	관광지 개발사업 (Lotte ecoland 조성)
	여수시 수정동 · 공화동 · 덕충동 3.6km²	2004.11.10~2009.11.9 (5년)	여수 2012세계박람회 후보지역
	광양시 광양읍 세풍리 전지역 7.4km²	2005. 9.10~2010.9.9 (5년)	광양 복합물류단지 개발지역
	나주시 남평읍, 금천 · 산포 · 다 도 · 봉황면, 관정 · 평산동 도 시 · 비도시지역 222.144km²	2005.11.8~2010.11.7 (5년)	혁신도시 후보지
경 북	김천시 봉산면 · 대항면 · 농소면 일원 42.29km²	2003.11.17~2005.11.16 (2년)	경부고속철도 김천역 신설지역
	경주시 광명동, 건천읍 화천리 · 모량리 31.77km²	2004.9.4~2009.9.3 (5년)	경부고속철도 김천역 신설지역
	칠곡군 지천면 연화리 · 금호리 (13.77km²), 포항시 남구 연일읍 학전리 · 달전리, 북구 여남동, 흥 해읍 곡강리 · 용한리 · 죽천리 · 우목리 · 이인리 (30.33km²) 총 44.1km²	2005.6.7~2008.6.6 (3년)	영남권 내륙화물 기지지역(칠곡) 영일만신항만배후단지, 동해중부선포항 역사지역, 테크노파크 등(포항)
	포항시 남구 대보면 대보 · 구 만 · 강사리 16.6km²	2005.8.30~2010.8.30 (5년)	호미곶관광지 및 호미곶해양레저특구
	경산시 임당 · 대평 · 중방 · 계 양 · 대정동 등 6개동 2.7km²	2005.12.6~2010.12.5 (5년)	대정 · 임당뜰 택지개발사업지역
	김천시 아포읍 9개리(41.5km²) 칠곡군 북삼읍 율리(2.87km²) 총 44.37km²	2006.1.3~2009.1.2 (3년)	혁신도시 예정지
경 남	사천시 용현면 덕곡리 2.748km²	2004.1.1~2007.12.31 (4년)	사천시 청사건립 및 용현택지개발 추진
	창원시 동읍 · 북면 · 대산면 전 역, 고성군 마암면 5개리 143.567km²	2005.4.26~2008.3.25 (3년)	창원 도시계획 변경, 고 성 해군교육 사유치
	사천시 축동면 사다리 · 탑리 · 반용리13.98km²	2005.6.7~2008.6.6 (3년)	기업도시 유치 후보지
	경남 마산시 진북면 덕곡리,신촌 리,망곡리,부평리,추곡리,대티리, 정현리 등 7개리 22.412km²	2005.8.30~2008.8.29 (3년)	전북지방산업단지 유치예정지

지정자	지 역	기 간 (공고일, 공고번호)	사 유
경 남	진주시 문산읍 소문리,옥산리,금산면 갈전리 전역, 호탄동(일부제외), 상평동(공업지역) 18.6km²	2005.11.13~2008.11.12 (3년)	혁신도시 지정지역
	양산시 상북면 소토리, 산막동, 호계동, 북정동 일원(8.7km²), 양산시 웅상읍 용당리 일원(1.2km²) 총 9.9km²	2005.11.23~2008.11.22 (3년)	지방산업단지 조성지역
제 주	서귀포시 동흥동 · 서흥동 · 토평동 일원 5.26km²	2004.12.29~2009.12.28 (5년)	서귀포 제2관광단지 개발지역
	서귀포시 법환동 · 서호동 일부 1.72km²	2005.12.23~2010.12.22 (5년)	혁신도시개발 예정지

※현재 허가구역은 총 21,630.797㎢(6,543.28백만 평)으로서 국토면적(99,892.83㎢, 남한 면적)의 21.65%

필지별
용도에 따른 지목

지목은 토지의 주된 사용목적 또는 용도에 따라 토지의 종류를 구분하여 지적공부에 등록한 것으로 지적법상 28개 지목이 있다. 지목은 해당 필지의 용도에 따른 구분으로 각 땅의 용도를 말해 준다.

용도지역의 경우 개인이 마음대로 변경할 수 없지만 지목은 개인의 의지와 용도에 따라 변경신청이 가능하며, 지목에 따라 가격과 가치가 크게 달라질 수 있다.

지목은 전체적으로 28개 지목이지만 실제로 우리가 자주 접하며 들어본 지목의 경우는 대지, 전, 답, 임야, 과수원, 목장용지, 잡종지, 공장용지 정도이다. 지목 중에서 대체로 대지가 가장 비싸다고 할 수 있으며, 그 다음으로는 잡종지와 목장용지 등의 순서이다.

땅의 용도가 달라지면 지목이 바뀌는 것은 당연하다. 쓰임에 따라 지목의 변경이 가능하며 개인이 신청하여 절차를 밟아 진행할 수 있다. 예를 들어 전이나 답을 농지전용허가를 받아 건축한 후 대지(대)로 지목을 변경할 수 있다. 지목을 변경하기 위해선 목적에 따라 타당성을 인정받아야 하며, 대표적 사례로는 농지를 전용하여 주택을 짓는 경우들이다.

농민이 농가주택을 짓거나 영농목적의 시설물을 건축할 때는 신고만으로도 가능하지만 농업진흥지역의 여부와 전용면적에 따라 최종허가권자가 달라지고 면적이 넓을수록 상위 행정기관의 허가 절차를 거쳐야 한다.

지목의 표기방법은 두문자(頭文字)로 표기하는 것 즉, 지목의 명칭 중 첫 번째 문자(24개 지목)를 지목으로 표기하는 것이다. 이외의 지목은 차문자(4개 지목)로 표기한다.

지목표기의 부호

지목	부호	지목	부호	지목	부호	지목	부호
전	전	대	대	철도용지	철	공원	공
답	답	공장용지	장	제방	제	체육용지	체
과수원	과	학교용지	학	하천	천	유원지	원
목장용지	목	주차장	차	구거	구	종교용지	종
임야	임	주유소용지	주	유지	유	사적지	사
광천지	광	창고용지	창	양어장	양	묘지	묘
염전	염	도로	도	수도용지	수	잡종지	잡

출처 : 지적법 시행규칙 제5조

지목의 해설

전》》 물을 상시적으로 이용하지 아니하고 곡물, 원예작물(과수류 제외), 약초, 뽕나무, 닥나무, 묘목, 관상수 등의 식물을 주로 재배하는 토지와, 식용을 위하여 죽순을 재배하는 토지를 말한다.

답》》 물을 상시적으로 직접 이용하여 벼, 연, 미나리, 왕골 등의 식물을 주로 재배하는 토지를 말한다.

과수원》》 사과, 배, 밤, 호도, 귤나무 등 과수류를 집단적으로 재배하는 토지와 이에 접속된 저장고 등 부속시설물의 부지를 말한다.

목장용지》》 ① 축산업 및 낙농업을 하기 위하여 초지를 조성한 토지 ② 축산법 제2조의 제1호의 규정에 의한 가축을 사육하는 축사 등의 부지 ③ ① 및 ② 항의 토지와 접속된 부속시설물의 부지

임야》》 산림 및 원야를 이루고 있는 수림지, 죽림지, 암석지, 자갈땅, 모래땅, 습지, 황무지 등을 말한다.

광천지》》 지하에서 온수, 약수, 석유류 등이 용출되는 용출구와 그 유지에 사용되는 부지를 말한다.

염전》》 바닷물을 끌어들여 소금을 채취하기 위하여 조성된 토지와 이에 접속된 제염장 등 부속시설물의 부지를 말한다.

대》》 ① 영구적 건축물 중 주거, 사무실, 점포와 박물관, 극장, 미술관 등 문화시설과 이에 접속된 정원 및 부속시설물의 부지 ②「국토의계획및이용에관한법률」 등 관계법령에 의한 택지조성공사가 준공된 토지

공장용지》》 ① 제조업을 하고 있는 공장시설물의 부지 ②「산업집적활성화및공장설립에관한법률」 등 관계법령에 의한 공장부지 조성공사가 준공된 토지 ③ 공장시설의 구역 안에 있는 의료시설 등 부속시설물(기숙사, 직원휴게실 등)의 부지

학교용지》》 학교의 교사와 이에 접속된 체육장 등 부속시설물의 부지를 말한다.

주차장》》 자동차 등의 주차에 필요한 독립적인 시설을 갖춘 부지와 주차전용 건축물 및 이에 접속된 부속시설물의 부지를 말한다.

주유소용지》》 ① 석유, 석유제품 또는 액화석유가스 등의 판매를 위하여 일정한 설비를 갖춘 시설물의 부지 ② 저유소 및 원유저장소의 부지와 이에 접속된 부속시설물의 부지

창고용지》》 물건 등을 보관 또는 저장하기 위하여 독립적으로 설치된 보관시설물의 부지와 이에 접속된 부속시설물의 부지를 말한다.

도로》》 ① 일반공중의 교통운수를 목적으로 보행 또는 차량운행에 필요한 일정한 설비 또는 형태를 갖추어 이용되는 토지 ② 도로법 등 관계법령에 의하여 노로로 개설된 토지 ③ 고속도로 안의 휴게소 부지 ④ 2필지 이상에 진입하는 통로로 이용되는 토지

철도용지》》 교통운수를 목적으로 하여 일정한 궤도 등의 설비와 형태를 갖추어 이용되는 토지와 이에 접속된 역사, 차고, 발전시설 및 공작창 등 부속시설물의 부지를 말한다.

제방》》 조수, 자연유수, 모래, 바람 등을 막기 위하여 설치된 방조제, 방수제, 방사제, 방파제 등의 부지를 말한다.

하천》》 자연의 유구가 있거나 있을 것으로 예상되는 토지를 말한다.

구거》》 용수 또는 배수를 위하여 일정한 형태를 갖춘 인공적인 수로, 둑 및 그 부속시설물의 부지와 자연의 유수가 있거나 있을 것으로 예상되는 소규모의 수로 부지를 말한다.

유지》》 물이 고이거나 상시적으로 물을 저장하고 있는 댐, 저수지, 소류지, 호수, 언못 등의 도지와 연·왕골 등이 자생하는 배수가 잘 되지 아니하는 토지를 말한다.

양어장》》 육상에 인공으로 조성된 수산생물의 번식 또는 양식을 위한 시설을 갖춘 부지와 이에 접속된 부속시설물의 부지를 말한다.

수도용지➤ 물을 정수하여 공급하기 위한 취수·저수·도수·정수·송수 및 배수시설의 부지 및 이에 접속된 부속시설물의 부지를 말한다.

공원➤ 일반공중의 보건·휴양 및 정서생활에 이용하기 위한 시설을 갖춘 토지로서 「국토의계획및이용에관한법률」에 의하여 공원 또는 녹지로 결정 고시된 토지를 말한다.

체육용지➤ 국민의 건강증진 등을 위한 체육활동에 적합한 시설과 형태를 갖춘 종합운동장, 실내체육관, 야구장, 골프장, 스키장, 승마장, 경륜장 등 체육시설의 토지와 이에 접속된 부속시설물의 부지를 말한다.

유원지➤ 일반공중의 위락·휴양 등에 적합한 시설물을 종합적으로 갖춘 수영장, 유선장, 낚시터, 어린이 놀이터, 동물원, 식물원, 민속촌, 경마장 등의 토지와 이에 접속된 부속시설물의 부지를 말한다.

종교용지➤ 일반공중의 종교의식을 목적으로 예배, 법요, 설교, 제사 등을 하기 위한 교회, 사찰, 향교 등 건축물의 부지와 이에 접속된 부속시설물의 부지를 말한다.

사적지➤ 문화재로 지정된 역사적인 유적, 고적, 기념물 등을 보존하기 위하여 구획된 토지를 말한다.

묘지➤ 사람의 시체나 유골이 매장된 토지로, 도시공원법에 의한 묘지공원으로 결정 고시된 「토지및장사등에관한법률」에 의한 납골시설과 이에 접속된 부속시설물의 부지를 말한다.

잡종지➤ ①갈대밭, 실외에 물건을 쌓아두는 곳, 돌을 캐내는 곳, 흙을 파내는 곳, 야외시장, 비행장, 공동우물 ②영구적 건축물 중 변전소, 송신소, 수신소, 송유시설, 도축장, 자동차운전학원, 쓰레기 및 오물처리장 등의 부지 ③다른 지목에 속하지 아니하는 토지

제3장

부동산과 세금의 관계를
알면 돈이 보인다

거래완료 시 부과되는
양도소득세

양도소득이란 토지, 건물 등 고정자산의 영업권, 특정시설물의 이용권이나 대통령령으로 정하는 기타 재산의 소유권 양도에 따라 생기는 소득을 말한다. 이에 재산을 양도하여 얻은 차익에 대하여 부과하는 조세를 양도소득세라 한다. 과세방식은 양도가액에서 취득가액과 필요경비를 공제한 양도차익에서 장기보유 특별공제액과 양도소득기본공제액을 공제한 금액에 수정의 세율을 곱하여 산출한다.

 양도의 개념

"양도"라 함은 자산에 대한 등기 또는 등록에 관계없이 매도,

교환, 법인에 대한 현물출자 등으로 인하여 그 자산이 유상으로 사실상 이전되는 것을 말한다. 이 경우 부담부증여(상속세및증여세법 제47조 제3항 본문에 해당하는 경우는 제외한다)에 있어서 증여자의 채무를 수증자가 인수하는 경우에는 증여가액 중 그 채무액에 상당하는 부분은 그 자산이 유상으로 사실상 이전되는 것으로 본다.

도시개발법 기타 법률의 규정에 의한 환지처분으로 지목 또는 지번이 변경되거나 체비지로 충당되는 경우에는 제1항에서 규정하는 양도로 보지 아니한다.

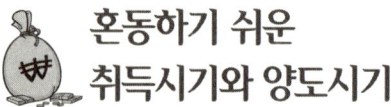

혼동하기 쉬운 취득시기와 양도시기

부동산을 팔 때는 정확히 세금을 파악하고 난 다음 중개업소에 의뢰한다. 보통 부동산 등의 양도는 매매계약의 체결, 계약금의 지급, 중도금의 지급, 잔금의 지급, 소유권이전등기 등의 과정을 거친다. 그런데 이 가운데 어느 시점을 취득시기 또는 양도시기로 보는가 하는 문제가 제기되는데, 이것은 양도소득의 귀속년도, 세율의 적용, 양도가액, 취득가액 등으로 인한 절세 포인트이므로 매우 중요하다.

취득과 양도시기의 구분

구분	취득 또는 양도시기
원칙적 기준	대금청산일
대금청산일이 불분명한 경우	등기부, 등록부, 명부 등에 기재된 등기 접수일 또는 명의 개서일
대금청산 전에 소유권이전 등기, 등록, · 명의 개서를 한 경우	등기부, 등록부, 명부 등에 기재된 등기 접수일
장기할부조건의 경우	소유권이전 등기(등록, 명의개서 포함) 접수일, 인도일 또는 사용수익일 중 빠른 날

※유상취득 · 양도의 경우

 납세의무자

과세대상 재산을 양도함으로써 발생된 소득이 있는 자(거주자, 비거주자, 법인으로 보는 단체 외의 사단, 재단 기타 단체)로서 법인 이외의 자연인이다(법인이 양도한 경우에는 법인세가 적용).

≫거주자
국내에 주소를 두거나 1년 이상 거소를 둔 자

≫비거주자
거주자가 아닌 자로서 국내 원천소득이 있는 자

≫법인으로 보는 단체 외의 사단, 재단, 기타 단체
단체의 대표자 또는 관리인이 선임되어 있는 단체, 이익의 배분 방법 및 비율이 정해져 있지 않은 단체

 납세지

≫ 거주자

주소지로 한다. 다만, 주소지가 없는 경우에는 그 거소지로 한다. 주소지 또는 거소지가 2 이상인 때는 주민등록법에 의하여 등록된 주소지 또는 생활관계가 보다 밀접한 거소지로 한다.

≫ 비거주자

주된 국내 사업장의 소재지로 한다. 다만, 국내 사업장이 없는 경우에는 국내 원천소득이 발생하는 장소로 한다. 국내 사업장이 2개 이상이고 주된 사업장을 판단할 수 없는 때는 비거주자가 납세지로 신고한 장소로 한다.

≫ 납세지가 불분명한 경우

주소지가 2개 이상인 때는 주민등록법에 의하여 등록된 곳으로 한다. 거소지가 2개 이상인 때는 생활관계가 더 밀접한 곳으로 한다.

 양도소득의 범위

≫ **토지와 건물의 양도로 인하여 발생하는 소득**
≫ **부동산에 관한 권리의 양도로 인하여 발생하는 소득**

지상권, 전세권, 등기된 부동산임차권, 담보로 제공한 자산의 경락, 가등기에 따라 본등기를 한 경우, 이혼위자료로 부동산 소유권을 넘겨준 경우 그리고 부동산을 취득할 수 있는 권리, 즉 아파트 당첨권, 주택상환채권, 토지상환채권, 주택청약통장, 계약금만 지급하고 양도하는 권리

≫ **주식 또는 출자지분의 양도로 인하여 발생하는 소득**

대주주의 상장주식, 협회등록법인주식 등, 비상장주식

≫ **기타 자산**

특정주식, 특수업종 영위 법인의 주식, 시설물 이용권, 회원권(권리가 부여된 주식 포함), 사업용 고정자산과 함께 양도하는 영업권

 양도소득의 비과세대상

양도소득의 비과세대상으로는 1세대 1주택과 부수토지양도, 농지의 교환 또는 분합, 농지의 대토, 법원의 파산선고로 인한 처분소득 등으로 이에 대해서는 세금을 면제해 주고 있다.

≫ 1세대 1주택과 부수토지 양도의 비과세 요건

- 1세대일 것
- 국내에 1주택만을 보유할 것
- 3년 이상 보유 1년 이상 거주할 것

  서울, 과천, 신도시 지역 : 3년 이상 보유 2년 이상 거주

  (신도시지역 : 택지개발예정지구로 지정 · 고시된 5대 신도시, 즉 분당, 일산, 평촌, 산본, 중동)

  기타 지역 : 3년 이상 보유

- 등기되어 있을 것
- 부수토지의 범위는 도시지역 안에 있으면 주택정착면적의 5배까지, 도시지역 밖에 있으면 10배까지이다.

≫ 주택이라도 비과세되는 특별조건을 알아본다

- 노부모 봉양을 위한 2주택이 된 경우
- 혼인으로 2주택이 된 경우
- 이사를 가기 위해 일시적으로 2주택이 된 경우
- 종전 주택이 양도일 현재 비과세 조건을 충족하고, 신 주택의 취득일로부터 1년 안에 종전 주택을 양도한 경우
- 상속으로 2주택이 된 경우

  상속주택 이외의 주택을 먼저 양도 시 국내에 1개의 주택을 소유한 것으로 보고 비과세 여부를 판단(2005년 1월 1일 이후부터 상속주택을 먼저 양도할 시에는 과세됨)한다.

  ※ 다주택 소유자의 사망 후 상속 시 여러 상속인이 각 1주택씩 상속

받아 이를 양도한 경우에는 피상속인을 기준으로 1주택만 특례규정이 적용된다.

• 농어촌주택을 포함한 2주택인 경우

주택 소유자가 서울, 인천, 경기도를 제외한 읍, 면지역(읍지역의 도시지역 내는 제외)에 소재한 농어촌 주택 보유 시 일반주택을 비과세 요건을 충족하고 양도하면 비과세된다.

※ 2003년 8월 1일~2005년 12월 31일 기간 중에 농어촌지역에 소재하는 일정 규모 이하의 주택을 취득하여 2주택이 된 경우 일반주택 양도 시 비과세 해당 여부는 농어촌주택을 제외하고 판단 (이 경우 농어촌주택은 3년 이상 보유 완료해야 함).

주택규모 : 대지 200평, 건물 45평(공동주택 35평) 이내, 취득 시 기준시가 7,000만 원 이하, 일반주택 양도 시 1억 원 이하

농어촌지역 : 읍 또는 면(수도권 및 광역시, 도시지역, 토지거래 허가구역, 투기지역)

 양도소득의 과세표준

당해 연도에 양도소득 금액이 있는 자는 그 양도소득과세표준을 당해 연도의 다음 연도 5월 1일부터 5월 31일까지 대통령령이 정하는 바에 의하여 납세지 관할세무서장에게 신고하여야 하며, 당해 연도에 과세표준이 없거나 결손금액이 생겨도 적용을 한다.

> 양도가액 - 필요경비(취득가액+기타필요경비)=양도차익
> 양도차익 - 장기보유 특별공제 = 양도소득금액
> 양도소득금액 - 양도소득기본공제 =과세표준

≫양도가액과 취득가액의 결정원칙

- 기준시가 - 토지, 건물, 부동산에 관한 권리
- 실지거래가액 - 주식, 기타 자산

≫필요경비(거래 잔금 지급 시 필히 영수증을 받아놓자)

- 기준시가에 의한 경우 : 취득 당시 기준시가 + 필요경비개산공제
- 실지거래가액에 의한 경우 : 취득가액 + 자본적 지출액(설비비
  와 개량비 포함) + 양도비(광고비, 중개업자수수료, 계약서작성비
  용, 공증비용, 인지세)

≫장기보유 특별공제

- 3년 이상 5년 미만 보유자산 - 양도차익의 10%
- 5년 이상 10년 미만 보유자산 - 양도차익의 15%
- 10년 이상 보유자산 - 양도차익의 30%
- 15년 이상 1세대 1주택 보유자산 - 양도차익의 45%
- 고가주택의 장기보유 특별공제액

  $$= 전체\ 장기보유\ 특별공제액 \times \frac{양도가액-6억\ 원}{양도가액}$$

- 1세대 3주택 해당 경우와 미등기양도 자산에 해당하는 경우,
  장기보유 특별공제 배제

≫ 양도소득기본공제(부부 공동명의는 각각 공제 받는다)

• 양도소득자별 연 1회에 한하여 양도자산별로 각각 250만 원을 공제한다.

• 공동소유자산을 양도한 경우 지분별로 계산, 각각 250만 원씩 공제한다.

양도소득에 대한 세액의 계산방법

거주자의 양도소득세는 당해 연도의 양도소득과세표준에 다음 각호의 세율을 적용하여 계산한 금액(이하 "양도소득산출세액"이라 한다)을 그 세액으로 한다.

≫ 토지 · 건물 · 부동산에 관한 권리

• 미등기 – 70%

≫ 보유기간

• 1년 미만 – 양도소득과세표준의 100분의 50%

• 1년 이상 2년 미만 – 양도소득과세표준의 100분의 40%

• 1세대 3주택 이상에 해당하는 주택(부수토지 포함) – 양도소득과세표준의 100분의 60%

• 2년 이상 – 9 ~ 36%(초과 누진세율)

과세표준	세율
1,000만 원 이하	100분의 9(9%)
1,000만 원 초과 4,000만 원 이하	90만 원 + 1,000만 원 초과금액의 100분의 18
4,000만 원 초과 8,000만 원 이하	630만 원 + 4,000만 원 초과금액의 100분의 27
8,000만 원 초과	1,710만 원 + 8,000만 원 초과금액의 100분의 36

≫미등기 양도자산 양도소득

• 과세표준의 100분의 70%

양도소득세 주요 개편 내용

2005년 초부터 시행된 1세대 3주택 중과세에 이어 2007년부터는 1세대 2주택자들에게도 양도소득세가 중과된다. 양도소득세의 부담이 커질 것을 대비해 절세대책을 미리 마련해 두는 것도 세테크의 방법이라고 할 수 있다.

장기저당담보 제공주택에 대한
1세대 1주택 양도소득세 비과세 특례

≫개정취지

노령화 사회에 대비해 60세 이상의 연로자가 소유주택을 장기저당담보주택으로 제공하고 연금식 대출을 통해 노후생계비를 확보하도록 지원하는 것이다.

≫개정내용

- 1세대 1주택자가 위 장기저당담보주택을 소유하고 있는 직계존속(배우자의 직계존속 포함)을 동거 봉양하기 위해 세대를 합침으로써 1세대 2주택이 된 경우 – 먼저 양도하는 주택은 1세대 1주택 양도로 간주하되, 장기저당담보주택은 거주기간 요건 적용 배제
- 장기저당담보주택을 담보대출 계약기간 만료 이전에 양도하면 위 특례적용 배제

지정지역 내 소형주택은 기준시가 과세대상으로 전환

≫개정취지

부동산 가격이 급등하였거나 급등할 우려가 있어 재정경제부장관이 지정한 그 지역의 부동산은 실거래가액 기준으로 과세하고 있다. 그래서 지정지역을 시·군·구 단위로 지정함에 따라 가격이 오르지 아니한 주택에 대하여도 일률적으로 실거래가 과세되는 문제점을 개선하여 부동산 투기대상이 되지 아니하는 소형주택의 거래활성화를 꾀하기 위한 것이다.

≫개정내용

지정지역 내 주택이 소형주택 기준에 해당하면 기준시가로 과세하도록 개선한다.

```
┌─────────────────────────────────────────────────────────┐
│              기준시가 적용대상 소형주택의 범위              │
│                                                           │
│  ▷ 아파트 : 전용면적 60m²이하이고 양도 당시 국세청기준시가   │
│     4,000만 원 이하                                        │
│  ▷ 연립주택 · 다세대주택 : 전용면적 85m²이하이고 양도 당시   │
│     국세청기준 시가 1억 원 이하                             │
│  ▷ 단독주택 : 대지면적이 170m² 이하이고 주택의 연면적이 85m² │
│     이하이며 양도 당시 국세청기준시가 1억 원 이하            │
│  ▷ 다가구주택 등 소형주택 판단기준 : 영제155조 제15항의 규정 │
│     에 의하여 단독주택으로 보는 다가구주택은 한 가구가 독립하 │
│     여 거주할 수 있도록 구획된 부분을 기준으로 판정          │
└─────────────────────────────────────────────────────────┘
```

다주택자가 필요한 1세대 3주택 이상
양도세 중과제외대상 소형주택의 범위

≫개정취지

1세대 3주택 이상인 자가 양도하는 주택이 소형주택에 해당하면 양도소득세 중과규정(60% 세율적용, 장기보유 특별공제 배제)을 적용하지 아니한다. 단, 소형주택이라도 1세대 3주택 이상이면 실거래가로 과세된다.

≫개정내용

1세대 3주택 이상인 자가 양도하는 주택이 다음의 소형주택 기준에 해당하면 중과에서 제외한다. 단, 주택 수에는 포함시킨다.

소형주택의 요건

▷ 2003년 12월 31일 이전에 취득한 주택

▷ 주택분(부수토지 포함)에 대한 국세청 기준시가가 4,000만 원 이하인 것

▷ 공동주택(아파트, 연립주택, 다세대주택) : 전용면적기준 60m² (18평) 이하

▷ 단독주택 : 연면적이 60(18평) 이하이고 대지면적이 120m²(36평) 이하

TIP >>> 경험으로 본 양도소득세 절세 방법을 이용하자

1. 가능한 예정신고를 하고, 신고 전에 감면 내용은 반드시 확인한다.
2. 1세대 1주택 3년 미만 보유한 경우 비과세 혜택을 노리자.
3. 3년 이상 보유하지 않은 경우에도 혼인, 근무상 이전, 부모 봉양 등 비과세 되는 경우를 이용하자.
4. 옛날부터 소유하던 땅이 최근에 개발되어 지가가 대폭 오른 경우 장기적인 전략을 필요로 한다.
5. 연말에 매도할 건은 연초에 분할하여 양도할 수 있는 경우 연도를 달리하여 양도한다.
6. 장기보유 특별공제를 충분히 활용할 수 있게 매도시기를 결정한다.
7. 결손(양도차손)이 생기 양도자산이 있는 경우에 다른 양도자산과 함께 양도한다.
8. 6월 29일과 12월 31일은 특별한 날이므로 이 날을 지나치지 말자.
9. 용도에 주목하자.
10. 세금이 1,000만 원을 넘으면 나누어 내자(납부세액의 일부를 납부기한 경과 후 45일 이내에 나누어 낼 수 있음).

미리 알아보면 편리한
상속세 및 증여세

　자연인의 사망에 의하여 재산이 무상으로 이전되는 상속재산에 과세하는 상속세와 생전의 증여에 의하여 재산이 무상으로 이전, 취득되는 재산에 대하여 과세하는 증여세가 있다.

　상속세는 피상속인의 유산총액을 기준으로 과세하고 있으며 각자 받았거나, 받을 재산의 한도 안에서 공동으로 상속세를 납부한다.

피상속인 : 사망 또는 실종선고를 받은 사람
상속인 : 재산을 상속받을 사람
상속개시일 : 사망일 또는 실종선고일

상속의 순위(민법 제1000조)		
1순위	직계비속, 배우자	항상 상속인이 된다.
2순위	직계존속, 배우자	직계비속이 없는 경우 상속인이 된다.
3순위	형제자매	1, 2순위가 없는 경우 상속인이 된다.
4순위	4촌 이내의 방계혈족	1, 2, 3순위가 없는 경우 상속인이 된다.

 # 상속세 과세대상

≫ 상속 (유증)

증여자의 사망 후 효력이 발생하는 증여로 인하여 상속개시일 현재 다음 각호의 1에 해당하는 상속재산이 있는 경우에는 그 상속재산에 대하여 이 법이 정하는 바에 의하여 상속세를 부과한다.

- 국내에 주소를 두거나 1년 이상 거소를 둔 자(이하 "거주자"라 한다)가 사망한 경우에는 거주자의 모든 상속재산(피상속인이 유증한 재산 및 피상속인의 사망으로 인하여 효력이 발생하는 증여재산을 포함한다. 이하 같음)
- 거주자가 아닌 자(이하 "비거주자"라 한다)가 사망한 경우에는 국내에 있는 비거주자의 모든 상속재산

 # 상속세 납부의무

상속인 또는 유증을 받는 자(사망 후 효력이 발생하는 증여에 의하여 재산을 취득하는 자를 포함하며, 이하 "수유자"라 한다)는 이 법에 의하여, 상속재산 중 각자가 받았거나 받을 재산을 기준으로 대통령령이 정하는 바에 의하여 계산한 비율에 따라 상속세를 납부할 의무가 있다. 다만, 특별연고자 및 수유자가 영리법인인 경우에는

당해 영리법인이 납부할 상속세를 면제한다.

≫ 기한 내 납부

사망일로부터 6월(피상속인 또는 상속인 전원이 외국에 주소를 둔 때에는 9월) 이내에 피상속인의 주소지 관할세무서에 신고·납부해야 한다. 이 기한 내에 신고하면 내야 할 세금의 10%를 공제받을 수 있다.

≫ 기한 내 납부 · 신고하지 않을 경우

세금에 고액의 가산세를 부담한다.

≫ 분납

내야 할 세금이 1,000만 원을 넘는 경우 45일 이내에 분납하거나 세액의 4분의 1을 납부하고, 나머지 4분의 3은 3년에 걸쳐 나누어 낼 수 있다. 상속재산으로도 납부가 가능하다.

 상속재산의 범위

• 제1조의 규정에 의한 상속재산에는 피상속인에게 귀속되는 재산으로서 금전으로 환가할 수 있는 경제적 가치가 있는 모든 물건과 재산적 가치가 있는 법률상 또는 사실상의 모든 권

리를 포함한다.

- 제1항의 규정에 의한 상속재산 중 피상속인의 일신에 전속하는 것으로서 피상속인의 사망으로 인하여 소멸되는 것은 이를 제외한다.

 ## 과세표준과 세율

≫ 상속세의 과세표준 및 과세최저한

- 상속세의 과세표준은 제13조의 규정에 의한 상속세과세가액에서 다음 각호의 금액을 차감한 금액으로 한다.

  ① 제18조 내지 제24조의 규정에 의한 상속공제액

  ② 대통령령이 정하는 상속재산의 감정평가수수료

- 과세표준이 50만 원 미만인 때에는 상속세를 부과하지 아니한다.

 ## 상속세 세율

상속세는 제25조의 규정에 의한 상속세의 과세표준에 다음의 세율을 적용하여 계산한 금액(이하 "상속세산출세액"이라 한다)으로 한다.

과세표준	세율
1억 원 이하	과세표준의 100분의 10
1억 원 초과 5억 원 이하	1,000만 원 + 1억 원을 초과하는 금액의 100분의 20
5억 원 초과 10억 원 이하	9,000만 원 + 5억 원을 초과하는 금액의 100분의 30
10억 원 초과 30억 원 이하	2억 4,000만 원 + 10억 원을 초과하는 금액의 100분의 40
30억 원 초과	10억 4,000만 원 + 30억 원을 초과하는 금액의 100분의 50

 ## 증여세 과세대상

타인의 증여로 인하여 증여일 현재 다음 각호의 1에 해당하는 증여재산이 있는 경우에는 그 증여재산에 대하여 이 법이 정하는 바에 의하여 증여세를 부과한다.

- 재산을 증여받은 자
- 수증자가 비거주자인 경우에는 비거주자가 증여받은 재산 중 국내에 있는 모든 재산

 ## 증여세 납세의무

- 수증자는 이 법에 의하여 증여세를 납부할 의무가 있다.
- 수증자가 증여일 현재 비거주자인 경우에는 국내에 있는 수증 재산에 대하여만 증여세를 납부할 의무가 있다.

- 제1항 및 제2항의 규정을 적용함에 있어서 제35조 내지 제37조 및 제41조 4의 규정에 해당하는 경우로서 수증자가 증여세를 납부할 능력이 없다고 인정되는 때에는 그에 상당하는 증여세의 전부 또는 일부를 면제한다(신설 2003.12.30).
- 증여자는 수증자가 다음 각호의 1에 해당하는 경우에는 수증자가 납부할 증여세에 대하여 연대하여 납부할 의무가 있다.
  ① 주소 또는 거소가 분명하지 아니한 경우로서 조세채권의 확보가 곤란한 경우
  ② 증여세를 납부할 능력이 없다고 인정되는 경우로서 체납으로 인하여 체납처분을 하여도 조세채권의 확보가 곤란한 경우

 증여재산의 공제

- 배우자간의 증여 – 3억 원(2002년 12월 31일 이전 증여분은 5억 원)
- 직계존비속간의 증여 – 3,000만 원(미성년자 1,500만 원)
- 기타 친족간의 증여 – 500만 원

 ## 증여세의 신고 · 납부

- 증여를 받은 사람이 증여재산의 취득일(등기를 요하는 경우는 등기일)로부터 3월 이내에 증여받은 사람의 주소지 관할 세무서에 신고 · 납부해야 한다. 이 기한 내 신고하면 내야 할 세금의 10%를 공제받을 수 있다.
- 증여세는 가산세가 있어 미납 시나 세금을 미달되게 납부할 시는 납부하지 아니한 기간에 1일 0.03%를 곱한 금액을 추가로 내야 한다.

 ## 최근 많이 주목받는
부담부 증여를 알아본다

- 증여자가 양도소득세 과세대상 자산을 증여함에 있어서 증여재산가액 중 일정액을 수증자가 부담할 조건으로 증여한 경우 수증자가 부담한 증여재산가액 중 양도소득세 과세대상 자산에 해당하는 가액은 사실상 유상 이전이므로 이를 양도로 본다.
- 양도소득에 대한 소득세 과세대상 자산과 과세대상이 아닌 자산을 함께 증여 시 증여자의 채무를 수증자가 인수하는 경우에 과세대상 자산의 유상대가로 보는 채무액의 계산은 다음과 같이 안분계산한다.

$$\text{유상대가로 보는 채무액} = \text{전체 채무액} \times \frac{\text{과세대상 자산가액}}{\text{사업체 총 자산가액}}$$

• 양도차익의 계산 – 부담부 증여에 있어서 양도로 보는 부분에 대한 양도차익을 계산하는 경우에 취득가액 및 양도가액은 당해 자산의 가액에 증여가액 중 채무액에 상당하는 부분이 차지하는 비율을 곱하여 계산한 가액으로 한다.

부동산 매입 시
부과되는 세금

부동산과 세금은 떼어 놓을 수 없는 불가분의 관계이다. 취득단계에는 취득세와 등록세, 농어촌 특별세와 교육세가 과세되고 보유단계에서는 재산세와 종합부동산세가 누진세율로 분리, 과세된다. 여기에 도시계획세와 공동시설세가 부가적으로 과세된다. 마지막 처분단계에서 시세차익을 얻었을 때는 양도소득세가 과세된다.

 ## 취득세, 농어촌특별세

취득세는 부동산을 취득할 시에 내는 세금으로, 취득한 날로부터 30일 이내에 해당 시·군·구청에 신고·납부를 하여야 한다

(기한을 넘기면 신고불성실가산세(20%) 및 납부불성실가산세(1일 : 1만 분의 3)를 추가 부담한다).

취득세 납세 사유에 해당하더라도 국가 등 관련기관에 의한 취득, 천재 등으로 인한 대체 취득, 토지 수 등으로 인한 대체 취득, 환지 등에 의한 대체 취득은 비과세이며, 용도구분에 의한 비과세도 있다.

과세표준 및 세율표

취득방법	취득세		농어촌특별세		합 계
	과표	세율	과표	세율	
매매, 신축, 상속, 증여, 교환	취득가액	2%	취득세액	10%	취득가액의 2.2%

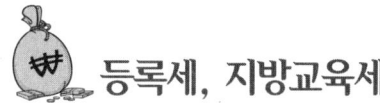 등록세, 지방교육세

등록세는 재산권이나 기타 권리의 취득, 이전, 변경 또는 소멸 등에 관한 사항을 공부에 등기·등록할 때 그 등기 또는 등록 받 은 자에게 부과하는 지방세이다. 토지, 건물뿐만 아니라 선박, 항 공기 및 법인의 등기·등록에까지 부과되고 권리의 이전, 소멸의 등기, 등록 시에도 과세된다.

부동산 소유권 이전등기를 하기 전에 해당 시·군·구청에 납부 하여야 하며, 소유권 이전등기를 하면 소유자의 권리가 보호를 받 을 수 있게 됨은 물론이고 그 취득한 사실을 확실하고 안전하게 하기 위해서 공시의 방법으로 소유권 이전등기를 한다. 이전등기를 해야만 민법상 부동산 물권변동의 효력이 발생하여 제3자에게 법률적으로 대항할 수 있는 대항력이 생긴다.

등록세 과세표준 및 세율표

취득방법		등록세		지방교육세		합계
		과표	세율	과표	세율	
매매	개인간의 거래	취득가액	1.5%	등록세액	20%	1.8%
	기타 거래	취득가액	2%	등록세액	20%	2.4%
신 축		취득가액	0.8%	등록세액	20%	0.96%
상 속		취득가액	0.8%	등록세액	20%	0.96%
증 여		취득가액	1.5%	등록세액	20%	1.8%
분 할		취득가액	0.3%	등록세액	20%	0.36%

부동산 보유세

 보유세

보유세는 과세대상으로 하는 특정자산을 보유한 사실에 대해 과세하는 조세이다.

≫경제적 실질에 맞는 과세표준 산정

- 재산가액에 상응하는 보유세를 과세할 수 있도록 토지, 건물의 평가에 있어 실제 거래가액(시가)을 반영하여 평가한다.
- 주택의 경우에는 토지와 건물이 통합되어 거래가 형성되므로 건물과 그 부속토지를 통합 평가하여 통합 과세한다.
- 보유세제의 개편에 따라 세부담 증가를 방지하기 위해 복잡하

고 급격한 누진세율 체계를 단순화 하고 세율은 전반적으로 인하하였으며, 세부담상한제를 두어 전년도 보유세 부담액의 50% 이상 증가하지 않도록 한다.

≫ 세율

주택에 대한 종합부동산세 세율은 과세표준액에 따라 3단계 초과누진세율을 적용하며, 이는 당해 주택에 대하여 시 · 군 · 구에서 1차로 과세하는 재산세보다 높은 세율을 적용한다.

주택에 대한 재산세 및 종합부동산세 세율 비교

(단위 : 원)

주택분 재산세			주택분 종합부동산세		
과세표준	세율	누진공제액	과세표준	세율	누진공제액
4,000만 원 이하	0.15%	0	5억 5,000만 원 이하	1%	0
4,000만 원 초과 1억 원 이하	0.3%	60,000	5억 5,000만 원 초과 45억 5,000만 원 이하	2%	5,500,000
1억 원 초과	0.5%	260,000	45억 5,000만 원 초과	3%	51,000,000

종합합산 토지분 재산세 및 종합부동산세 세율 비교

(단위 : 원)

주택분 재산세			주택분 종합부동산세		
과세표준	세율	누진공제액	과세표준	세율	누진공제액
5,000만 원 이하	0.2%	0	7억 원 이하	1%	0
5,000만 원 초과 1억 원 이하	0.3%	50,000	7억 원 초과 47억 원 이하	2%	7,000,000
1억 원 초과	0.5%	250,000	47억 원 초과	4%	101,000,000

 종합부동산세

정부는 2005년 8·31부동산대책을 통해 세제, 개발부담금제, 주택공급제도, 금융, 서민주거안정 등 제 분야에 걸쳐 고른 대책을 내놓았다. 8·31부동산대책은 투기로 얻은 불로소득을 환원하고, 공공택지 개발을 통해 공급을 확대하고 분양가를 안정시켜 부동산 시장의 거품을 제거하고자 부동산제도의 개혁방안을 제시한 것이다. 또한, 8·31부동산대책의 핵심내용은 1세대 다주택 소유자에게 보유세 및 양도세 중과하여 부동산 투기를 근절하는 것이다. 보유세에 대한 상한선을 폐지하지 않아 논란의 여지는 여전히 남아 있으나 종합부동산세를 세대별로 합산한다든지 1세대 2주택 소유자들도 투기목적이 있다고 보아 세금을 중과하는 것은 과거의 어느 정책보다도 강력한 의지를 표명한 정책임에는 확실하다.

보유세제의 개편 전에는 토지에 대하여 종합토지세로 과세하였으나 보유세제 개편 후 종합토지세가 폐지되었다. 그래서 토지에 대하여도 재산세로 과세하고 주택은 건축물에서 분리하여 주택과 그 부속토지를 통합한 주택분 재산세로 과세하게 되었다.

종합부동산세의 의의

종합부동산세는 전국에 있는 모든 과세대상 부동산(주택, 나대지, 사업용 토지)을 소유자별로 합산한 후, 부동산별로 일정금액을 초과하는 부분에 누진세율을 적용하여 그 소유자에게 과세하는 국세이며 보통세이다. 부동산보유와 관련된 조세는 여러 가지 형태의 세가 있으나 부동산정책적 측면에서의 세제로서는 신설된 종합부동산세이다. 종합부동산세의 납세의무자는 동 세액의 20%에 해당하는 농어촌특별세를 납부해야 한다.

과세대상과 납세의무자

종합부동산세의 과세대상은 주택과 토지이다.

지방세법상 재산세 과세대상 재산 중 주택(주거용 건축물을 말함)과 토지(종합합산과세대상 토지와 별도합산과세대상 토지를 말함)를 과세대상으로 한다.

≫ 주택

과세기준일 현재 주택분 재산세의 납세의무자로서 국내에 있는 재산세 과세대상인 주택에 대한 재산세 과세표준을 합한 금액이 4억 5,000만 원을 초과하는 자

≫ 토지

과세기준일 현재 토지분 재산세의 납세의무자로서 종합합산과세대상(나대지)인 경우 국내에 소재하는 당해 과세대상 토지의 재산세 과세표준을 합한 금액이 3억 원을 초과하는 자이며, 별도합산과세대상(사업용 토지)인 경우 국내에 소재하는 당해 과세대상

토지의 재산세 과세표준을 합한 금액이 20억 원을 초과하는 자

과세대상에서 제외되는 재산

지방세법상 재산세 과세대상 중 일반 건축물, 분리과세대상, 토지, 선박, 항공기 등은 가액을 불문하고 종합부동산세 과세대상에서 제외된다.

또한 상시 주거용으로 사용하지 않고 휴양, 피서 또는 위락의 용도로 사용되는 별장은 주택법상 주택의 범위에는 해당하지만(종합부동산세법에서는 주택의 범위에서 제외됨) 지방세법상 재산세는 고율의 단일세율(4%)로 부과되기 때문에 종합부동산세 과세대상에서 제외된다.

재산세 및 종합부동산세 과세대상 구분

구분	재산과세대상	종부세 과세대상	재산세 과세대상
주택	• 주택법 제2조 제1호에 의한 주택(부속 토지)	○	○
	• 별장	○	×
분리 과세 토지	• 저율분리과세 : 전, 답, 과수원 목장용지, 임야 중 일부	○	×
	• 고율분리과세 : 골프장, 고급오락장용 부속 토지	○	×
	• 기타분리과세 : 공장용지 등	○	×
별도 합산 토지	• 영업용 건축물의 부속토지로 기준면적 이내 토지	○	○
	• 건축물이 없더라도 건축물의 부속토지로 보는 토지 등	○	○
종합 합산 토지	• 나대지	○	○
	• 분리과세 대상토지 중 기준초과 토지	○	○
	• 별도합산 대상토지 중 기준초과 토지	○	○
	• 분리과세, 별도합산과세대상에서 제외된 모든 토지	○	○

구분	재산과세대상	종부세 과세대상	재산세 과세대상

기타	• 건축물
	  – 골프장(체육시설업의 등록이 되지 아니한 경우 제외)
	  – 고급오락장
	  – 도시의 주거지역 내 공장용 건축물
	  – 위 외의 건축물
		○	×

	• 선박
	  – 비업무용 자가용 고급선박
	  – 비업무용 자가용 고급선박 외의 선박
		○	×

	• 항공기	○	×

 재산세

과세대상

≫ 토지

• 과세대상 토지(법 제180조 제1호)의 범위 : 과세대상은 모든 토지로 지적법에 의하여 지적공부의 등록대상이 되는 토지와 그 밖에 사용되고 있는 사실상의 토지를 말한다.

≫ 건축물

• 과세대상 건축물(법 제180조 제2호)의 범위

건축법 제2조 제1항 제2호의 규정에 의한 건축물

토지에 정착하거나 지하 또는 다른 구조물에 설치하는 시설물

지상 정착물(시행규칙 제71조)

≫주택

- 과세대상 주택(법 제180조 제3호)의 범위
  주택법 제2조 제1호의 규정에 의한 주택과 그 부속 토지

납세의무자와 납세지

≫납세의무자

- 과세대상 재산세 과세기준일(매년 6월 1일) 현재 재산을 사실
  상 소유하고 있는 자
- 과세대상 공유재산인 경우에는 그 지분권자(지분에 해당하는
  부분은 그 지분권자를 납세의무자로 하되 지분의 표시가 없는 경우
  에는 지분이 균등한 것으로 본다)
- 과세대상 주택의 건물과 부속토지의 소유자가 다른 경우에는
  안분계산한 부분에 대한 소유자

≫납세지

- 과세대상 토지 : 토지의 소재지를 관할하는 시 · 군 · 구
- 과세대상 건축물 : 건축물의 소재지를 관할하는 시 · 군 · 구(단,
  건축물이 2 이상의 시 · 군 · 구에 걸쳐 있을 때는 면적에 따라 안분)
- 과세대상 주택 : 주택의 소재지를 관할하는 시 · 군 · 구

과세기준일과 납기
(매매 시 가능한 잔금일을 기준 전일로 하여 절세할 수 있다)

과세대상	과세기준일	납기(매년)
토지	매년 6월 1일	9월 16일 ~ 9월 30일
건축물	매년 6월 1일	7월 16일 ~ 7월 31일
주택	매년 6월 1일	산출세액의 1/2 : 7월 16일 ~ 7월 31일 나머지 1/2 : 9월 16일 ~ 9월 30일
선박, 항공기	매년 6월 1일	7월 16일 ~ 7월 31일

가림출판사 · 가림M&B · 가림Let's에서 나온 책들

문 학

바늘구멍
켄 폴리트 지음 / 홍영의 옮김 / 신국판 / 342쪽 / 5,300원

레베카의 열쇠
켄 폴리트 지음 / 손연숙 옮김 / 신국판 / 492쪽 / 6,800원

암병선
니시무라 쥬코 지음 / 홍영의 옮김 / 신국판 / 300쪽 / 4,800원

첫키스한 얘기 말해도 될까
김정미 외 7명 지음 / 신국판 / 228쪽 / 4,000원

사미인곡 上 · 中 · 下
김충호 지음 / 신국판 / 각 권 5,000원

이내의 끝자리
박수완 스님 지음 / 국판변형 / 132쪽 / 3,000원

너는 왜 나에게 다가서야 했는지
김충호 지음 / 국판변형 / 124쪽 / 3,000원

세계의 명언
편집부 엮음 / 신국판 / 322쪽 / 5,000원

여자가 알아야 할 101가지 지혜
제인 아서 엮음 / 지창국 옮김 / 4×6판 / 132쪽 / 5,000원

현명한 사람이 읽는 지혜로운 이야기
이정민 엮음 / 신국판 / 236쪽 / 6,500원

성공적인 표정이 당신을 바꾼다
마츠오 도오루 지음 / 홍영의 옮김 / 신국판 / 240쪽 / 7,500원

태양의 법
오오카와 류우호오 지음 / 민병수 옮김 / 신국판 / 246쪽 / 8,500원

영원의 법
오오카와 류우호오 지음 / 민병수 옮김 / 신국판 / 240쪽 / 8,000원

석가의 본심
오오카와 류우호오 지음 / 민병수 옮김 / 신국판 / 246쪽 / 10,000원

옛 사람들의 재치와 웃음
강형중 · 김경익 편저 / 신국판 / 316쪽 / 8,000원

지혜의 쉼터
쇼펜하우어 지음 / 김충호 엮음 / 4×6판 양장본 / 160쪽 / 4,300원

헤세가 너에게
헤르만 헤세 지음 / 홍영의 엮음 / 4×6판 양장본 / 144쪽 / 4,500원

사랑보다 소중한 삶의 의미
크리슈나무르티 지음 / 최유영 엮음 / 신국판 / 180쪽 / 4,000원

장자-어찌하여 알 속에 털이 있다 하는가
홍영의 엮음 / 4×6판 / 180쪽 / 4,000원

논어-배우고 때로 익히면 즐겁지 아니한가
신도희 엮음 / 4×6판 / 180쪽 / 4,000원

맹자-가까이 있는데 어찌 먼 데서 구하려 하는가
홍영의 엮음 / 4×6판 / 180쪽 / 4,000원

아름다운 세상을 만드는 사랑의 메시지 365
DuMont monte Verlag 엮음 / 정성호 옮김
4×6판 변형 양장본 / 240쪽 / 8,000원

황금의 법
오오카와 류우호오 지음 / 민병수 옮김 / 신국판 / 320쪽 / 12,000원

왜 여자는 바람을 피우는가?
기젤라 룬테 지음 / 김현성 · 진정미 옮김 / 국판 / 200쪽 / 7,000원

세상에서 가장 아름다운 선물 김인자 지음
엄마가 두 딸에게 주는 인생의 지침서. 같은 여성으로서의 엄마, 친 구로서의 엄마, 삶의 동대로서의 엄마가 딸들에게 바라는 점, 두 딸을 키우면서 세운 교육관 등이 솔직하게 담겨 있다. 또한 딸들과 주고받은 편지, 메모는 서로 교감하는 부모와 자녀의 사이를 말해주는 일종의 답안으로 제시되고 있다. 국판변형 / 292쪽 / 9,000원

수능에 꼭 나오는 한국 단편 33 윤종필 엮음
수능 시험에 대비하기 위해 중고등학교 시절에 반드시 읽어두어야 할 한국 문학의 대표적인 단편 33선을 엄선하여 수록. 이 책에 수록 된 대표 단편들은 청소년기의 간접 경험을 위한 매체, 세대를 초월 하는 교류 수단, 삶의 활력소가 되어 줄 것이다. 또한 수능 및 내신, 논술 대비에 많은 도움을 줄 것이다. 신국판 / 704쪽 / 11,000원

수능에 꼭 나오는 한국 현대 단편 소설 윤종필 엮음 및 해설
1960~1970년대를 대표하는 단편소설을 엄선하여 수록. 현행 교과과 정에 적합한 작품들을 엮어 청소년들의 학습에도 도움이 되도록 하였 고, 더불어 소설 작품을 읽음으로써 간접 경험을 할 수 있게 하였으며, 풍부한 상상력을 키워갈 수 있도록 하였다. 각 작품에 대한 요점 정리 도 해놓아 학습 효과도 높일 수 있다. 신국판 / 364쪽 / 11,000원

수능에 꼭 나오는 세계단편(영미권) 지창영 옮김 / 윤종필 엮음 및 해설
1920~1950년대 단편 소설 분야 최고 작가의 작품만 엄선하여 수록. 미국과 영국의 단편선을 통하여 그 나라의 정신적 가치, 문화적 특 징을 접합으로써 정신적인 성장을 할 수 있는 계기가 될 수 있을 것 이다. 신국판 / 328쪽 / 10,000원

수능에 꼭 나오는 세계단편(유럽권) 지창영 옮김 / 윤종필 엮음 및 해설
1920~1950년대 프랑스, 러시아, 독일의 특색을 온전히 느낄 수 있고 그 나라를 대표할 수 있는 작가의 작품만을 엄선하여 12편을 실은 것이다. 이 작품들은 몇 백 년이 흐른 지금에도 전 세계인들이 애독 하고 있는 불후의 명작들에 속한다. 신국판 / 360쪽 / 11,000원

건 강

아름다운 피부미용법 이순희(한독피부미용학원 원장) 지음
피부조직에 대한 기초 이론과 우리 몸의 생리를 알려줌으로써 아름 다운 피부, 젊은 피부를 오래 유지할 수 있는 비결 제시!
신국판 / 296쪽 / 6,000원

버섯건강요법 김병각 외 6명 지음
종양 억제율 100%에 가까운 96.7%를 나타내는 기적의 약용버섯 등 신비의 버섯을 통하여 암을 치료하고 비만, 당뇨, 고혈압, 동맥경화 등 각종 성인병 예방을 위한 생활 건강 지침서!
신국판 / 286쪽 / 8,000원

성인병과 암을 정복하는 유기게르마늄
이상현 편저 / 카요 샤오이 감수
최근 들어 각광을 받고 있는 새로운 치료제인 유기게르마늄을 통한 성인병, 각종 암의 치료에 대해 상세하게 소개. 신국판 / 312쪽 / 9,000원

난치성 피부병 생약효소연구원 지음
현대의학으로도 치유불가능했던 난치성 피부병인 건선 · 아토피(태열)의 완치요법이 수록된 건강 지침서. 신국판 / 232쪽 / 7,500원

新 방약합편 정도명 편역
자신의 병을 알고 증세에 맞춰 스스로 처방을 할 수 있고 조제할 수 있는 보약 506가지 수록. 신국판 / 416쪽 / 15,000원

자연치료의학 오홍근(신경정신과 의학박사 · 자연의학박사) 지음
대한민국 최초의 자연의학박사가 밝힌 신비의 자연치료의학으로 자 연산물을 이용하여 부작용 없이 치료하는 건강 생활 비법 공개!!
신국판 / 472쪽 / 15,000원

약초의 활용과 가정한방 이인성 지음
주변의 흔한 식물과 약초를 활용하여 각종 질병을 간편하게 예방 · 치료할 수 있는 비법제시. 신국판 / 384쪽 / 8,500원

역전의학 이시하라 유미 지음 / 유태종 감수
일반상식으로 알고 있는 건강상식에 대해 전혀 새로운 관점에서 비 판하고 아울러 새로운 방법들을 제시한 건강 혁명 서적!!
신국판 / 286쪽 / 8,500원

이순희식 순수피부미용법 이순희(한독피부미용학원 원장) 지음
자신의 피부에 맞는 관리법으로 스스로 피부관리를 할 수 있는 방법 을 제시하고 책 속 부록으로 천연팩 재료 사전과 피부 타입별 팩 고 르기. 신국판 / 304쪽 / 7,000원

21세기 당뇨병 예방과 치료법 이현철(연세대 의대 내과 교수) 지음
세계 최초 유전자 치료법을 개발한 저자가 당뇨병과 대항하여 가장
확실하게 이길 수 있는 당뇨병에 대한 올바른 이론과 발병시 대처
방법을 상세히 수록! 신국판 / 360쪽 / 9,500원

신재용의 민의학 동의보감 신재용(해성한의원 원장) 지음
주변의 흔한 먹거리를 이용해 신비의 명약이나 보약으로 활용할 수
있는 건강 지침서로서 저자가 TV나 라디오에서 다 밝히지 못한 한
방 및 민간요법까지 상세히 수록!! 신국판 / 476쪽 / 10,000원

치매 알면 치매 이긴다 배오성(백상한방병원 원장) 지음
B.O.S.요법으로 뇌세포의 기능을 활성화시키고 엔돌핀의 분비효과
를 극대화시켜 증상에 맞는 한약 처방을 병행하여 치매를 치유하는
획기적인 치유법 제시. 신국판 / 312쪽 / 10,000원

21세기 건강혁명 밥상 위의 보약 생식 최경순 지음
항암식품으로, 다이어트식으로, 젊고 탄력있는 피부를 유지할 수
있게 해주는 자연식으로의 생식을 소개하여 현대인들의 건강 길라
잡이가 되도록 하였다. 신국판 / 348쪽 / 9,800원

기치유와 기공수련 윤한홍(기치유 연구회 회장) 지음
누구나 노력만 하면 개발할 수 있고 활용할 수 있는 기 수련 방법과
기치유 방법 방법 소개. 신국판 / 340쪽 / 12,000원

만병의 근원 스트레스 원인과 퇴치 김지혁(김지혁한의원 원장) 지음
만병의 근원인 스트레스를 속속들이 파헤치고 예방법까지 속시원
하게 제시!! 신국판 / 324쪽 / 9,500원

김종성 박사의 뇌졸중 119 김종성 지음
우리나라 사망원인 1위. 뇌졸중 분야의 최고 권위자인 저자가 일상
생활에서의 건강관리부터 환자간호에 이르기까지 뇌졸중의 예방,
치료법 등 모든 것 수록. 신국판 / 356쪽 / 12,000원

탈모 예방과 모발 클리닉 장정훈 · 전재홍 지음
미용적인 측면과 우리가 일상적으로 고민하고 궁금해 하는 털에 관
한 내용들을 다양하고 재미있게 예를 들어가면서 흥미롭게 풀어
간 것이 이 책의 특징. 신국판 / 252쪽 / 8,000원

구태규의 100% 성공 다이어트 구태규 지음
하이틴 영화배우의 다이어트 체험이다. 저자만의 다이어트법을 제시
하면서 바람직한 다이어트에 대해서도 알려준다. 건강하게 날씬해
지고 싶은 사람들을 위한 필독서! 4×6배판 변형 / 240쪽 / 9,900원

암 예방과 치료법 이춘기 지음
암환자와 가족들을 위해서 암의 치료방법에서부터 합병증의 예방
및 암이 생기기 전에 알 수 있는 방법에 이르기까지 상세하게 해설
해 놓은 책. 신국판 / 296쪽 / 11,000원

알기 쉬운 위장병 예방과 치료법 민영일 지음
소화기관인 위와 관련 기관들의 여러 질환을 발병 원인, 증상, 치료법
을 중심으로 알기 쉽게 해설해 놓은 건강서. 신국판 / 328쪽 / 9,900원

이온 체내혁명 노보루 야마노이 지음 / 김병관 옮김
새로운 건강관리 이론으로 주목을 받고 있는 음이온을 통해 건강을
돌보는 있는 방법 제시. 신국판 / 272쪽 / 9,500원

어혈과 사혈요법 정지천 지음
침과 부항요법 등을 사용하여 모든 질병을 다스릴 수 있는 방법과 우리
주변에서 흔하게 접할 수 있는 각 질병의 상황별 처치를 혈자리 그
림과 함께 해설. 신국판 / 308쪽 / 12,000원

약손 경락마사지로 건강미인 만들기 고정환 지음
경락과 민족 고유의 정신 약손을 결합시킨 약손 성형경락 마사지로
수술하지 않고도 자신이 원하는 부위를 고치는 방법을 제시하는 건
강 미용서. 4×6배판 변형 / 284쪽 / 15,000원

정유정의 LOVE DIET 정유정 지음
널리 알려진 온갖 다이어트 방법으로 살을 빼려고 노력했던 저자의
고통스러웠던 다이어트 체험담이 실려 있어 지금 살 때문에 고민하
는 사람들이 가슴에 와 닿는 나만의 다이어트 계획을 나름대로 세
울 수 있을 것이다. 4×6배판 변형 / 196쪽 / 10,500원

머리에서 발끝까지 예뻐지는 부분다이어트 신상만 · 김선민 지음
한약을 먹거나 침을 맞아 살을 빼는 방법, 아로마요법을 이용한 다이
어트법, 운동을 이용한 부분만 해소법 등이 실려 있으므로 나에게
맞는 방법을 선택해 날씬하고 예쁜 몸매를 만들 수 있을 것이다.
4×6배판 변형 / 196쪽 / 11,000원

알기 쉬운 심장병 119 박승정 지음
심장병에 관해 심장질환이 생기는 원인, 증상, 치료법을 중심으로

내용을 상세하게 해설해 놓은 건강서. 신국판 / 248쪽 / 9,000원

알기 쉬운 고혈압 119 이정균 지음
생활 속의 고혈압에 관해 일반인들이 관심을 가지고 예방할 수 있
도록 고혈압의 원인, 증상, 합병증 등을 상세하게 해설해 놓은 건
강서. 신국판 / 304쪽 / 10,000원

여성을 위한 부인과질환의 예방과 치료 차선희 지음
남들에게는 말할 수 없는 증상들로 고민하고 있는 여성들을 위해
부인암, 골다공증, 빈혈 등 부인과질환의 원인과 치료방법을 중심
으로 설명한 여성건강 정보서. 신국판 / 304쪽 / 10,000원

알기 쉬운 아토피 119 이승규 · 임승엽 · 김문호 · 안유일 지음
감기처럼 흔하지만 암만큼 무서운 아토피 피부염의 원인에서부터
증상, 치료방법, 임상사례, 민간요법을 적용한 환자들의 경험담 등
수록. 신국판 / 232쪽 / 9,500원

120세에 도전한다 이권행 지음
아프지 않고 건강하게 오래 살기를 바라는 현대인들에게 우리 체질
에 맞는 식생활습관, 심신 활동, 생활습관, 체질별 · 나이별 양생법
을 소개. 장수하고픈 독자들의 궁금증을 풀어줄 것이다.
신국판 / 308쪽 / 11,000원

건강과 아름다움을 만드는 요가 정재식 지음
책을 보고서 집에서 혼자서도 할 수 있는 요가법 수록. 각종 질병에
따른 요가 수정체조법도 담았으며, 별책 부록으로 한눈에 보는 요
가 차트 수록. 4×6배판 변형 / 224쪽 / 14,000원

우리 아이 건강하고 아름답게 롱다리 만들기 김성훈 지음
키 작은 우리 아이를 롱다리로 만드는 비법공개. 식사습관과 생활
습관만의 변화로도 키를 크게 할 수 있다는 이론으로 키 작은 자녀를 둔 부
모의 고민을 해결해 준다. 대국전판 / 236쪽 / 10,500원

알기 쉬운 허리디스크 예방과 치료 이종서 지음
전문가들의 의견, 허리병의 치료에서 가장 중요한 운동치료, 허리
디스크와 요통에 관해 언론에서 잘못 소개한 기사나 과장 보도한
기사, 대상이 광범위함으로써 생기고 있는 사이비 의술 및 상업적
인 의술을 시행하는 상업적인 병원 등을 소개함으로써 허리병을 앓
고 있는 사람들에게 정확하고 올바른 지식을 전달하고자 하는 길라
잡이서. 대국전판 / 336쪽 / 12,000원

소아과 전문의에게 듣는 알기 쉬운 소아과 119
신영규 · 이강우 · 최성항 지음
새내기 엄마, 아빠를 위해 올바른 육아법을 제시하고 각종 질병에
대한 치료법과 예방법, 응급처치법을 소개.
4×6배판 변형 / 280쪽 / 14,000원

피가 맑아야 건강하게 오래 살 수 있다 김영찬 지음
현대인이 앓고 있는 고혈압, 당뇨병, 심장병 등은 피가 끈적거리고
혈관이 너덜거려서 생기는 성인병을 치료하려면
식이요법, 생활습관 개선 등을 통해 피를 맑게 해야 한다. 이 책에
서는 피를 맑게 하기 위해 필요한 처방, 생활습관 개선법을 한의학
적 관점에서 상세하게 설명하고 있다. 신국판 / 256쪽 / 10,000원

웰빙형 피부 미인을 만드는 나만의 셀프 피부건강 양해원 지음
모든 사람들이 관심 있어 하는 피부 관리를 집에서 할 수 있게 해주
는 실용서. 집에서 간단하게 만들 수 있는 화장수, 팩 등을 소개하
여 손 안의 미용서 역할을 하고 있다. 대국전판 / 144쪽 / 10,000원

내 몸을 살리는 생활 속의 웰빙 항암 식품 이승남 지음
'암=사형 선고' 라는 고정 관념을 깨뜨는 전제 아래 우리 밥상에서 흔
히 볼 수 있는 먹거리로 암을 예방하며 치료하는 방법 소개. 암환자와
그 가족들에게 희망을 안겨 줄것이다. 대국전판 / 248쪽 / 9,800원

마음한글, 느낌한글 박완식 지음
훈민정음의 창제원리를 이용한 한글명상, 한글요가, 한글체조로 지
금까지의 요가나 명상과는 차원이 다른 더욱 더 효과적인 수련으로
이제 당신 앞에 새로운 세계가 펼쳐진다. 4×6배판 / 300쪽 / 15,000원

웰빙 동의보감식 발마사지 10분 최미희 지음 / 신재용 감수
발이 병나면 몸에도 병이 생긴다. 우리 몸 중에서 가장 천대받으면
서도 가장 많은 일을 하는 발을 새롭게 인식하는 추세에 맞추어 발
을 가꾸어 건강을 지키는 방법 제시. 각 질병별 발마사지 방법, 부
위를 구체적으로 설명하고 있다. 텔레비전을 보면서 하는 15분의
발마사지가 피로를 풀어주고 건강을 지켜줄 것이다.
4×6배판 변형 / 204쪽 / 13,000원

아름다운 몸, 건강한 몸을 위한 목욕 건강 30분 임하성 지음
우리가 흔히 대수롭지 않게 여기고 하는 습관 중에 하나가 목욕일 것이다. 그러나 이제 목욕도 건강과 관련시켜 올바른 방법으로 해야 한다. 웰빙 시대, 웰빙 라이프에 맞는 올바른 목욕법을 피부 관리 및 우리들의 생활 패턴에 맞추어 제시해 본다.
대국전판 / 176쪽 / 9,500원

내가 만드는 한방생주스 60 김영섭 지음
일반적인 과일·야채 주스에 21가지 한약재로 기본 음료를 만들어 맛과 영양을 고루 갖춘 최초의 웰빙 한방 건강음료 만드는 법 60가지 수록!! 각 음료마다 만드는 법과 효능을 실어 우리 가족 건강을 지키는 건강지침서의 역할을 한다. 국판 / 112쪽 / 7,000원

몸을 살리는 건강식품 백은희·조창호·최양진 지음
스트레스에 시달리는 현대인들에게 자연 영양소를 공급해 주는 건강기능식품에 관한 상세한 정보를 담고 있다. 나에게 필요한 영양소는 어떤 것이 있으며, 어떻게 섭취했을 때 가장 큰 효과를 얻을 수 있는지 등을 조목조목 설명해 놓은 것이 눈에 띈다.
신국판 / 384쪽 / 11,000원

건강도 키우고 성적도 올리는 자녀 건강 김진돈 지음
자녀를 둔 부모라면 가장 먼저 생각하는 것이 자녀의 건강일 것이다. 특히 수험생을 둔 부모라면 그 관심은 말로 단정지을 수 없다. 수험생 자신이나 부모가 알아야 할 평소 건강 관리법, 제일 이겨내기 힘든 계절인 여름철 건강 관리법, 조심해야 할 질병들에 대해 예방법, 치료법을 상세하게 소개하고 있다. 신국판 / 304쪽 / 12,000원

알기 쉬운 간질환 119 이관식 지음
간염이 있는 사람이 술잔을 돌릴 경우 간염이 전염될까? 우리는 간이 소중한 존재임을 알면서도 혹사시키는 일이 많다. 간염 전염 및 간경화, 간암 등에 대한 잘못된 지식을 바로잡아주고 간과 관련된 병을 예방하는 법, 병에 걸렸을 때 치료하고 관리하는 법 등을 상세히 수록하여 간을 건강하게 지킬 수 있도록 해준다.
신국판 / 264쪽 / 11,000원

밥으로 병을 고친다 허봉수 지음
우리가 하루 세 끼 식사에 대하는 밥상이 우리의 건강을 지켜주는 최고의 건강지킴이다. 이 간단 명료한 진리를 알면서도 우리는 다른 방법으로 건강을 지키려고 한다. 건강을 지키는 일은 어렵고 특별한 일이 아니라 보통의 밥상에서 지킬 수 있는 일임을 강조하고 거기에 맞는 실제 사례를 제시하여 비슷한 사례에 응용할 수 있게 내용을 구성하였다. 대국전판 / 352쪽 / 13,500원

알기 쉬운 신장병 119 김형규 지음
신장병은 특별한 증상이 없어 조기진단이 힘들다고 한다. 그러나 진단과 치료의 혜택으로 완치를 할 수 있는 병이라고도 한다. 일상생활 속에서 신장병을 파악할 수 있는 자가진단법, 신장병을 검사하고 치료하는 방법, 신장병과 관련 있는 질병들을 일반인들이 이해하기 수준에서 설명하고 있다. 또한 신장병과 관련 있는 생활 속의 정보를 부록으로 수록하여 내용의 깊이를 더해 주고 있다.
신국판 / 240쪽 / 10,000원

마음의 감기 치료법 우울증 119 이민수 지음
우울증에는 예외의 대상이 없다. 현대인이라면 누구나 우울증에 걸릴 수 있다는 전제 아래 일반인들이 쉽게 이해할 수 있는 우울증을 담고 있다. 남에게, 가족에게 숨겨야 하는 몹쓸 병이 아니라 바르고 정확하게 알아야 건강한 삶을 누릴 수 있는 병임을 알리면서 우울증을 치료하는 법, 환자 본인과 가족 및 주위에서 가져야 할 자세 등을 알려준다. 대국전판 / 232쪽 / 9,800원

관절염 119 송영욱 지음
"비가 오려나? 왜 이리 무릎이 쑤시나." 이렇게 표현되는 관절염에는 일반인들이 잘 알지 못하는 다른 종류의 관절염도 있다. 이러한 관절염을 일반인들의 입장에서 쉽게 이해하고 예방하고 치료할 수 있는 방법을 소개하고 있다. 생활 속에서의 습관을 고치고 운동을 통해서 허리나 다리가 아픈 통증에서 벗어날 수 있다.
대국전판 / 224쪽 / 9,800원

내 딸을 위한 미성년 클리닉 강병문·이향아·최정원 지음
서울 아산병원 미성년 클리닉팀의 새로운 제안!! 청소년기의 건강 상태는 평생을 좌우한다. 이 시기를 어떻게 보내느냐에 따라 60년 인생이 완전히 달라질 수 있다. 특히 여자라면 꼭 알아야 할 건강 이야기로 자라나는 우리 딸들이 자신의 몸을 소중히 하는데 도움이 될 것이다. 국판 / 148쪽 / 8,000원

암을 다스리는 기적의 치유법
케이 세이헤이 감수 / 카와키 나리카즈 지음 / 민병수 옮김
저분자 수용성 키토산의 파워!! 항암제나 방사선 치료의 부작용을 경감시키고 그 효과를 오래 지속시켜주는 효과를 비롯한 키토산의 6대 항암 효과를 통하여 암에 탁월한 효과가 있는 수용성 키토산의 전신 면역 요법에 대하여 알 수 있게 된다. 더불어 자연치유력에 대한 강한 믿음을 갖게 된다. 신국판 / 256쪽 / 9,000원

스트레스 다스리기
대한불안장애학회 스트레스관리연구특별위원회 지음
스트레스 분야의 21명의 전문가가 쓴 스트레스 해소법. 암보다 무서운 병, 스트레스를 줄이면 10년은 젊게 살 수 있다.
신국판 / 304쪽 / 12,000원

천연 식초 건강법
건강식품연구회 엮음 / 신재용(해성한의원 원장) 감수
가장 쉽게 구할 수 있고 경제적인 식품이면서 상상할 수 없을 정도로 뛰어난 약효를 지닌 식초의 모든 것을 담은 건강지침서!
신국판 / 252쪽 / 9,000원

암에 대한 모든 것 서울아산병원 암센터 지음
이 책은 우리나라에서 특히 발병률이 높은 7가지 암에 대해 철저히 분석한 책이다. 해당 암의 원인부터 발병률, 원인 및 진단법, 치료법, 예방법 및 관리법, 해당 암에 대해 잘못 알려진 상식 등 암에 대한 보다 실질적이고 구체적인 정보를 담았다. 암에 대한 정보를 필요로 이들이 보다 효율적으로 이용할 수 있는 책이다.
신국판 / 360쪽 / 13,000원

알록달록 컬러 다이어트 이승남 지음
이 시대의 트렌드인 웰빙 열풍 가운데 컬러 푸드가 커다란 아이템으로 자리 잡았다. 이 책에서는 다이어트 시에 생기는 스트레스와, 스트레스로 인한 활성산소, 다이어트로 인한 영양불균형 등을 컬러 푸드를 이용하여 우리 몸을 젊고 건강하고 아름답게 가꾸는 방법을 상세히 제시하여 주고 있다. 또한 비만이 아닌 체형교정을 원하는 분들에게는 올바른 운동법과 마사지요법을 통하여 문제를 해결할 수 있도록 길을 열어준다. 국판 / 248쪽 / 10,000원

교 육

우리 교육의 창조적 백색혁명
원상기 지음 / 신국판 / 206쪽 / 6,000원

현대생활과 체육
조창남 외 5명 공저 / 신국판 / 340쪽 / 10,000원

퍼펙트 MBA IAE유학네트 지음 / 신국판 / 400쪽 / 12,000원

유학길라잡이 I - 미국편
IAE유학네트 지음 / 4×6배판 / 372쪽 / 13,900원

유학길라잡이 II - 4개국편
IAE유학네트 지음 / 4×6배판 / 348쪽 / 13,900원

조기유학길라잡이.com
IAE유학네트 지음 / 4×6배판 / 428쪽 / 15,000원

현대인의 건강생활
박상호 외 5명 공저 / 4×6배판 / 268쪽 / 15,000원

천재아이로 키우는 두뇌훈련
나카마츠 요시로 지음 / 민병수 옮김
머리가 좋은 아이로 키우기 위한 환경 만들기, 식사, 운동 등 연령별 두뇌 훈련법 소개. 국판 / 288쪽 / 9,500원

두뇌혁명 나카마츠 요시로 지음 / 민병수 옮김
『뇌내혁명』 하루야마 시게오의 추천작!! 어른들을 위한 두뇌 개발서로, 풍요로운 인생을 만들기 위한 '뇌'와 '몸' 자극법 제시.
4×6배판 양장본 / 288쪽 / 12,000원

테마별 고사성어로 익히는 한자
김경익 지음 / 4×6배판 변형 / 248쪽 / 9,800원

生生 공부비법 이은승 지음
국내 최초 수학과외 수출의 주인공 이은승이 개발한 자기만의 맞춤식 공부학습법 소개. 공부도 하는 법을 알면 목표를 달성할 수 있다고 용기를 북돋우어 주는 실전 공부 비법서. 대국전판 / 272쪽 / 9,500원

자녀를 성공시키는 습관만들기 배은경 지음
성공하는 자녀를 꿈꾸는 부모들이 알아야 할 자녀 교육법 소개. 부모는 자녀 인생의 주연이 아님을 알아야 하며 부모의 좋은 습관, 건전한 생각이 자녀의 성공 인생을 가져온다는 내용을 담은 부모 및 자녀 모두를 위한 자기 계발서. 대국전판 / 232쪽 / 9,500원

한자능력검정시험 1급 한자능력검정시험연구위원회 편저
한자능력검정시험의 최상급인 1급 대비서. 2~8급 배정한자(2355자)를 포함한 1급 배정한자 3500자에 관한 유래, 활용 예, 사자성어, 예상문제 등을 완벽 수록하여 시험에 만전을 기할 수 있게 하였다. 또한 쓰기 배정한자 2005자에 대한 부록도 수록하여 읽기와 쓰기 한자 익힘이 완벽하게 이루어지도록 하였다.
4×6배판 / 568쪽 / 21,000원

한자능력검정시험 2급 한자능력검정시험연구위원회 편저
국어사전식 단어 배열, 내용을 쉽게 이해할 수 있도록 도와주는 일러스트, 기출 문제의 완전 분석을 바탕으로 한 예상 문제 수록 등 한자능력검정시험 2급을 준비하는 사람들을 위한 완벽 대비서.
4×6배판 / 472쪽 / 18,000원

한자능력검정시험 3급(3급II) 한자능력검정시험연구위원회 편저
4급 한자를 포함한 3급·3급II 배정한자 1817자 각 한자에 대한 어원 및 실용 사례를 수록하였다. 각 한자의 배열은 가, 나, 다…의 국어사전식 배열을 채택하여 음만 알아도 한자를 쉽게 찾을 수 있게 하였다. 또한 한자의 '이해를 돕는 일러스트, 3급·3급II 한자를 포함한 실생활에 응용할 수 있는 생활 한자 코너를 배정하여 학습의 깊이를 더해주고 있다. 끝으로 기출문제 분석에 맞춘 예상문제와 쓰기 배정 한자를 실어 3급·3급II 한자 학습을 완전하게 익힐 수 있게 하였다. 4×6배판 / 440쪽 / 17,000원

한자능력검정시험 4급(4급II) 한자능력검정시험연구위원회 편저
국어사전식 단어 배열, 4급 한자 1000자 필수 수록, 생활에서 활용할 수 있는 활용 한자 요점정리, 생활 속에서 자주 쓰이는 약자, 한자의 이해를 돕기 위한 일러스트와 유래 설명, 4급 한자 1000자를 응용한 한자 심화 학습, 기출 문제를 완전 분석한 후 그에 따라 엄선한 예상문제 수록 등 4급 한자 익히기와 시험에 대비하는 모든 사람들을 위한 완벽 대비서. 4×6배판 / 352쪽 / 15,000원

한자능력검정시험 5급 한자능력검정시험연구위원회 편저
국어사전식 단어 배열, 5급 한자 500자 따라 쓰기, 생활에서 활용할 수 있는 활용 한자 요점정리, 생활 속에서 자주 쓰이는 약자, 한자의 이해를 돕기 위한 일러스트와 유래 설명, 기출 문제를 완전 분석한 후 그에 따라 엄선한 예상문제 수록 등 5급 한자 익히기와 시험에 대비하는 모든 사람들을 위한 완벽 대비서.
4×6배판 / 264쪽 / 11,000원

한자능력검정시험 6급 한자능력검정시험연구위원회 편저
국어사전식 단어 배열, 6급 한자 300자 따라 쓰기, 생활에서 활용할 수 있는 활용 한자 요점정리, 한자의 이해를 돕기 위한 일러스트와 유래 설명, 기출 문제를 완전 분석한 후 그에 따라 엄선한 예상문제 수록 등 6급 한자 익히기와 시험에 대비하는 모든 사람들을 위한 완벽 대비서. 4×6배판 / 168쪽 / 8,500원

한자능력검정시험 7급 한자능력검정시험연구위원회 편저
국어사전식 단어 배열, 각 한자 배우기에 도움이 되는 일러스트를 곁들이고 한자의 구성 원리를 설명해 놓아 한자 배우기가 재미있고 쉽다. 또한 따라쓰기를 통해 한자 익히기를 완전하게 끝낼 수 있도록 하였으며 활용 예문을 다양하게 예시해 놓았다.
4×6배판 / 152쪽 / 7,000원

한자능력검정시험 8급 한자능력검정시험연구위원회 편저
8급 한자 50자에 대해 각 한자 배우기에 도움이 되는 일러스트를 곁들이고 한자의 구성 원리를 설명해 놓아 한자 배우기가 재미있고 쉽다. 또한 따라쓰기를 통해 기본 한자 익히기를 완전하게 끝낼 수 있도록 하였으며 기본 50개의 한자를 활용한 예문을 다양하게 예시해 놓았다. 4×6배판 / 112쪽 / 6,000원

볼링의 이론과 실기 이택상 지음 / 신국판 / 192쪽 / 9,000원

고사성어로 끝내는 천자문 조준상 글/그림
고사성어에 얽힌 일화를 재미있는 만화로 엮어, 만화를 보면서 고사성어도 익힐 수 있는 일석이조의 만화 학습서이다. 특히 국가공인 한자능력검정시험 4급에 나오는 한자를 수록하고 있어 자격증을 준비하는 데에 도움을 줄 뿐만 아니라 실생활에 응용할 수 있는 생활한자가 수록되어 있어 교양을 넓히는 데에도 많은 도움이 될 것이다. 4×6배판 / 216쪽 / 12,000원

내 아이 스타 만들기 김민성 지음
이 책은 평범한 가정에서 태어난 초등학생 예랑이가 자신의 재능을 발견해가는 과정과 그것을 지켜보는 부모님을 통하여 현대의 많은 부모님들이 자신의 자녀들에게 어떤 교육방식과 마음가짐으로 아이의 뒷바라지를 해줘야 할지 그 방향을 제시해주고 있다.
신국판 / 200쪽 / 9,000원

취미·실용

김진국과 같이 배우는 와인의 세계 김진국 지음
포도주 역사에서 분류, 원료 포도의 종류와 재배, 양조·숙성·저장, 시음법, 어울리는 요리와 와인의 유통과 소비, 와인 시장의 현황과 전망, 와인 판매 요령, 와인의 보관과 재고의 회전, '와인 양조 비밀의 모든 것'을 동영상으로 담은 CD까지, 와인의 모든 것이 담긴 종합학습서. 국배판 변형양장본(올 컬러판) / 208쪽 / 30,000원

경제·경영

CEO가 될 수 있는 성공법칙 101가지
김승룡 편역 / 신국판 / 320쪽 / 9,500원

정보소프트 김승룡 지음 / 신국판 / 324쪽 / 6,000원

기획대사전 다카하시 겐코 지음 / 홍영의 옮김
기획에 관련된 모든 사항을 실례와 도표를 통하여 초보자에서 프로 기획맨에 이르기까지 효율적으로 활용할 수 있도록 체계적으로 총망라하였다. 신국판 / 552쪽 / 19,500원

맨손창업·맞춤창업 BEST 74 양혜숙 지음
창업대행 현장 전문가가 추천하는 유망종을 7가지 주제별로 나누어 수록한 맞춤창업서로 창업예비자들에게 창업의 길을 밝혀줄 발로 뛰면서 만든 실무 지침서!! 신국판 / 416쪽 / 12,000원

무자본, 무점포 창업! FAX 한 대면 성공한다
다카시로 고시 지음 / 홍영의 옮김 / 신국판 / 226쪽 / 7,500원

성공하는 기업의 인간경영 중소기업 노무 연구회 편저 / 홍영의 옮김
무한경쟁시대에서 각 기업들의 다양한 경영 실태 속에서 인사·노무 관리 개선에 있어서의 기업의 효율을 높이고 발전을 이룰 수 있는 원칙을 제시. 신국판 / 368쪽 / 11,000원

21세기 IT가 세계를 지배한다 김광희 지음
21세기 화두로 떠오른 IT혁명의 경쟁력에 대해서 전문가의 논리적이고 철저한 해설과 더불어 매장 끝까지 실제 사례를 곁들어 설명.
신국판 / 380쪽 / 12,000원

경제기사로 부자아빠 만들기 김기태·신현태·박근수 공저
날마다 배달되는 경제기사를 꼼꼼히 챙겨보는 사람만이 현대생활에서 부자가 될 수 있다. 언론인의 현장감각과 학자의 전문성을 접목시킨 것이 이 책의 특성! 누구나 이 책을 읽고 경제원리를 체득, 경제예측을 할 수 있게 준비된 생활경제서적서.
신국판 / 388쪽 / 12,000원

포스트 PC의 주역 정보가전과 무선인터넷 김광회 지음
포스트 PC의 주역으로 급부상하고 있는 정보가전과 무선인터넷 그리고 이를 구현하기 위한 관련 테크놀러지를 체계적으로 소개.
신국판 / 356쪽 / 12,000원

성공하는 사람들의 마케팅 바이블 채수명 지음
최근의 이론을 보완하여 내놓은 마케팅 관련 실무서. 마케팅의 정보라면, 핵심요소, 컨설팅실무까지 저자의 노하우와 창의적인 이론이 결합된 마케팅서. 신국판 / 328쪽 / 12,000원

느린 비즈니스로 돌아가라
사카모토 게이이치 지음 / 정성호 옮김
미국식 스피드 경영에 익숙해져 현실의 오류를 간과하고 있는 사람들에게 성공이 과연 어떻게 팔 것인가보다 무엇을 팔 것인가를 설명하는 마케팅 컨설턴트의 대안 제시서! 신국판 / 276쪽 / 9,000원

적은 돈으로 큰돈 벌 수 있는 부동산 재테크 이원재 지음
700만 원으로 부동산 재테크에 뛰어들어 100배 불린 저자가 부동산 재테크를 계획하고 있는 사람들이 반드시 알아두어야 할 내용을 경험담을 담아 해설해 놓은 경제서. 신국판 / 340쪽 / 12,000원

바이오혁명 이주영 지음
21세기 국가간 경쟁부문으로 새로이 떠오르고 있는 바이오혁명에 관한 기초지식을 언론사에 몸담고 있는 현직 기자가 아주 쉽게 해설해 놓은 바이오 가이드서. 바이오 관련 용어 해설 수록.
신국판 / 328쪽 / 12,000원

성공하는 사람들의 자기혁신 경영기술 채수명 지음
자기 계발을 통한 신지식 자기경영마인드를 갖추어야 한다는 전제 아래 그 방법을 자세하게 알려주는 자기계발 지침서.
신국판 / 344쪽 / 12,000원

CFO 교텐 토요오 · 타하라 오키시 지음 / 민병수 옮김
일반인들에게 생소한 용어인 CFO, 즉 최고 재무책임자의 역할이 지금까지와는 완전히 달라져야 한다는 것. 기업을 이끌어가는 새로운 키잡이로서의 CFO의 역할, 위상 등을 일본의 기업을 중심으로 하여 알아보고 바람직한 방향을 제시한다. 신국판 / 312쪽 / 12,000원

네트워크시대 네트워크마케팅 임동학 지음
학력, 사회적 지위 등에 관계 없이 자신이 노력한 만큼 돈을 벌 수 있는 네트워크마케팅에 관해 알려주는 안내서.
신국판 / 376쪽 / 12,000원

성공리더의 7가지 조건
다이앤 트레이시 · 윌리암 모건 지음 / 지창영 옮김
개인과 팀, 조직관계의 개선을 위한 방향제시 및 실천을 위한 안내자 역할을 해주는 책. 현장에서 활용할 수 있는 실용서.
신국판 / 360쪽 / 13,000원

김종결의 성공창업 김종결 지음
'누구나 창업을 할 수는 있지만 아무나 돈을 버는 것은 아니다' 라는 전제 아래 중견 연기자로서, 음식점 사장님으로 성공한 탤런트 김종결의 성공비결을 통해 창업전략과 성공전략을 제시한다.
신국판 / 340쪽 / 12,000원

최적의 타이밍에 내 집 마련하는 기술 이원재 지음
부동산을 통한 재테크의 첫걸음 '내 집 마련'의 결정판. 체계적이고 한눈에 쏙 들어 오는 '내 집 장만 과정'을 쉽게 풀어놓은 부동산재테크서. 신국판 / 248쪽 / 10,500원

컨설팅 세일즈 *Consulting sales* 임동학 지음
발로 뛰는 영업이 아니라 머리로 하는 영업이 절실히 요구되는 시대 상황에 맞추어 고객지향의 세일즈, 과제해결 세일즈, 구매자와 공급자 간에 서로 만족하는 세일즈법 제시. 대국전판 / 336쪽 / 13,000원

연봉 10억 만들기 김농주 지음
연봉으로 말해지는 임금을 재테크 하여 부자가 될 수 있는 방법 제시. 고액의 연봉을 받기 위해서 개인이 갖추어야 할 실무적 능력, 태도, 마음가짐, 재테크 수단 등을 각 주제에 따라 구체적으로 제시함으로써 부자를 꿈꾸는 사람들이 그 희망을 이룰 수 있게 해준다.
국판 / 216쪽 / 10,000원

주5일제 근무에 따른 한국형 주말창업 최효진 지음
우리나라 실정에 맞는 주말창업 아이템의 제시 및 창업시 필요한 정보를 얻을 수 있는 곳, 주의해야 할 점, 실전 인터넷 쇼핑몰 창업, 표준사업계획서 등을 수록하여 지금 낭상이나마 내 사업을 펼 수 있게 해주는 창업 길라잡이서. 신국판 변형 양장본 / 216쪽 / 10,000원

돈 되는 땅 돈 안되는 땅 김영준 지음
부동산 틈새시장에서 성공하는 투자 노하우를 신행정수도 예정지 및 고속철도 역세권 등 투자 유망지역을 중심으로 완벽하게 수록해 놓은 부동산 재테크서. 신국판 / 320쪽 / 13,000원

돈 버는 회사로 만들 수 있는 109가지
다카하시 도시노리 지음 / 민병수 옮김
회사경영에서 경영자가 꼭 알아야 할 기본 사항 수록. 내용이 항목별로 정리되어 있어 원하는 자료를 바로 찾아 볼 수 있는 것이 최대의 장점. 이 책을 통해서 불필요한 군살을 빼고 강한 근육질을 가진 돈 버는 회사를 만들어 보자. 신국판 / 344쪽 / 13,000원

프로는 디테일에 강하다 김미현 지음
탄탄하게 자리를 잡은 15군데 중소기업의 여성 CEO들이 회사를 운영하면서 겪은 어려움, 기쁨 등을 자서전 형식을 빌어 솔직 담백하게 얘기했다. 예비 창업자들을 위한 조언, 경영 철학, 성공 요인도 담고 있어 창업을 준비하는 사람들에게 도움이 될 것이다.
신국판 / 248쪽 / 9,000원

머니투데이 송복규 기자의 부동산으로 주머니돈 100배 만들기 송복규 지음
재테크 수단으로 새롭게 각광 받고 있는 부동산을 이용한 재산 증

식 방법 수록. 부동산 재료별 특성에 따른 맞춤 투자전략을 제시하고 알아두면 편리한 부동산 상식도 알려준다. 현직 전문 기자의 예리한 분석과 최신 정보가 담겨 있는 부동산재테크 가이드서.
신국판 / 328쪽 / 13,000원

성공하는 슈퍼마켓&편의점 창업 나명환 지음
슈퍼마켓이나 편의점을 창업하려고 하는 사람들을 위한 창업 가이드서. 어느 위치에 얼마만한 크기로, 어떤 상품을 갖추고 어떤 마인드로 창업하고 영업해야 대형할인점과의 경쟁에서 살아남을 수 있는지 등을 저자의 실제 경험과 통계, 전문가들의 의견을 바탕으로 상세하게 소개. 4×6배판 변형 / 500쪽 / 28,000원

대한민국 성공 재테크 부동산 펀드와 리츠로 승부하라 김영준 지음
새로운 재테크 수단으로 세간의 관심을 모으고 있는 부동산 펀드와 리츠에 관한 투자 안내서. 리스크 없이 투자에 성공하기 위해서 알아두어야 할 주의사항, 펀드 및 리츠 관련 상품 설명, 실제로 투자되고 있는 물건을 수록하여 책을 통해서 실전 투자감각을 익힐 수 있게 하였다. 신국판 / 256쪽 / 12,000원

마일리지 200% 활용하기 박성희 지음
우리 주변에는 마일리지와 관련 있는 다양한 카드가 있다. 신용카드로부터 시작하여 이동통신사의 멤버십 카드, 캐시백 카드, 각 업소의 스탬프 카드 등 다양한 종류의 카드가 각기 특성을 가지고 우리 생활 속에서 이용되고 있다. 잘 알아두면 개인의 주머니 경제, 가계의 살림에 보탬이 되는 각종 마일리지에 관한 최신 정보를 한 권에 모아 놓았다. 이 책의 내용을 잘 활용하면 새는 돈을 알뜰살뜰 모으는 길이 보일 것이다. 국판 변형 / 200쪽 / 8,000원

1%의 가능성에 도전, 성공 신화를 이룬 여성 CEO 김미현 지음
탄탄하게 자리를 잡은 15군데 중소기업의 여성 CEO들이 회사를 운영하면서 겪은 어려움, 기쁨 등을 자서전 형식을 빌어 솔직 담백하게 얘기했다. 예비 창업자들을 위한 조언, 경영 철학, 성공 요인도 담고 있어 창업을 준비하는 사람들에게 도움이 될 것이다.
신국판 / 248쪽 / 9,500원

3천만 원으로 부동산 재벌 되기 최수길 · 이숙 · 조연희 지음
전세에 머물고 있는 일반 서민들에게 가정의 보금자리인 내 집 마련의 길을 안내하고 여유자금을 가지고 소액으로도 투자할 수 있는 알짜 재테크 정보를 소개하고 있다. 신국판 / 290쪽 / 12,000원

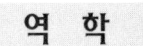

현대인의 창조적 **관상과 수상** 백운산 지음 / 신국판 / 344쪽 / 9,000원
대운용신영부적 정재원 지음 / 신국판 양장본 / 750쪽 / 39,000원
사주비결활용법 이세진 지음 / 신국판 / 392쪽 / 12,000원
컴퓨터세대를위한 **新 성명학대전** 박용찬 지음 /신국판/388쪽 /11,000원
길흉화복 꿈풀이 비법 백운산 지음 / 신국판 / 410쪽 / 12,000원
새천년 **작명컨설팅** 정재원 지음 / 신국판 / 492쪽 / 13,900원
백운산의 신세대 궁합 백운산 지음 / 신국판 / 304쪽 / 9,500원
동자삼 작명학 남시모 지음 / 신국판 / 496쪽 / 15,000원
구성학의 기초 문길여 지음 / 신국판 / 412쪽 / 12,000원

법률 일반

여성을 위한 성범죄 법률상식
조명원(변호사) 지음/ 신국판 / 248쪽 / 8,000원
아파트 난방비 75% 절감방법
고영근 지음 / 신국판 / 238쪽 / 8,000원
일반인이 꼭 알아야 할 절세전략 173선
최성호(공인회계사) 지음 / 신국판 / 392쪽 / 12,000원
변호사와 함께하는 **부동산 경매**
최환주(변호사) 지음 / 신국판 / 404쪽 / 13,000원
혼자서 쉽고 빠르게 할 수 있는 **소액재판**
김재용 · 김종철 공저 / 신국판 / 312쪽 / 9,500원
"술 한 잔 사겠다"는 말에서 찾아보는 **채권 · 채무**
변환철(변호사) 지음 / 신국판 / 408쪽 / 13,000원
알기쉬운 **부동산 세무 길라잡이**
이건우(세무서 재산계장) 지음 / 신국판 / 400쪽 / 13,000원
알기쉬운 **어음, 수표 길라잡이**
변환철(변호사) 지음 / 신국판 / 328쪽 / 11,000원
제조물책임법
강동근(변호사) · 윤종성(검사) 공저 / 신국판 / 368쪽 / 13,000원
알기 쉬운 **주5일근무에 따른 임금 · 연봉제 실무**
문강분(공인노무사) 지음 / 4×6배판 변형 / 544쪽 / 35,000원
변호사 없이 당당히 이길 수 있는 **형사소송** 김대환 지음
우리 생활과 함께 숨쉬는 형사법 서식을 구체적인 사례와 함께 소
개. 내 손으로 간결하고 명확한 고소장 · 항소장 · 상고장 등 형사소
송서식을 작성할 수 있다. 형사소송 관련 서식 CD 수록.
신국판 / 304쪽 / 13,000원
변호사 없이 당당히 이길 수 있는 **민사소송** 김대환 지음
민사, 호적과 가사를 포함한 생활과 밀접한 관련이 있는 생활법률 전
반을 보통 사람들이 가장 궁금해하는 내용을 위주로 하여 사례를 들
어가며 아주 쉽게 풀어놓은 민사 실무서. 신국판 / 412쪽 / 14,500원
혼자서 해결할 수 있는 **교통사고 Q&A** 조명원(변호사) 지음
현실에서 본인이 아무리 원하지 않더라도 운명처럼 누구에게나 닥
칠 수 있는 교통사고 문제를 사례, 각급 법원의 주요 판례와 함께
정리하여 일반인들도 쉽게 이해할 수 있도록 내용 구성.
신국판 / 336쪽 / 12,000원
알기 쉬운 **개인파산 신청법** 최재구(법무사) 지음
이 책은 본의아니게 과중채무로 고통받고 있는 사람들을 위해 쓰여
진 책이다. 이 책에서는 현재 시행되고 있는 개인 워크아웃제도와
배드뱅크제도에 대해서도 상세히 소개하고 있다. 또한 이 제도를
신청하는 방법에 대해서 상세히 설명하고 있다.
신국판 / 352쪽 / 13,000원

생활법률

부동산 생활법률의 기본지식
대한법률연구회 지음 / 김원중(변호사) 감수 / 신국판 / 480쪽 / 12,000원

고소장 · 내용증명 생활법률의 기본지식
하태웅(변호사) 지음 / 신국판 / 440쪽 / 12,000원
노동 관련 생활법률의 기본지식
남동희(공인노무사) 지음 / 신국판 / 528쪽 / 14,000원
외국인 근로자 생활법률의 기본지식
남동희(공인노무사) 지음 / 신국판 / 400쪽 / 12,000원
계약작성 생활법률의 기본지식
이상도(변호사) 지음 / 신국판 / 560쪽 / 14,500원
지적재산 생활법률의 기본지식
이상도(변호사) · 조의제(변리사) 공저 / 신국판 / 496쪽 / 14,000원
부당노동행위와 부당해고 생활법률의 기본지식
박영수(공인노무사) 지음 / 신국판 / 432쪽 / 14,000원
주택 · 상가임대차 생활법률의 기본지식
김운용 지음 / 신국판 / 480쪽 / 14,000원
하도급거래 생활법률의 기본지식
김진흥 지음 / 신국판 / 440쪽 / 14,000원
이혼소송과 재산분할 생활법률의 기본지식
박동섭(변호사) 지음 / 신국판 / 460쪽 / 14,000원
부동산등기 생활법률의 기본지식
정상태(법무사) 지음 / 신국판 / 456쪽 / 14,000원
기업경영 생활법률의 기본지식
안동섭(단국대 교수) 지음 / 신국판 / 466쪽 / 14,000원
교통사고 생활법률의 기본지식
박정무(변호사) · 전병찬 공저 / 신국판 / 480쪽 / 14,000원
소송서식 생활법률의 기본지식
김대환 지음 / 신국판 / 480쪽 / 14,000원
호적 · 가사소송 생활법률의 기본지식
정주수(법무사) 지음 / 신국판 / 516쪽 / 14,000원
상속과 세금 생활법률의 기본지식
박동섭(변호사) 지음 / 신국판 / 480쪽 / 14,000원
담보 · 보증 생활법률의 기본지식
류창호(법학박사) 지음 / 신국판 / 436쪽 / 14,000원
소비자보호 생활법률의 기본지식
김성천(법학박사) 지음 / 신국판 / 504쪽 / 15,000원
판결 · 공정증서 생활법률의 기본지식
정상태(법무사) 지음 / 신국판 / 312쪽 / 13,000원

처 세

성공적인 삶을 추구하는 여성들에게 **우먼파워**
조안 커너 · 모이라 레이너 공저 / 지창영 옮김
사회의 여성을 향한 냉대와 편견의 벽을 깨뜨리고 성공적인 삶을
이루려는 여성들이 갖추어야 할 자세 및 삶의 이정표 제시!!
신국판 / 352쪽 / 8,800원
聽 **이익이 되는 말** 話 **손해가 되는 말**
우메시마 미요 지음 / 정성호 옮김
직장이나 집안에서 언제나 주고받는 일상의 화제를 모아 실음으로
써 대화의 참의미를 깨닫고 비즈니스를 성공적으로 이끌기 위한 대
화술을 키우는 방법 제시!! 신국판 / 304쪽 / 9,000원
성공하는 사람들의 화술테크닉 민영욱 지음
개인간의 사적인 대화에서부터 대중을 위한 공적인 강연에 이르기
까지 어떻게 말하고 어떻게 스피치를 할 것인가에 관한 지침서.
신국판 / 320쪽 / 9,500원
부자들의 생활습관 가난한 사람들의 생활습관
다케우치 야스오 지음 / 홍영의 옮김
경제학의 발상을 기본으로 하여 사람들이 살아가면서 생활에서 생
각해 볼 수 있는 이익을 보는 생활습관과 손해를 보는 생활습관을
수록. 독자 자신에게 맞는 생활습관의 기본 전략을 설계할 수 있도
록 제시. 신국판 / 320쪽 / 9,800원

코끼리 귀를 당긴 원숭이-히딩크식 창의력을 배우자 강충인 지음
코끼리와 원숭이의 우화를 히딩크의 창조적 경영기법과 리더십에
대비하여 자기혁신, 기업혁신을 꾀하는 창의력 개발법을 제시.
신국판 / 208쪽 / 8,500원

성공하려면 유머와 위트로 무장하라 민영욱 지음
21세기에 들어 새로운 추세를 형성하고 있는 말 잘하기. 이러한 추
세에 맞추화 현재 스피치 강사로 활약하고 있는 저자가 말을 잘하는
방법과 유머와 위트를 만들고 즐기는 방법을 제시한다.
신국판 / 292쪽 / 9,500원

등소평의 오뚝이전략 조창남 편저
중국 역사상 정치·경제·학문 등의 분야에서 최고 위치에 오른 리
더들의 인재활용, 상황 극복법 등 처세 전략·전술을 통해 이 시대의
성공인으로 자리매김하는 해법 제시. 신국판 / 304쪽 / 9,500원

노무현 화술과 화법을 통한 이미지 변화 이현정 지음
현재 불교방송에서 활동하고 있는 이현정 아나운서의 화술 길라잡
이서. 노무현 대통령의 독특한 화술과 화법을 통해 리더로서, 성공
인으로서 갖추어야 할 화술 화법을 배우는 화술 실용서.
신국판 / 320쪽 / 10,000원

성공하는 사람들의 토론의 법칙 민영욱 지음
다양한 사람들의 다양한 욕구를 하나로 응집시키는 수단으로 등장
하고 있는 토론에 관해 간단하고 쉽게 제시한 토론 길라잡이서.
신국판 / 280쪽 / 9,500원

사람은 칭찬을 먹고산다 민영욱 지음
현대에서 성공하는 사람으로 남기 위해서는 남을 칭찬할 줄도 알아
야 한다. 성공하는 사람이 되기 위해서 알아야 할 칭찬 스피치의 기
법, 특징 등을 실생활에 적용해 설명해놓은 성공처세 지침서.
신국판 / 268쪽 / 9,500원

사과의 기술 김농주 지음
미안하다는 말에 인색한 한국인들에게 "I'm sorry."가 성공을 위한
처세 기법으로 다가온다. 직장, 가정 등 다양한 환경에서 사과 한마
디의 의미, 기능을 알아보고 효율성을 가진 사과가 되기 위해 갖추어
야 할 조건을 제시한다. 신국판 변형 양장본 / 200쪽 / 10,000원

취업 경쟁력을 높여라 김농주 지음
각 기업별 특성 및 취업 정보 분석과 예비 취업자의 능력 개발, 자신
의 적성에 맞는 직종과 직장 잡는 법을 상세하게 수록.
신국판 / 280쪽 / 12,000원

유비쿼터스시대의 블루오션 전략 최양진 지음
나날이 치열해지는 경쟁 환경 속에서 최후의 웃는 사람이 되기 위해
서는 시대의 흐름에 빨리 적응하고, 정보를 신속하게 받아들이며,
남과는 다른 튀는 행동을 해야 한다고 저자는 주장한다. 유비쿼터스
시대를 맞아 생존 경쟁에서 살아남는 지혜, 전략을 현실 점검을 바
탕으로 세우는 방법 제시. 신국판 / 248쪽 / 10,000원

나만의 블루오션 전략-화술편 민영욱 지음
모든 사람과의 관계에는 대화가 있게 마련이나. 특히 직장인이나 비
즈니스를 하는 CEO들은 더욱 절실히 느낄 것이다. 이 책에는 일반
적으로 나누는 대화의 기법부터 좀더 부드러운 분위기를 위한 유머
화술의 기법까지 총망라하여 성공된 리더가 될 수 있는 방법을 제시
한다. 신국판 / 254쪽 / 10,000원

희망의 씨앗을 뿌리는 20대를 위하여 우광균 지음
이 책은 예측대로 살아지지 않는 인생에 이제 막 발을 들여놓은 사
회초년생에게 인생의 지침이 되어줄 조언이 담겨 있다. 저자 자신이
경험한 실제 사례들을 통해 우리가 일상에서 쉽게 접하는 모든 일들
을 어떻게 받아들이고 또 얻을 수 있는 것은 무엇인지 알려주고 있
다. 신국판 / 172쪽 / 8,000원

명 상

명상으로 얻는 깨달음 달라이 라마 지음 / 지창영 옮김
티베트의 정신적 지도자이자 실질적 지도자인 달라이 라마의 수많
은 가르침 가운데 현대인에게 필요요되고 있는 인내에 대한 이야기.
국재 / 320쪽 / 9,000원

어 학

2진법 영어 이상도 지음 / 4×6배판 변형 / 328쪽 / 13,000원

한 방으로 끝내는 영어 고제윤 지음 / 신국판 / 316쪽 / 9,800원

한 방으로 끝내는 영단어 김승엽 지음 / 김수경·카렌다 감수 /
4×6배판 변형 / 236쪽 / 9,800원

해도해도 안 되던 영어회화 하루에 30분씩 90일이면 끝난다
Carrot Korea 편집부 지음 / 4×6배판 변형 / 260쪽 / 11,000원

바로 활용할 수 있는 기초생활영어
김수경 지음 / 신국판 / 240쪽 / 10,000원

바로 활용할 수 있는 비즈니스영어
김수경 지음 / 신국판 / 252쪽 / 10,000원

생존영어55 홍일표 지음 / 신국판 / 224쪽 / 8,500원

필수 여행영어회화 한현숙 지음 / 4×6판 변형 / 328쪽 / 7,000원

필수 여행일어회화 윤영자 지음 / 4×6판 변형 / 264쪽 / 6,500원

필수 여행중국어회화 이은진 지음 / 4×6판 변형 / 256쪽 / 7,000원

영어로 배우는 중국어 김승엽 지음 / 신국판 / 216쪽 / 9,000원

필수 여행스페인어회화 유연창 지음 / 4×6판 변형 / 288쪽 / 7,000원

바로 활용할 수 있는 홈스테이 영어
김형주 지음 / 신국판 / 184쪽 / 9,000원

레포츠

수열이의 브라질 축구 탐방 삼바 축구, 그들은 강하다
이수열 지음 / 신국판 / 280쪽 / 8,500원

마라톤, 그 아름다운 도전을 향하여
빌 로저스·프리실라 웰치·조 헨더슨 공저 /
오인환 감수 / 지창영 옮김 / 4×6배판 / 320쪽 / 15,000원

퍼팅 메커닉 이근택 지음
감각에 의존하는 기존 방식의 퍼팅은 이제 그만!!
저자 특유의 과학적 이론을 신체근육 운동학에 접목시켜 몸의 무리
를 최소화한 채 딜고 최대한의 정확성과 거리감을 갖게 하는 새로운
퍼팅 메커닉 북. 4×6배판 변형 / 192쪽 / 18,000원

아마골프 가이드 정영호 지음
골프를 처음 시작하는 모든 아마추어 골퍼를 위해 보다 쉽고 빠르게
이해할 수 있도록 내용이 구성된 아마골프 레슨 프로그램서.
4×6배판 변형 / 216쪽 / 12,000원

인라인스케이팅 100%즐기기 임미숙 지음
레저 문화에 새로운 강자로 자리매김하고 있는 인라인 스케이팅을
안전하고 재미있게 즐길 수 있도록 알려주는 인라인 스케이팅 지침
서. 각단계별 동작을 한눈에 알아볼 수 있도록 세부 봉삭별 일러스
트 수록. 4×6배판 변형 / 172쪽 / 11,000원

배스낚시 테크닉 이종건 지음
현재 한국배스스쿨에서 강사로 활약하고 있는 아마추어 배스 낚시
꾼과 중급 수준의 배스 낚시꾼들이 자신의 실력을 한 단계 업그레이
드 시킬 수 있도록 루어의 활용, 응용법 등을 상세하게 해설.
4×6배판 / 440쪽 / 20,000원

나도 디지털 전문가 될 수 있다!!! 이승훈 지음
깜찍한 디자인과 간편하게 휴대할 수 있다는 장점 때문에 새로운 생
활필수품으로 자리를 잡아가고 있는 디카·디캠을 짧은 시간 안에
쉽게 배울 수 있도록 해놓은 초보자를 위한 디카·디캠 길라잡이서.
4×6배판 / 320쪽 / 19,200원

스키 100% 즐기기 김동환 지음
스키 인구의 확산 추세에 따라 스키의 기초 이론 및 기본 동작부터
상급의 기술까지 단계별 동작을 전문가의 동작사진을 곁들여 내용
구성. 4×6배판 변형 / 184쪽 / 12,000원

태권도 총론 하웅의 지음
우리의 국기 태권도에 관한 실용 이론서. 지도자가 알아야 할 사항,
태권도장 운영이론, 응급처치법 및 태권도 경기규칙 등 필수 내용만
수록. 4×6배판 / 288쪽 / 15,000원

건강하고 아름다운 동양란 기르기 난마을 지음
동양란 재배의 첫걸음부터 전시회 출품까지 동양란의 모든 것 수록.
동양란의 구조 · 특징 · 종류 · 감상법, 꽃대 관리 · 꽃 피우기 · 발색
요령 등 건강하고 아름다운 동양란 만들기로 구성.
4×6배판 변형 / 184쪽 / 12,000원

수영 100% 즐기기 김종만 지음
물 적응하기부터 수영용품, 수영과 건강, 응용수영 및 고급 수영기
술에 이르기까지 주옥 같은 수중촬영 연속사진으로 자세히 설명해
주는 수영기법 Q&A. 4×6배판 변형 / 248쪽 / 13,000원

애완견114 황양원 엮음
애완견 길들이기, 애완견의 먹거리, 멋진 애완견 만들기, 애완견의
질병 예방과 건강, 애완견의 임신과 출산, 애완견에 대한 기타 관리
등 애완견을 기를 때 반드시 알아야 할 내용 수록.
4×6배판 변형 / 228쪽 / 13,000원

건강을 위한 웰빙 걷기 이강옥 지음
건강 운동으로서 많은 사람들의 관심을 모으고 있는 걷기운동을 상
세하게 설명. 걷기에 필요한 장비, 올바른 걷기 자세를 설명하고 고
혈압 · 당뇨병 · 비만증 · 골다공증 등 성인병과 관련해 걷기운동을
했을 때 얻을 수 있는 효과를 수록하여 성인병을 예방하고 치료할
수 있도록 하였다. 대국전판 / 280쪽 / 10,000원

우리 땅 우리 문화가 살아 숨쉬는 옛터 이형권 지음
우리나라에서 가장 가보고 싶은 역사의 현장 19곳을 선정, 그 터에 어
린 조상의 숨결과 역사적 증언을 만날 수 있는 시간 제공. 맛있는 집,
찾아가는 길, 꼭 가봐야 할 유적지 등 핵심 내용 선별 수록.
대국전판 올컬러 / 208쪽 / 9,500원

아름다운 산사 이형권 지음
우리나라의 대표적인 산사를 찾아 계절 따라 산사가 주는 이미지,
산사가 안고 있는 역사적 의미를 되새겨 본다. 동시에 산사를 찾음
으로써 생활에 찌든 현대인들이 삶의 활력을 되찾는 시간을 갖게 한
다. 대국전판 올컬러 / 208쪽 / 9,500원

골프 100타 깨기 김준모 지음
읽고 따라 하기만 해도 100타를 깰 수 있는 골프의 전략 · 전술의 비법
공개. 뛰어난 골프 실력은 올바른 그립과 어드레스에서 비롯됨을 강조
한 초보자를 위한 실전 골프 지침서. 4×6배판 변형 / 136쪽 / 10,000원

쉽고 즐겁게! 신나게! 배우는 재즈댄스 최재선 지음
몸치인 사람도 쉽게 따라 하고 배우는 재즈댄스 안내서. 이 책에 실
려 있는 기본 동작을 익혀 재즈댄스를 하면 생활 속의 긴장과 스트
레스를 털어버리고 활력을 되찾을 수 있으며, 다이어트 효과도 얻을
수 있다. 4×6배판 변형 / 200쪽 / 12,000원

맛과 멋이 있는 낭만의 카페 박성찬 지음
가족끼리, 연인끼리 추억을 만들고 행복한 시간을 보낼 수 있는 서
울 근교의 카페를 엄선하여 소개. 카페에 대한 인상 및 기본 정보,
인근 볼거리 등도 함께 수록하여 손 안의 인터넷 정보서가 될 수 있
게 했다. 대국전판 올컬러 / 168쪽 / 12,000원

한국의 숨어 있는 아름다운 풍경 이종원 지음
우리나라의 숨어 있는 아름다운 풍경을 찾아 소개하는 여행서. 저자
의 여행 감상과 먹거리, 볼거리, 사람 사는 이야기가 담겨 있어 안내
서라기보다는 답사기라고 할 수 있다. 서정과 사진이 풍부하게 담겨
있는 그곳에 가고 싶다 시리즈 4번째 책.
대국전판 올컬러 / 208쪽 / 9,900원

사람이 있고 자연이 있는 아름다운 명산 박기성 지음
산을 좋아하는 사람들을 위한 산 안내서. 한번쯤 가보면 좋은 산을
엄선하여 그 산이 갖는 매력을 서정성 짙은 글로 풀어 놓았다. 가는
방법과 둘러 보아야 할 명소도 덤으로 설명.
대국전판 올컬러 / 176쪽 / 12,000원

마음의 고향을 찾아가는 여행 포구 김인자 지음
일상 생활에서 벗어나고 싶다면 우리 국토의 진정한 아름다움을 느
끼게 해주는 포구로 가보자. 그 곳에서 사람냄새, 자연이 어우러진
역동성에 삶의 의욕을 되찾을 수 있을 것이다. 시인이자 여행가인
김인자 님이 소개하는 가볼 만한 대표적인 포구 20곳 수록. 볼거리,
먹거리와 함께 서정성 넘치는 글로 포구의 낭만, 삶의 현장을 소개.
대국전판 올컬러 / 224쪽 / 14,000원

골프 90타 깨기 김광섭 지음
90타를 깨고 싱글로 진입할 수 있게 해주는 실전 골프 테크닉서. 스
트레칭, 세트 업, 드라이버 스윙, 샷, 어프로치, 퍼팅, 벙커 샷 등의
스윙 원리를 요점을 짚어 정리해 놓았으므로 골퍼 자신의 잘못된 스

윙을 바로잡는 데 많은 도움이 될 것이다. 또한 연습장에서 스윙 연
습을 하는 방법도 수록해 골프의 재미를 한층 더 배가시켜 즐길 수
있게 하였다. 4×6배판 변형 / 148쪽 / 11,000원

생명이 살아 숨쉬는 한국의 아름다운 강 민병준 지음
물놀이를 하는 아이들, 재첩을 잡는 사람들, 두물머리에 서 있는 연
인들. 이 모습은 우리나라의 강변에서 볼 수 있는 정겨운 장면이다.
우리나라의 대표적인 강 15곳을 엄선하여 찾아가는 법, 먹거리, 잘
곳 등을 함께 수록. 또한 강과 연관 있는 인근의 볼거리를 수록하여
가족이나 연인 사이에는 추억을 만들고, 자녀와는 역사공부도 할 수
있게 내용을 아기자기 하게 꾸민 강 여행서.
대국전판 올컬러 / 168쪽 / 12,000원

틈나는 대로 세계여행 김재관 지음
다른 나라를 알고 다른 문화를 알고자 하는 노력은 결국 내 자신의
정신세계를 풍요롭게 하는 일이다. 그리고 여행이 정신세계를 풍요
롭게 하는 데 좋은 도구가 될 수 있다. 이 책에는 도전과 모험을 꿈
꾸는 사람이라면 한 번은 가보아야 할 세계의 오지에 대한 이야기가
실려 있다. 저자가 엄선한 28개국의 오지에 대한 감상, 교통편, 알아
두면 편리한 상식 등이 수록되어 있으므로 여행지에 대한 사전 지식
을 쌓는 데 많은 도움이 될 것이다.
4×6배판 변형 올컬러 / 368쪽 / 20,000원

KLPGA 최여진 프로의 센스 골프 최여진 지음
KLPGA 출신 처음으로 쓴 골프 길라잡이. 신체 조건이나 골프채의
길이 또는 무게, 스윙 등 기초에서부터 기술적인 부분까지 미세하게
다룬, 그동안 필자가 골프를 하면서 여성으로서 느꼈던 애로사항과
노하우를 담아 모든 골프 마니아들에게 실질적인 도움을 주고 스코
어를 줄일 수 있는 해답을 찾게 해줄 것이다.
4×6배판 변형 올컬러 / 192쪽 / 13,900원

해양스포츠 카이트보딩 김남용 편저
국내 유일의 카이트보딩 자격증 소지자가 소개하는 국내 최초의 카
이트보딩 안내서. 친절한 안내와 기술 향상을 위한 지식을 담고 있어
초보자에서 마니아에 이르기까지 훌륭한 동반자가 되어줄 것이다.
신국판 올컬러 / 152쪽 / 18,000원

KTPGA 김준모 프로의 파워 골프 김준모 지음
골프의 기원과 역사를 비롯하여 골프의 기본 기술을 체계적으로 숙
달할 수 있는 연습법, 골프하며 필요한 기본 상식들을 모
두 수록하였다. 골프를 더욱더 깊이 이해하고 골프를 즐기고 골프를
통하여 삶의 활력소를 얻을 수 있을 뿐만 아니라, 진정한 골퍼로서
거듭날 기회를 제공해줄 것이다.
4×6배판 변형 올컬러 / 192쪽 / 13,900원

골프 80타 깨기 오태훈 지음
80타를 깨고 70타로 진입하겠다는 목표를 세운 골퍼들을 대상으로
스윙의 이론적 풀이보다는 여러 가지 상황에서 위기를 모면할 수 있
도록 도와주는 기술과 깨끗한 마무리, 전체적인 스코어를 낮추는 데
에 중점을 둔 싱글을 위한 실전 골프 테크닉서로, 이 책만 따라하면
최고의 골퍼를 향한 목표에 도달할 수 있을 것이다.
4×6배판 변형 / 132쪽 / 10,000원

신나는 골프 세상 유용열 지음
MBC-ESPN 골프해설위원 유용열 프로가 쓴 골프의 모든 것이 담겨있
다. 아마추어에서 비기너, 싱글 수준의 골퍼에 이르기까지 이 책을 보
면서 하루에 한 가지씩 배우고 익힐 수 있도록 하였다.
4×6배판 변형 올컬러 / 232쪽 / 16,000원

풍경 속을 걷는 즐거움 명상 산책 김인자 지음
우리나라의 사계절 걷기 좋은 곳 21곳 수록. 걸으면서 사색을 즐기고
싶은 사람에게 추천할 만한 책이다. 특히 느림과 침묵에 굶주려 있는 도
시인들에게 두 발의 건강한 노동인 걷는 즐거움을 줄 수 있는 책이다.
대국전판 올컬러 / 224쪽 / 14,000원

3천만 원으로
부동산 재벌 되기

2006년 5월 15일 제1판 1쇄 발행
2006년 9월 15일 제1판 2쇄 발행

지은이/최수길 · 이숙 · 조연희
펴낸이/강선희
펴낸곳/가림출판사

등록/1992. 10. 6. 제4-191호
주소/서울시 광진구 구의동 57-71 부원빌딩 4층
대표전화/458-6451   팩스/458-6450
홈페이지/ www.galim.co.kr
전자우편/galim@galim.co.kr

값 12,000원

ISBN 89-7895-236-4 13320